이단 침투,
누구도 예외일 수 없다

세움북스 는 기독교 가치관으로 교회와 성도를 건강하게 세우는 바른 책을 만들어 갑니다.

이단 침투, 누구도 예외일 수 없다

생활 속으로 파고드는 이단과 사이비 바로 알기

초판 1쇄 인쇄 2024년 9월 25일
초판 1쇄 발행 2024년 9월 30일

지은이 | 천한필
펴낸이 | 강인구

펴낸곳 | 세움북스
등 록 | 제2014-000144호
주 소 | 서울시 종로구 대학로 19 한국기독교회관 1010호
전 화 | 02-3144-3500
이메일 | cdgn@daum.net

디자인 | 참디자인

ISBN 979-11-93996-17-1 (03230)

이단 침투

누구도 예외일 수 없다

천한필 지음

세움북스

추천사

이단은 뜻밖에 아주 가까이에서 웅크리고 있습니다. 이 책의 글을 열어 가는 1부에서는 나와 상관없다고 생각한 이단 교회가 어린 시절부터 실은 아주 가까이 있어 왔다는 사실을 보여 줍니다. 우리가 사는 생활 속에서 가깝게 있는 이단에 대하여 의식하지 못한 채 뚜렷한 거부 의식 없이 지나쳐 왔다면, 그것은 어쩌면 신자에게서조차도 이단이 신자의 신앙 습성에 그리 부자연스럽지 않은 양태를 보여 주고 있기 때문일 수도 있습니다. 성경과 신학의 올바른 가르침이 몸에 밸 정도로 익숙하지 않은 신자들이 적지 않기 때문입니다. 신자도 신자이기 전에 본래 하나님을 마음에서 싫어하며 진리의 말씀 듣기를 더디 하고 마음에 원하는 바를 따르던 구습에 젖었던 죄인이었던 까닭에, 진리에 어긋난 이단의 가르침이 그만 신자를 미혹할 수도 있다는 사실을 알고 경계심을 가져야 합니다. 상황이 이러한 만큼, 교회를 대적하며 교회에 속한 신자를 미혹하는 이단의 힘은 뜻밖에 전 교회사를 걸쳐서 항상 존재해 왔습니다. 교회를 통해 구원의 복음을 전하시고 하나님의 자녀를 모으시는 하나님의 은혜를 훼방하고 대적하기 위해 사탄은 철저하게, 그리고 끊임없이 이단을 수단으로 사용해 왔습니다.

이 책의 2부에서는 이단이 비단 과거의 문제가 아니라 바로 오늘의 현실이라는 사실을 들어, 바로 지금 우리가 사는 현실에 있는 이단의 악행을 고발하여 독자로 하여금 이단을 보다 실감하게 합니다. 어려서부터 교회에 잘 출석하던 사람이 대학과 사회로 진출한 이후에 뜻밖에 쉽게, 또는 아주 견고하게 이단에 빠지게 되는 상황이 다소 충격적일 수 있습니다. 이 책의 3부에서는 바로 그러한 청년들이 이단들의 밥(?)이 되고만 현실을 드러내고 있습니다. 그러나 이것은 하나님의 복음에 대한 성경 해석과 기본 교리를 어려서부터 잘 양육받지 못한 채 중고등부를 마치게 되는 오늘날 교회의 신앙 교육 현실에서 많은 책임을 각성하게 합니다. 이단 사역에 대해 경종을 울리고 그 미혹에 빠진 영혼을 건져 내는 일은 목회 사역의 분명한 일부요 책임이라고 말입니다. 이단에 대한 경계와 비판 사역은 보편 교회를 위한 필요 사역이며 핵심 사역입니다. 4부에서는 목회 사역과 이단 사역의 경계선을 쉽게 그을 수 없는 목회적 상황을 보여 주며 모든 목회자에게 이단에 대처할 방법을 숙고해야 할 필요성을 각성시킵니다. 그리고 마지막 5부에서는 이단과 사이비의 왜곡된 신학이 급기야 종교적 차원을 넘어서 문화적으로 인권을 빙자하여 퀴어 신학, 각종 신비주의와 번영 신학 등 다양한 모습으로 확산되는 양상을 고발합니다.

이 책의 특별함은 이러한 이단에 대한 고발을 현장 사례 중심으로 제시하며, 이단에 미혹된 자들을 오히려 바른 복음으로 구하여 낼 전도 대상자로 여기며 적극적으로 대처할 것을 촉구하면서 동시에, 그 방법을 구체적인 질문을 제시하면서 답을 주고 있다는 데에 있습니다. 저자는 이단이 왜곡하고 있는 성경 구절에 대한 올바른 해석과 함께 이단 교리에 대한 신학적 교정을 제시하고 있습니다. 쉽게 만나는 현실 사례를 제시한 후, 문답을 통해 해당 이단의 오류를 밝히는 책의 구성과 저자의 필력은 설득과 교정이 어려울 것 같은 이단에 대한 대응에 대해 자신감을 부여합니다. 지금까지 이단을 비판하는 여러 책들이 출판되었으나, 이 책은 이 중에서도 가장 실제적이면서도 효과 있는 대응책을 가장 쉽게 실천해 볼 수 있게 하는 아주 뛰어난 책입니다. 목회자는 물론이고, 일반 교인 모두가 필독할 필요가 있는 아주 유익한 책입니다. 소그룹으로 모여 함께 읽어 가면서 사례도 나누고, 이 책의 안내대로 대응 방법을 익혀 보는 시간을 갖는다면 금상첨화일 것입니다. 이 책을 읽는 것만으로도 그리스도의 교회를 사랑하며 복음을 변증하는 귀한 사역에 참여하는 최소한의 노력을 하는 것이라는 사실을 말씀드리면서, 대단히 기쁜 마음으로 추천합니다.

▶ **김병훈** _ 나그네교회 담임목사, 합동신학대학원대학교 조직신학 석좌교수

<hr>

천한필 목사님을 Next 세대 Ministry 이단 상담연구소 손승우 소장님에게서 소개받았습니다. 첫 만남에서 이분은 보통 분이 아님을 알게 되었습니다. 겸손한데, 그 속에 학문적 지혜가 넘쳐났습니다. 종교개혁 시대의 칼뱅, 중세 암흑 시기 은총과 이성에 있어 균형을 가졌던 아퀴나스를 보는 듯했습니다. 같이 교제하면서, 긍휼의 마음인 '헤세드'도 넘쳐나는 분임을 알게 되었습니다.

긴 세월 이단, 삼단, 사이비를 대처하다 보면 다소 날카로워질 수 있는데, 천목사님은 그렇지 않습니다. 천 목사님과 이단·사이비 상담을 하는 분들은 유쾌함과 진중함과 신중함과 배려 속에서 이단 교리의 실체를 알게 되고, 결국 다시금 주님 품으로 돌아오게 될 것입니다. 저자는 한때 미국 유학을 준비했지만, 하나님은 저자를 조국에 남게 하셨습니다. 그리고 이 시대에 방황하고 유린당하는 수많은 영혼을 케어하게 하셨습니다. 그러면서 단지 이단 사역만을 한 게 아니라 오래전부터 교회 개척을 병행하며 건강한 교회 공동체의 좋은 모범을 보이고자 지금까지 애써 오고 있습니다. 그러던 중에 드디어 한국 교회에 반드시 필요한 책을 세상 가운데 내보이게 되었습니다.

처음 출간하시는 이 책에는 천 목사님의 실제적인 개인 간증만 있는 게 아니라 성도들 입장에서 궁금해할 법한 질문들을 문답 형식으로 정리한 내용들도 포함되어 있습니다. 이 책은 기존 정통 교회를 다니는 성도들뿐만 아니라, 잘못된

복음과 열심에 빠져 사는 이단·사이비에 속아 살아가는 이들에게도 유익합니다. 특별히, 다음 세대를 섬기는 목회자, 교사, 섬김이들이 읽고서 더 이상 양의 탈을 쓴 자들에게 속지 않도록 잘 가이드해 주시길 소망합니다.

▶ **김영한** _ 품는교회 담임목사 및 Next 세대 Ministry 대표

⌒⌒

여기, 이단에 빠진 이들을 그 족쇄에서 구출해 내 진리로 인도하려는 열정에 불타고 있는 한 목사의 사역과 인생 스토리가 펼쳐집니다. 주님을 만난 후 그가 지나온 순례의 여정은 묘하게도 어린양들을 노략질하는 이리 떼와도 같은 이단·사이비와의 격돌로 이어져 왔습니다. 이단에 빠진 이를 구하는 미션을 수행하는 중, 최고의 후원자인 아내까지 만나는 신비한 섭리를 비롯한 저자의 인생은 이단과 엮인 희한한 사연들로 점철되어 있습니다. 그렇게 자신이 오랜 세월 실제 경험한 것을 통해 우리 생활 속에 은밀하게 파고드는 이단의 정체, 그 술수와 거짓이 무엇인지를 폭로합니다.

이단의 잘못된 교리를 건조하게 나열한 책과는 달리 이야기식으로 전개되는 내용에 색다른 묘미가 있습니다. 이단 피해자가 2백만에 달하며 그 수가 점증하는 상황에서, 온 교회가 경각심을 가지고 이단에 적극적으로 대처하며 그 피해자를 돕는 일에 앞장서야 한다는 그의 절절한 호소를 모두가 들어야 합니다.

▶ **박영돈** _ 작은목자들교회 담임목사, 고려신학대학원 교의학 명예교수

⌒⌒

한국 사회에는 이단·사이비 종교 때문에 수많은 피해자가 양산되어 큰 사회문제가 되고 있습니다. 그럼에도 대한민국은 종교의 자유가 있기 때문에 아무리 이단·사이비 종교일지라도 범법 행위가 나타나지 않은 이상 제재를 할 방법이

없습니다. 따라서 이단·사이비 피해자들이 수없이 발생해도 드러나지 않은 상황에서는 대처할 수 없는 경우가 허다합니다. 그런데도 한국 교회에서는 이러한 이단·사이비 종교를 연구하거나 대처하는 데 헌신하는 목회자들이 거의 없다는 점도 심각한 문제라 여겨집니다.

이번에 사랑하는 후배요 제자인 천한필 목사가 『이단 침투, 누구도 예외일 수 없다』라는 책을 내게 되었습니다. 원고를 읽으면서 먼저 이단 연구와 이단에 빠진 사람을 어떻게 구원할 것인가 하는 문제에 관심을 가지고 헌신하게 된 천한필 목사를 향해 경의를 표하게 됩니다. 다음으로는 이러한 목회자가 바로 나의 후배 목사요 제자라는 사실이 너무 감사합니다.

천 목사는 이단에 관한 자신의 경험 속에서 마치 자서전을 쓴 것처럼 이단 문제를 다루었고, 또한 질의응답을 통해 독자들이 쉽게 이해하고 도움을 얻을 수 있도록 기록했습니다. 따라서 이 책은 신학적 이단 논쟁이나 교리적인 토론만 일삼는 여타의 다른 이단 서적들보다 훨씬 더 사람들의 마음에 와닿는 내용의 글임을 자신 있게 말할 수 있습니다. 이러한 책을 낸 천한필 목사를 향해 응원의 박수를 보내며, 많은 분이 이 책을 통해 실제적인 도움을 얻고, 용기 얻기를 기대하면서 이 책을 적극 추천하는 바입니다.

▶ **박형택** _ 목사. 한국기독교이단상담연구소 소장

이단이 창궐하는 시대입니다. 음지에서 포교 활동을 하던 이단이 이제는 당당히 거리로 나왔습니다. 도로의 대형 전광판과 신문 1면을 통해 포교를 합니다. 교회는 속수무책입니다. 피하거나, 외면하는 것이 전부입니다. 이때를 위함일까, 하나님은 한 사람을 예비하셨습니다. 그의 인생은 그야말로 이단으로 가득했습니다. 어릴 적부터 무속 신앙에 빠진 가족, 안식교 신도인 외삼촌, 구원파에 빠

진 제자가 있었습니다. 시대를 떠들썩하게 했던 통일교와 다미선교회까지, 늘 저자의 주변에는 이단이 있었습니다. 그럼에도 그는 이단에 빠지지 않았습니다. 오히려 이단과 싸웠습니다. 대학 시절에는 이단 동아리들을 막기 위해 기독인 연합회를 조직했습니다. 출퇴근 길에 지하철에서 포교하는 여호와의 증인, 하나님의 교회, 심지어 증산도를 붙들고 논쟁했습니다. 신천지 본진에 들어가 성경을 가지고 토론했습니다. 신천지에 빠진 한 권사님을 구출해 냈습니다. 결국 그분의 따님과 결혼하게 되었습니다. 이단에 빠진 수많은 사람들을 구출했습니다.

그는 평생 성경의 원어를 연구했습니다. 왜냐하면 이단들이 성경을 오역하고 왜곡함으로써 미혹하기 때문이다. 바른 원어 성경 연구를 통해 이단의 허상을 드러냈습니다. 누구도 관심을 기울이지 않는 이단 사역의 좁고 고된 길을 가고 있습니다. 그는 이단의 위협을 예비하는 유일한 길은 '복음'을 바르게 아는 것에 있다고 합니다. 성경이 말하는 복음과 구원이 무엇인지 정확히 알아야 이단을 분별할 수 있습니다. 내가 아는 바른 복음을 들고 낯선 곳으로 가자고 합니다. 많이 아는 것에서 만족하지 말고 내가 아는 복음을 전할 때, 복음의 역사가 나타납니다. 이단에 빠진 자들을 구원하는 하나님을 가까이에서 목도할 수 있습니다. 주변에 이단에 빠진 자들이 있다면, 이단이 무엇인지 알고 싶다면, 본서만큼 좋은 책이 없습니다. 누구도 관심을 기울이지 않고 좁고 협착한 길이지만, 부르심의 자리를 끝까지 지키는 천한필 목사님을 존경하는 마음으로 일독을 권합니다.

▶ **서진교** _ 목사. 작은예수선교회 대표, 『작은 자의 하나님』 저자

❧

이 책에는 저자의 지나온 삶이 녹아 있습니다. 삶의 중요한 순간마다 늘 이단과 사이비가 저자의 가까이에 있었습니다. 저자의 삶이 마냥 독특해서라기보다는 그만큼이나 일반 신자의 생활에 이단과 사이비가 가까이에 있다는 의미입니다.

이단이 주위에서 나타나 지나칠 때 대부분이 그러려니 하고 지나칠 테지만, 저자는 진리에 대한 사랑과 영혼에 대한 안타까움으로 그 문제를 가볍게 보지 않았습니다. 귀찮음과 방관 때문에, 때로는 분별하지 못하여 가볍게 여김 때문에 이단과 사이비는 갈수록 우리 주위에 왕성합니다. 저자는 자기 삶의 장면들을 꺼내 보이며 이단이 우리에게 얼마나 가까이에 와 있는지 알려 주고 그 심각성을 재고해 보라고 요청합니다. 이 책의 출발점은 미래에 길을 잃고 황폐해질 영혼을 앞서 보호하려는 저자의 마음입니다.

이 책은 이러한 저자의 복음에 대한 사랑과 구령의 열정으로 맺은 결과물입니다. 저자는 어떻게든 진리를 지키고 복음을 정당하게 소개하여 이단들로부터 교회를 보호하고자 합니다. 그런데 저자는 전략적으로 독자들에게 이단에 대해 들어 보라고 하지 않고, 먼저 자기 인생 이야기를 들어 보라고 합니다. 그리고 그 인생 이야기에 이단이 등장하고, 때때로 심각합니다. 많은 일반 그리스도인들도 경험하는 일들일 것입니다. 독자가 궁금해하고 안타까워하는 그 순간, 저자는 이단이 어떻게 진리를 왜곡하는지 알려 주고 신자들이 오해하기 쉬운 성경의 내용을 쉽게 풀어 교정해 줍니다.

여러 체계적인 이단 연구서가 있지만 사실 일반인들에게는 거리가 먼 것이 사실입니다. 혹자에게 시간을 내어서 이단 연구서를 읽어 보라고 권하더라도 독파하기가 쉽지 않을 것입니다. 하지만 저는 조직신학 교수로서 성도들에게 이단을 경계할 책을 소개하라고 하면 이 책을 소개하고 싶습니다. 다른 사람의 인생 이야기가 늘 그렇듯이 이 책은 어렵지 않고, 때때로 안타깝기도 하고 때때로 두근두근하는 대목도 있으며, 그 절정에는 저자의 흥미로운 사랑 이야기가 담겨 있고, 그러면서도 이단에 대한 충실한 개론서이기 때문입니다.

이단에 관해 알고 싶은 독자들에게, 이단을 경계하게 해야 할 목회자나 사역자들에게 이 책을 강력하게 추천합니다. 특히 교회 교우들에게 소개하고 읽게 하면 얼마나 좋을까요! 우리 가까이에, 그들 주위에 영혼을 병들게 하는 전염병이 그만큼 가까이 와 있기 때문입니다. 모든 질병이 그러하듯 예방이 중요합니다. 치료하고자 할 때는 그 시기가 늦습니다. 이 책은 틀림없이 잘 듣는 좋은 예방책이 될 것입니다.

▶ **이남규** _ 합동신학대학원대학교 조직신학 교수

❧

마치 자동차 사이드 미러에 적힌 "사물이 거울에 보이는 것보다 가까이에 있음"이라는 표현처럼, 이단은 생각보다 훨씬 더 우리의 생활 속 가까이에 있습니다. 그렇기에 누구든지 예외 없이 이단으로부터 피해를 겪을 수 있습니다. 천한필 목사의 『이단 침투, 누구도 예외일 수 없다』라는 책 제목에 공감하게 되는 이유입니다.

천한필 목사는 어린 시절부터 지금까지의 삶의 여정을 돌아보며, 우리 주변에 있는 이단들의 본질과 행태를 요리문답의 형식으로 풀어내고 있습니다. 실제로 이단 문제는 '심오한 신학적 지식'이 아니라 '평범한 신앙적 상식'으로 바라보더라도, 기독교인은 물론이고 주변 사회의 공감과 동의를 얻을 수 있습니다. 따라서 본서를 통해 누구든지 어렵지 않게 이단 문제를 이해할 수 있으며, 이단 문제를 바라보는 교회의 현실도 직시할 수 있습니다. 교회와 이단은 동전의 양면과 같기 때문입니다.

기독교 역사를 연구하면, 교회의 신앙을 통해 이단의 문제점을 간파할 수 있고, 이단의 눈을 통해 교회의 문제점을 직시할 수 있습니다. 그런 의미에서 천한필 목사의 『이단 침투, 누구도 예외일 수 없다』는 이단들의 문제점뿐만 아니라, 이단들의 도전에 직면한 교회의 처지와 사명을 생각해 볼 수 있도록 설득하고 있습니다.

우리나라보다 이단 문제의 피해와 심각성을 먼저 경험한 국가들에서는, 피해자 가족, 이단 이탈자, 목회자, 신학자, 법조인 등이 각자의 전문성을 통해, 이단 예방과 대처, 그리고 피해의 회복을 돕고 있습니다. 다른 이단 변증 저서들과는 차별화된 형식과 내용으로 이단 문제에 접근하고 있는 천한필 목사의 『이단 침투, 누구도 예외일 수 없다』를 통해, 한국 교회의 이단 예방과 대처가 한 걸음 전진할 수 있기를 소망합니다.

▶ **탁지일** _ 부산 장신대학교 교회사 교수 / 월간 『현대종교』 이사장 겸 편집장

 ∽

할렐루야! 먼저 우리 하나님께 감사와 찬송을 드리며, 평소 존경하는 천한필 목사에게 힘과 능력을 주셔서 이단과 관련한 글을 펴낼 수 있도록 허락하신 하나님께 감사합니다.

1955년 박태선의 천부교를 기점으로 한국 사회에는 이단과 사이비들이 교회 깊숙이 파고들어 하나님의 나라를 위협하고 있습니다. 엄청난 수의 이단들이 교회의 피를 빨아 먹으면서 급성장하고 있는 동안에, 부끄럽게도 우리들의 교회는 사실상 무방비 상태였다고 해도 과언이 아닙니다. 많은 형제자매들이 이단에 미혹되어 교회를 떠나고, 본인이 의도하지 않았음에도 적그리스도적인 믿음을 가지게 되었습니다. 그럼에도 우리의 대처는 참으로 미흡했고, 우리는 우리의 양떼를 제대로 지켜 내지 못했습니다. 하나님 앞에서 참으로 회개해야 하는 대목입니다.

일단 이단에 빠지게 되면 가정이 파괴되고 삶이 무너집니다. 그리고 그 영혼을 회심시키는 데는 엄청난 노력과 시간이 소요되며, 설령 이단의 미혹에서 건져 내더라도 다시 그리스도의 교회로 정착시키는 것이 너무나도 어렵고 힘듭니다. 이러한 사실을 오랜 이단 상담 실무를 통해 수차 경험한 저로서는, 이단에

관한 종합적 정보를 담고 있는 서적이 간절히 필요했습니다. 이러한 때에 원어 성경에 능통하고 신학적 수준이 상당히 높은 귀한 목회자를 통해 이단에 관한 모든 정보와 대처를 상세히 다룬 『이단 침투, 누구도 예외일 수 없다』를 받아 보고는 하나님께 감사하지 않을 수 없었습니다.

이 책은 그동안 한국에 나타난 이단의 뿌리와 역사를 다루었을 뿐만 아니라, 이단들에 관한 구체적 정보를 제공하고 있으며, 이단들이 한국 사회에 얼마나 광범위하게 퍼져 있고 어떻게 포교하는지, 그들의 가르침에 무슨 문제가 있는지, 그 대응 방안 등을 포괄적으로 다루었고, 성경에서 궁금증을 유발하는 질문에 대한 명쾌한 대답을 담아냄으로써 말씀에 갈급하다가 이단에 빠지는 영혼들에게 귀한 영혼의 양식을 주고 있습니다.

이 책 한 권이면 이단에 관한 내용들을 충분히 파악할 수 있으며, 우리 생활속에 깊이 파고든 이단으로부터 우리의 신앙과 믿음을 지킬 수 있을 거라고 확신합니다. 모쪼록 한국 교회에 독버섯처럼 번져 있는 이단들로부터 우리의 신앙과 교회와 가정이 든든히 지켜지길 간절히 기도하며, 한 영혼이 천하보다 귀하다는 우리의 믿음과 고백이 입술로만 고백되지 않기를 간절히 바랍니다.

▶ **홍종갑** _ 이단 소송 전문 변호사

목차

프롤로그

C.O.N.Q.U.E.R

　누군가와 싸워 본 적이 있는가? 나는 원래 무척 소심하고 겁이 많아 어떤 일에 선뜻 나서지 못하고 조용히 지내는 걸 좋아하는 성향이다. 그렇게 소심한 사람이 다양한 이단·사이비들과 맞붙어 싸워야 하는 자리에 서게 되었다. 대학생 시절, 캠퍼스에 이단·사이비가 너무도 많다는 걸 직접 체험한 것이 그 계기가 되었다.

　내 성격상 이단이 활개를 치든 말든 굳이 내가 끼어들어 상관하고 싶지는 않았다. 그들과 부딪히는 것이 두렵기도 했고 귀찮기도 했다. 신천지 같은 이들과 논쟁하다가 오히려 그들에게 밀려 망신당하는 건 아닌지 염려했던 것도 사실이다. 그럼에도 '진리'를 '거짓'으로 바꾸어 영혼들을 노략질하는 이단들에 대한 분노는 사그라들지 않았다. 이단들에 의해 수많은 사람이 희생자가 되는 것은 막아야 한다는 거룩한 부담과 열정이 내 안에서 끊이지 않았다.

　결국 나는 처음에는 '책임감 반, 거룩한 분노 반'의 심정으로 용기를 내어, 당시 내가 알고 있던 미흡한 성경 지식으로 그들과 부딪히기 시작했다. 잘 모르면 『현대종교』 자료를 찾아 이단에 관해 연구하며 그들을 대처할 실력을 쌓아 갔다. 그러는 동안 어느새 나도 모르게 이단 전문가, 이단 사역자로 알려지게 되었다.

사실 나보다 더 훌륭한 이단 전문 연구가들이 많다. 그럼에도 심히 부족한 자가 이 책을 집필하게 된 것은 이 책을 통해 한국 교회를 조금이라도 섬길 수 있기를 바라기 때문이다. 그래서 그동안 이단들과 씨름하며 사역하는 가운데 터득한 노하우와 생활 속에 깊이 파고든 이단의 행태가 구체적으로 어떤 것들이 있는지 하나씩 나누어 보고자 한다.

이 책을 펼치게 될 독자들에게 굳이 한마디 더 부연하고 싶은 게 있다. 이단은 결코 나의 삶과 무관하지 않다는 것이다. 더 나아가 기독교인이라고 하는 신자들 스스로 이단들에게 메뚜기처럼 보이지 않기를 부탁하고 싶다. 완전한 통계는 아니지만 여러 이단 전문가들의 분석에 의하면, 현재 대한민국 사회에 존재하는 이단 피해자들은 대략 200만 정도이다. 아니 어쩌면 앞으로 더 많아질 수도 있다.

목회자이자 사역자로서 살아온 기간은 얼마 되지 않지만, 나는 기회가 되는대로 늘 외쳐 왔다. 삼위일체 하나님의 이름을 욕되게 하고 더럽히는 이단·사이비들의 가르침을 향해 한국 교회가 강 건너 불구경하듯 남의 일처럼 여겨서는 안 된다. 한국 교회 내부에서부터 다른 복음이 무엇인지를 잘 분별하고 제거해야 한다. 무엇보다 참된 복음 앞에 집중해야 한다. 그러기 위해서라도 각 교회에서부터 성경에 대한 바른 성경관과 바른 교리와 바른 읽기와 해석이 정립되어 가야 할 것이다.

이단은 무작정 피해야 할 대상이 아니라고 생각한다. 반드시 복음의 진리 앞으로 나와야 할 '역(逆)전도 대상자들'이라고 말하고 싶다. 이 책을 통해 그러한 마음을 조금이라도 더 가지고 거룩한 용기를 발휘할 수 있길 바란다. 우리가 거룩한 영적 싸움을 싸우지 않는다면, 결국 우리의 다음 세대가 그 피해를 고스란히 받을 수밖에 없음을 기억하자. 지금 우리가 먼저 용기를 내고, 그리스도의 심정으로 나아가야 한다.

다만 여호와를 거역하지 말라 또 그 땅 백성을 두려워하지 말라 그들은 우리의 먹이라 그들의 보호자는 그들에게서 떠났고 여호와는 우리와 함께 하시느니라 그들을 두려워하지 말라 하나 (민 14:9)

2024년 9월
게르모레 천
천한필 목사

PART 1

나와는 상관없던
이단 교회

01

어린 시절, 시골 할아버지 집에서 본 무당 굿

어떤 이들은 약간 의아하게 생각할 수도 있다. '이단 관련 서적인 줄 알았는데, 갑자기 저자의 어린 시절 무당 굿 광경을 왜 언급하는 걸까?' 나는 이단이나 사이비에 빠지게 되는 상황들과 관련해 독자들이 조금 더 일상 속에서 공감할 수 있는 사례들이 있는지 곰곰이 생각해 보았다. 그런데 놀랍게도 어린 시절의 사건 하나가 생각났다. 이 내용이 어쩌면 누구든지 이단이나 사이비에 빠질 수 있다는 것에 서서히 공감하게 되는 첫 단추가 되지 않을까 싶다.

나는 기억력이 그리 좋지 못하다. 나름의 핑계를 대자면, 여섯 살쯤에 머리를 다쳤기 때문이 아닐까 싶다. 어린 시절 우리 가족은 경상북도 문경읍 동네에서 살았고, 할아버지 집은 더 안쪽으로 들어가야 하는 관음리 동네에 위치했다. 어머니는 가끔 나와 여동생을 데리고 시골 할아버지 집에가서 할머니와 함께 밭농사를 도와드렸는데, 그 시간 동안 나와 여동생은 각자만의 놀이를 하면서 그 긴 시간을 기다리곤 했다. 그러던 어느 날, 나에게는 없었으면 하는 사건이 하나 발생했다.

　나는 세발자전거를 이끌고 경사가 조금 높은 언덕 쪽으로 올라갔다. 아래쪽에는 할머니와 어머니, 그리고 여동생이 있었다. 여동생은 오빠인 내가 올라온 언덕 위쪽으로 오려고 했지만, 나는 동생에게 그냥 그 밑에서 기다리고 있으라고 했다. 내 딴에는 동생이 올라오는 게 위험해 보이기도 했고 귀찮기도 했던 것 같다. 어쩌면 나 혼자만 세발자전거를 타고 싶었던 마음이 더 컸을지도 모르겠다.

　결국 나는 혼자서 경사가 조금 높은 언덕 쪽으로 올라가 세발자전거를 타고 밑으로 내려가고자 했다. 그때는 정말 너무 신났었던 기억이 난다. 얼마나 속도감이 있을지 나름 기대를 했던 것 같다. 그리고 두 발을 번갈아 걸으면서 아래쪽으로 내려갔다. 이후 양발을 올리자 속도감 있게 자전거가 내려갔다. 당연히 순간적으로는 너무나도 재미있고 좋았다. 하지만 그다음 상황에 대해서는 아무런 기억이 나지 않는다. 난생 처음으로 필름이 끊겼다. 그저 어머니로부터 이야기를 전해 들었을 뿐이다. 빠르게 내려오면서 속도 조절을 못 해 넘어졌는데, 넘어지면서 내 이마가 돌멩이에 부딪혔고, 피가 철철 흘렀다고 한다. 그 당시는 지금보다 더 열악한 상황이라 신속히 구급차를 부른다는 게 쉽지 않았다. 게다가 시골 골짜기였다. 읍에서 리까지 들어오는 게 여간 어려운 일이 아니었다. 그런데 어떻게 연락이 되었는지 모르지만, 어머니는 나를 택시에 태워 좀 더 큰 시로 가서 응급조치를 받았다고 한다. 지금도 머리의 이마를 자세히 보면, 왼쪽 눈썹 위에 흉터가 남아 있다.

　이 사건 때문인지는 모르겠지만, 내 기억에는 조금만 무리하면 머리가 어지러웠던 것 같다. 졸려서 그런 건지는 모르겠지만 조금만 공부에 집중하거나 머리를 쓰면 그냥 머리가 어지웠던 것 같다. 감정적으로도 한 번 터지면 쉽게 사그라들지가 않았다. 물론 이것은 핑계일 가능성이 높다. 전두엽에 심각한 손상이 있었던 것은 아니기 때문이다. 괜히 내 입장에서 그 사건을 앞장세워 상황(머리가 약간 어지럽거나 쉽게 흥분하는 감정)을 합리화하고 싶었을 수도 있으니 말이다.

'세발자전거 추락' 사건 이후, 할아버지와 할머니는 큰 충격을 받으신 듯했다. 장손이 머리를 다쳤으니 당연히 걱정과 염려가 되셨을 것이다. 그때가 여섯 살 정도였다. 그런데 할아버지와 할머니는 어느 날 집에 무당을 모셔 왔다. 내 기억으로는 초등학교 2-3학년 때쯤이었다. 동네 사람들뿐만 아니라 가족들도 다 불러 모으셨다. 사실 무당을 모셔 오는 것도 결국 돈이다. 돈이 많지 않으면 쉽게 무당을 모셔 오기도 힘들다. 할아버지는 그 당시 경제적 형편이 좋으셨다. 하지만 대단한 구두쇠였다. 자기 자식들에게도 쉽게 돈을 쓰시는 분이 아니셨다. 그러나 장손의 무병장수를 위해서는 비싼 비용을 지불해서라도 무당을 불러 굿판을 벌이신 것이다.

내가 장성하여 예수를 믿고, 신학을 하며, 이단 연구를 하면서 정립한 것은 무당은 아무런 의미가 없다는 것이다. 사람이 죽어서 어떤 조상귀신이 되어 떠돌다가 인간 세상의 누군가에게 빙의한다는 것은 전혀 성경의 교리와 부합하지 않는다. 하지만 할아버지 생각에는 장손에게 뭔가 좋지 않은 기운이 있을까 싶어 무당을 불러놓고 굿을 하며 장손뿐만 아니라 집안 전체에 좋은 행운이 오기를 바랐던 것 같다. 이단이나 사이비는 바로 이러한 사람의 심리를 파고든다.

더욱 재미난 것은, 충주에서 시골로 시집오신 내 모친께서도 시부모의 영향을 받아 자연스럽게 무당에 대한 신뢰를 가지게 되었다는 것이다. 그래서 어머니는 내가 어렸을 때 여동생을 데리고 점집에 가서 점괘를 여러 번 보셨었다.

한복을 입은 중년의 여성은 조그마한 책상 위에 쌀들을 뿌려 놓고 주저리주저리 뭐라 말하였다. 그러면서 그녀는 어머니에게 나에 대해 점친 결과를 알려 주면서 "이 아이는 물가를 조심해야 한다"라고 강조했다. 실제로 나는 초등학교 5학년 때 친구들과 동네 냇가에서 놀다가 혼자만 물에 빠져서 죽을 뻔한 적이 있다. 어머니는 내가 이런 사건을 경험하고 나니 더더욱 그 무당의 말을 신뢰하실 수밖에 없었다. 그녀가 예언한 것이 신기하게 맞아떨어진 것 같으니 얼마나 무섭고 놀라우며 신비로웠을까 싶다. 그래서 어머니도 무당에 대한 신뢰가 높았다. 당연히 그 무당이 만들어 준 여러 개의 부적들도 구매하셨다.

그 이후 우리 집에는 가정을 지켜 주기 위한 부적들이 항상 여기저기 붙어 있었다. 아마 그 부적들을 붙이기 위해서는 상당한 금액의 돈을 지불했을 것이다. 과연 '무당의 영향력, 점을 치는 것, 굿판, 부적들'은 어떻게 내 어린 시절 우리 가족의 일상 속으로 파고들 수 있었을까? 그것은 바로 '두려움'이다. 내 사랑하는 가족 중 누군가 불행한 일을 당할지도 모른다는 그 두려움을 해결하고 싶은 간절한 마음을 무당이라고 하는 자가 이리저리 휘둘렀던 것이다. 결국 무당만 배부르게 한 꼴이 되었다.

어린 시절 나는 아무런 힘과 능력이 없었다. 어떠한 지식도 없었다. 무능했고, 무지했었다. 심각한 것은 어린 시절의 나뿐만 아니라 여러 명의 집안 어른들조차 아무런 분별과 대응을 하지 못했다는 것이다. 그 피해는 결국 가족 전체에게 돌아갈 수밖에 없다. 더 나아가 대응력이 가장 약한 어린이들에게까지 심각한 피해를 초래할 수밖에 없다. 하지만 주위 사람들 중 어느 누구도 이것이 문제가 된다는 것을 인지하지 못했다. 그러니 제대로 된 문제 제기나 대안에 대해서 알려 줄 수가 없는 것이다. 무당 그 자체가 아무런 의미가 없다는 것을 누군가 우리 가정에 제대로 알려 주기만 했어도, 오랜 시간에 걸쳐 점을 보거나 부적들을 구매하는 헛된 짓을 하지는 않았을 것이다.

나는 어느덧 장성하여 목사가 되었다. 지금은 이단 전문가로 알려져 있다. 이제는 '무당'이든 '귀신 들린 사람'이든 그가 누구이든 간에 그에게 복음이신 예수 그리스도를 증거하려고 애쓴다. 그에게 진정 필요한 것은 '복음'이기 때문이다.

교회 생활을 그토록 오래 했으면서도, 교회 직분자들 중에도 몰래 '점'을 보러 가는 사람들이 있다는 이야기를 들었다. 또는 무당들을 만나는 것이나 점집은 왠지 무섭다고 말하는 사람들도 있고, 귀신 들린 사람들을 보면 신기하기도 하고 무섭다고 말하는 사람들도 있다. 도대체 이게 뭔 소리인가? 예수 믿는 성도가 왜 무당들을 만나거나 점집을 무서워하는 것인가? 귀신 들린 사람들이 왜 무서운가? 요한복음 16장 33절을 같이 읽고 믿음으로 고백해 보자.

이것을 너희에게 이르는 것은 너희로 내 안에서 평안을 누리게 하려 함이라 세상에서는 너희가 환난을 당하나 **담대하라 내가 세상을 이기었노라**

예수 믿는 성도는 평안을 누릴 수 있고 환난 앞에서도 담대할 수 있다. 그 근거는 오직 성자 하나님이신 예수 그리스도 때문이다. 예수님은 십자가에 못 박혀 죽으시기 전에도 이미 '이긴 자'셨다. 그리고 요한계시록 2장과 3장에는 '이긴 자 예수'가 아니라 '이기고 있는 성도들'에 대한 내용이 나온다. 그런데 요한복음 16장 33절에서는 아직 부활하시기 이전인데도 불구하고, 자신이 세상을 이기셨으니 세상에서 환난을 당할지라도 담대하라고 제자들을 향해 선언하셨다.

성도여, 담대하자. 용기를 내자. 신자는 '다가올 시간에 대한 염려와 두려움' 앞에서 담대할 수 있다. 왜냐하면 사망 권세를 이기신 예수 그리스도께서 육체의 부활을 통해 증명하셨고, 반드시 가시적으로 육체를 입고 재림하실 것을 약속하셨기 때문이다.

목궁[목사님 궁금해요] Time

귀신론(김기동, 베뢰아 아카데미)

김기동 및 베뢰아 아카데미는 '합동, 고신, 통합, 기침' 등의 교단에서 이단으로 결의한 곳이다.

Q 1 : 귀신은 존재하나요?

그렇습니다. 귀신은 존재합니다. 다만 성경에서 말하는 귀신들은 김기동 씨가 주장했던 것처럼 '이 땅에서 사람이 죽어서 되는 귀신들'이 아닙니다. 과거 「전설의 고향」 드라마에 나왔던 귀신들처럼 소복을 입고 긴 머리에 입술 주위에서 피를 흘리는 식으로 나오는 귀신들이 아닙니다. 성경에서 말하는 '귀신들'은 '사탄의 하수들'을 의미합니다. 다시 말해, 귀신들 또한 '타락한 천사들'에 해당합니다(계 9:11; 12:9). 그러므로 '귀신들'은 실제로 존재합니다.

Q 2 : 예수 믿는 성도가 귀신 들릴 수 있나요? 만약 귀신들이 성도에게 들어갈 수 있다면, 어떤 경우에 들어가나요?

우선, 우리는 무엇인가를 논의함에 있어서 항상 조심해야 할 것이 있습니다. 정확하게 단정할 수 있는 교리는 생각보다 많지 않다는 것입니다. 그리고 인간이 경험한 현실은 존중해야 하지만, 성경은 경험보다 더 앞서야 한다는 전제를 가져야 합니다. 내가 현실 속에서 겪었던 그 신비한 경험들을 사람들이 공감할 수 있도록 자꾸 강조하면, 어떻게 될까요? 66권 성경보다 나의 그 신비한 경험들을 더 우위에 두려고 할 수밖에 없습니다. 그러나 예수 믿는 성도는 내 생각이나 내 경험이 아무리 중요한 것 같아도 그것을 사람들에게 성경보다 더 진실된 것처럼 강요해서는 안 됩니다.

예수 믿는 성도는 성령이 내주하셔서 이미 하나님의 나라가 임한 거룩한 존재임을 기억해야 합니다(요 10:28-29; 롬 8:14-15; 고전 3:16; 6:19; 살후 3:3; 요일 4:4; 5:18). 성령께서 내주하시는 모든 성도는 이미 택하신 족속이요, 왕 같은 제사장들이며, 거룩한 나라이자 하나님의 소유가 된 백성입니다(벧전 2:9). 그러므로 '사탄(마귀)'이나 '귀신들'이 또 다른 보혜사인 성령께서 내주하시는 모든 성도에게는 도저히 들어올 수가 없음을 기억해야 합니다(마 12:27-30; 막 3:23-30). 이 사실만 제대로 알아도, '귀신론'으로 미혹하는 거짓 선생들에게 휘말리지는 않을 것입니다.

뿐만 아니라 성경에 나오는 '귀신들'을 '성도들을 미혹하는 영'이라고 볼 수 있는 근거는 대단히 희박합니다. 본래 성도들을 '거짓으로 속이는 것'은 '사탄의 일'이었습니다(고후 11:3, 14; 딤전 4:1; 계 20:2-3, 10). 귀신들이 성도들을 미혹하는 경우는 성경 어디에도 기록되지 않았습니다.

Q 3 : 오늘날에도 예수를 믿지 않는 '불신자'에게 '사탄(마귀)'이나 '귀신들'이 들어갈 수 있나요? 들어갈 수 있다면, 어떤 경우에 들어가나요?

이 질문과 관련한 어떤 현상들을 하나하나 대응하며 설명하는 것보다는 우선적으로 성경에 근거하여 생각하는 것이 좋을 것 같습니다. 요한계시록 20장 1절부터 3절을 읽어 봅시다.

또 내가 보매 **천사가** 무저갱의 열쇠와 큰 쇠사슬을 그의 손에 가지고 하늘로부터 내려와서 용을 잡으니 곧 **옛 뱀이요 마귀요 사탄**이라 **잡아서 천 년 동안 결박하여 무저갱에 던져 넣어 잠그고** 그 위에 인봉하여 천 년이 차도록 다시는 만국을 미혹사도 요한은 계시록 20장에서 "천 년 동안 교회 공동체가 왕 노릇함"에 관한 내용을 보여 주고 있습니다. 특히 1-3절에서는 '용'이 천 년간 무저갱에 결박되어 갇혀 있다고 말합니다. 그런데 4-6절에서는 교회가 천 년 동안 왕 노릇한다고 말합니다. 다시 말해서, 천 년 동안 교회의 시대가 된다는 것입니다. 그리고 7-10절에서는 3절 후반부에 언급된 내용을 좀 더 구체적으로 설명하고 있습니다. 즉 천 년이 지난 이후, 짧은 시간이지만 '용'이 무저갱에서부터 나와 교회 공동체와 전쟁을 한다는 것입니다. 물론 그 전쟁 결과 '용'은 패배하여 '불과 유황 못'에 던져집니다(계 20:10).

사도 요한은 계시록 9장 1-11절에서 '다섯 번째 나팔 심판'을 설명했습니다. 이때 심판의 도구로 사용된 "하늘에서 땅에 떨어진 별"은 누구일까요? 바로 '예수 그리스도의 죽으심과 부활하심으로 말미암아 심판을 받은 사탄'으로 보는 것이 가장 타당한 견해일 것입니다(눅 10:18; 계 12:8-9). 그래서 계시록 9장 1절은 '하늘에서부터 떨어진 별'의 존재인 '사탄(마귀)'이 무저갱의 열쇠를 받았다고 이해할 수 있습니다. 여기에서 '받았다'라고 번역된 헬라어 동사(ἐδόθη, 에도쎄)는 직설법 수동태입니다. 다시 말해, '하늘에서부터 떨어진 별'의 존재인 그 '사탄(마귀)'도 하나님의 통제와 허락에 의해서만 존재하고 있다는 것입니다. 그렇게 열쇠를 받은 '사탄(마귀)'은 무저갱을 열었습니다(계 9:2). 그런데 계시록 20장 1절에서는 무저갱의 열쇠를 누가 받았나요? 9장과 달리 '천사'입니다. 그 천사는 무저갱을 열었나요, 닫았나요? 닫았습니다. 그러면, 그 닫힌 무저갱에는 누가 갇혀 있죠? 바로 '용'으로 표현된 '사탄(마귀)'입니다.

이제 중요한 관건이 하나 남았습니다. 그것은 바로 '용'으로 표현된 '사탄(마귀)'이 무저갱에 갇혀 있다는 내용을 '문자적'으로 해석할 것인지, '상징적'으로 해석할 것인지를 생각해야 합니다. 물론 문자적 해석으로는 계시록 20장 3절의 '무저갱에 갇힌 사탄(마귀)의 결박'을 '완전 결박'으로 볼 수 있습니다. 이렇게 되면, 예수님의 부활 이후부터 재림 사이에 있었던 여러 가지 '사탄(마귀)의 활동들'(고후 4:3-4; 11:14; 엡 2:2; 딤후 2:26; 벧전 5:8)에 대한 설명이 조금 빈약해질 수밖에 없습니다. 뿐만 아니라 사도 요한이 계시록 20장에서 보았던 환상은 '사탄(마귀)'이 아니라 '용'이었습니다. 이것은 '상징적 이미지'입니다. 그것에 대해 사도 요한도 '사탄(마귀)'의 존재로 해석했습니다. 그러므로 이러한 내용들을 종합해 볼 때, 계시록 20장 3절의 '무저갱에 갇힌 사탄(마귀)의 결박'은 완전 결박으로 보는 '문자적 해석'보다는 '상징적 차원'으로 보는 것이 적합합니다.

풀어 설명하자면, '사탄(마귀)'의 권세는 예수 그리스도의 십자가 죽으심과 부활로 인해 완전히 제압당했다는 것입니다. 당연히 그를 따르는 타락한 하급 천사들인 '귀신들'(계 9:11; 12:9)의 권세 또한 무력한 상태라고 보아야 합니다. 그럼에도 불구하고 표면적으로는 계시록 12장에 나오듯 여전히 여자인 교회를 핍박하기도 할 만큼 사탄(마귀)은 활동을 지속합니다. 하지만 거의 완전 결박에 가까울 정도로 치명적 상황에 있습니다. 그래서 실제적으로 사탄(마귀)의 권세를 비롯해 그를 따르는 하급 천사인 귀신들의 능력도 완전히 축소되었고 제한된 상태입니다. 참고로, 헬라어 신약 성경에서 총 '아홉 번' 나오는 "무저갱"(ἄβυσσος, 아뷔소스)은 어떤 곳일까요? 요한계시록 주석과 관련해 잘 알려진 그레고리 빌(Gregory K. Beal)이나 이필찬 교수에 의하면, 이곳은 '실제로 존재하는 어떤 지리적 공간이나 장소'가 아니라 상징적 차원에서 '어둠의 권세가 작용하는 영적 심판의 감옥'을 의미합니다.

'사탄(마귀)'은 예수 그리스도의 부활이 있기 전에 '죽은 자들의 영역에 대한 권세'를 소유하고 있었습니다. 그런데 그리스도의 부활 이후부터는 그 권세를 더 이상 소유할 수 없게 되었습니다. 왜냐하면 그리스도께서 사망 권세를 물리치시고 승리하셨기 때문입니다.[1] 그리하여 임시적이기는 하지만 주님께서 재림하시기 직전까지인 천 년 동안, 무저갱에 갇혀 있는 '사탄'(마귀, 계 20:1-3)이나 그를 따르는 타락한 하급 천사들인 '귀신들'(계 9:11; 12:9)은 하나님의 인침받은 '신자들'과 인침받지 않은 '비신자들'에 대한 미혹 능력에 있어서 극도로 제한된 상태입니다. 무엇보다 성도들에게 '영적인 해'를 끼치지 못할 정도로 그의 권세는 심각하게 축소되어 있습니다. 다르게 말하자면, 성도들이 세상 가운데 '복음을 전파하는 것'이나 전 세계 여러 곳에 주님의 몸 된 '지역 교회들을 세우는 것'에 있어서조차 함부로 개입하여 중지시킬 수 없다는 것입니다.

물론 사도 요한은 교회 시대(천년 왕국의 시기)가 끝날 때쯤 그 결박이 잠깐 풀릴 것이라고 기록했습니다(계 20:3). 그렇다고 하여 사탄(마귀)이 최종적으로 승리한다는 의미는 아닙니다. 3절에서 사도 요한이 잠깐 놓인다고 표현한 것은 하나님의 의지와 신적인 계획의 확실함을 표현하는 것이기 때문입니다 (계 1:1; 4:1; 11:5; 17:10; 22:6). 천년 왕국이 끝날 무렵, 무저갱에서 잠깐 풀려 나오게 될 '사탄(마귀)'을 비롯해 그를 따르는 타락한 하급 천사들인 '귀신들'(계 9:11; 12:9)은 교회를 진멸시키려는 시도를 마지막으로 전력할 것입니다. 이로 인해 미혹당한 무리는 전 세계의 교회를 향해 엄습하고, 박해할 것입니다. 그러나 하나님의 간섭으로 인해 교회는 진멸되지 않을 것입니다. 결국에는 사탄(마귀)이 실패하고, 최종적인 패배와 처벌을 당할 것입니다.

그러므로 오늘날 '사탄(마귀)'을 비롯해 그를 따르는 타락한 하급 천사들인 '귀신들'(계 9:11; 12:9)이 주님께서 재림하시기 직전까지 세상 가운데 자유롭게

---

1 요 16:33. "이것을 너희에게 이르는 것은 너희로 내 안에서 평안을 누리게 하려 함이라 세상에서는 너희가 환난을 당하나 담대하라 내가 세상을 이기었노라"
계 1:18. "곧 살아 있는 자라 내가 전에 죽었었노라 볼지어다 이제 세세토록 살아 있어 사망과 음부의 열쇠를 가졌노니"

돌아다니며 '신자들에게 빙의하거나 미혹하는 일'은 절대 불가능합니다. 뿐만 아니라 '불신자들'에게조차 빙의하듯 함부로 들어갔다가 나왔다 하며, 직접적으로 미혹하며 귀신 들림의 현상을 일으키는 일은 거의 드물다고 봐야 합니다. 물론 기본적으로 에덴동산에서의 범죄 이후, 모든 인간은 하나님의 진노와 저주 아래에 놓여 있습니다. 이것은 곧 사탄(마귀)의 영향을 받은 세상 가운데서 인간은 기본적으로 죄악 된 본성에 끊임없이 자극받으며 살아갈 수밖에 없음을 의미합니다. 그렇기 때문에 예수 믿는 성도들은 하나님의 말씀에 대해 끊임없이 힘써서 바르고 깊이 있게 알아 가려는 거룩한 몸부림을 지속해야 합니다.

물론 예수 믿지 않는 세상의 모든 불신자는 이미 하나님의 진노와 저주 가운데 놓여 있습니다. 그러니 당연히 '사탄(마귀)'의 영향을 받은 세상의 문화 가치관에 의해 지속적인 노출을 받고 있습니다. 굳이 '귀신들'이 직접 찾아가 귀신 들림으로 통제하지 않아도 이미 영적인 피폐함과 불행함 속에 놓여 있습니다. 겉으로 드러나는 차원에서는, 불신자들 중에 어떤 이들이 멋지고 즐겁고 행복하게 사는 것처럼 보일 뿐입니다. 거기에 성도들이 흔들리거나 부러워할 필요가 없습니다. 그들 가운데 하나님의 크신 은혜로 말미암아 성령님께서 내주하시므로 예수 그리스도가 믿어지는 믿음을 선물로 받아서, 예수 그리스도 안에서 하나님 앞에 의롭다 인정받는 자가 되기 이전까지는 세속적 유혹들에 의해 다양한 어려움들을 겪을 수밖에 없습니다.

그렇다고 해서 그러한 현상들이 모두 '사탄(마귀)'을 비롯해 그를 따르는 타락한 하급 천사들인 '귀신들'(계 9:11; 12:9)에 의한 직접적 빙의나 미혹의 결과라고 쉽게 단정할 수 없습니다. 대단히 신중해야 합니다. 따라서 귀신 들리는 현상 또한 함부로 판단하거나 규정하는 것은 위험합니다. 물론 목회 현장과 선교지에서는 귀신 들린 사람들을 보았거나 축사했다고 하는 간증들이 있습니다. 이 부분에 있어서는 신앙의 성숙한 자세가 필요합니다. 성도들 각자가 겪었다고 하는 '개인의 신비한 영적 경험'은 존중받아야 합니다. 나 자신이 경험하지 못했다고, 상대가 경험한 어떤 특별한 신비적 체험을 무작정 비난하거나 무시하는 것은 조심해야 합니다. 하지만 각 개인이 경험한 특이한 현상들을 여러 과정을 통해 검증하지 않은 상태에서 공적인 자리에서나 또는 아직 신앙이 미숙한 사람들 앞에서 마치 보편적인 것처럼 공론화하려는 것은 대단히 주의해야 합니다. 그리고 구원받은 모든 성도는 '아무리 내가 개인적으로 신비한 경험을 했을지라도 그것이 66권 성경보다 우위에 있을 수 없다'라는 대전제를 겸허히 받아들여야만 합니다.

오늘날의 현대인들이 경험하는 '정신병적 현상들'과 성경에서 말하는 '귀신 들림의 현상들'은 표면적으로 상당히 흡사할 수 있습니다. 그리고 대부분의 경우는 사실 정신병적 현상과 깊은 관련이 있지 않을까 싶습니다. 그러나 오늘날 '귀신 들림의 현상들'에 대해 무작정 비난하거나 조롱하는 자세는 지양해야 하며, 반대로 그러한 현상들을 보편적인 것처럼 일반화하려는 시도도 분명 조심해야 합니다.

'환각(幻覺, hallucination)'은 정신건강의학 용어 중의 하나로서, 실존하지 않는 것을 느끼거나 지각하여 마치 존재하는 것 같은 착각을 일으키는 증상입니다. 그중에 몇 가지만 살펴보면 다음과 같습니다. 더 자세하고 복잡한 것들은 정신건강의학과 전문가들을 찾아가거나 관련 서적을 통해 배우면 되기에, 여기에서는 간략하게만 다루겠습니다.

- **환시(幻視, visual hallucination)**: 실제로 보이지 않는 대상을 혼자서만 보고 있다고 착각하는 증상.
- **환청(幻聽, auditory hallucination)**: 실제로 들리지 않는 소리를 혼자서만 들린다고 착각하는 증상.
- **환지(幻肢, tactile hallucination)**: 실제로 느껴지지 않는 촉각을 혼자서만 느껴진

다고 착각하는 증상. 피부에 벌레가 기어다니는 것 같다고 하는 증상도 이와 비슷.

- 환후(幻嗅, olfactory hallucination): 실제로 나지 않는 냄새를 혼자서만 난다고 착각하는 증상.

이러한 증상들은 얼핏 보면, 귀신 들린 자의 현상과 비슷해 보입니다. 하지만 정신병적 현상으로 접근해야 할 것을 성급하게 귀신 들린 것이라고 판단하면 심각한 피해가 발생할 수 있습니다.

물론 어떤 분들은 '환상(幻想, fantasy)'을 보았다고 하면서 그러한 체험을 간증하거나 주장하기도 합니다. 물론 이 또한 개인의 신비한 영적 체험으로서 존중받을 수 있습니다. 하지만 개인의 경험을 마치 성경적인 어떤 사실과 동등하게 여기며, 성도라면 누구든지 그러한 환상을 경험해야 한다고 주장하거나 독려하는 것은 자제해야 합니다. 더 나아가 자신은 특별히 하나님 앞에서 경건의 훈련을 잘 감당했으므로, 하나님으로부터 친히 직접적인 계시와 음성을 받을 수 있는 것처럼 주장하는 것 또한 매우 위험합니다.

Q 4 : 에베소서 2장 2절에는 "공중의 권세 잡은 자"가 나옵니다. 이 말은 사탄이 세상에서 활개를 친다는 의미인가요?

요한계시록 20장 1-3절에 의하면, '사탄(마귀)'의 권세는 예수 그리스도께서 십자가에 달려 죽으심과 부활하심으로 인해 완전히 제압당했습니다. 당연히 그를 따르는 타락한 하급 천사들인 '귀신들'(계 9:11; 12:9)의 권세 또한 무력한 상태입니다.

그럼에도 불구하고 그리스도의 재림 직전까지인 천년 왕국의 기간에는 표면적으로 계시록 12장에 나오듯 그들은 여전히 여자인 교회를 핍박하는 활동을 지속합니다. 그러니 바울이 에베소서 2장 2절에서 표현한 것처럼 '사탄(마귀)'은 세상을 향해 자신의 활동을 지속하고 있습니다. 다만 세상을 향해 권세와 능력을 마음껏 발현하고, 종횡무진 활개를 치는 의미로 보기는 어렵습니다. 심지어 그를 따르는 하급 천사인 '귀신들'의 능력도 완전히 축소되고 제한된 상태라고 봐야 합니다.

물론 우리는 "공중의 권세 잡은 자"라는 바울의 표현을 통해 '사탄(마귀)'은 세상을 향해 이미 상당한 영향을 끼쳤음을 예상할 수는 있습니다. 하지만 그것이 성도들의 신앙과 복음 전도 사역과 교회를 세우는 데 있어서 '사탄(마귀)'을 비롯한 '귀신들'이 막강한 개입과 방해를 할 수 있을 것처럼 오해해서는 안 됩니다.

Q 5 : 야고보서 4장 7절에 '마귀를 대적하라'라는 말씀이 나옵니다. 그러니 오늘날에도 기도할 때 사탄을 대적하는 기도를 하는 것이야말로 성경적인 영적 싸움이지 않을까요?

성경에서 사도들이 '사탄 또는 마귀'를 향해 직접 명령하여 물러가라고 쫓아낸 본문이 있을까요? 전혀 없습니다. 물론 귀신들을 쫓아낸 경우는 있습니다. 예수님은 사도들을 택하실 때, 귀신을 쫓아내는 권세를 주셨습니다(마 10:8). 뿐만 아니라 믿는 자들에게도 귀신을 쫓아내는 권세를 주셨습니다(막 16:17-18). 그런데 사탄(마귀)을 비롯해 그의 하급 천사들인 귀신들 역시, 그리스도의 재림 직전까지의 천년 왕국 기간에 세상에서 소소한 활동이 있을지라도 그리스도의 부활로 인해 무저갱에 갇혀 있음을 간과하지 않아야 합니다(계 20:1-3).

그런데 야고보서 4장 7절을 보면, 분명히 "마귀를 대적하라"라는 내용이 있습니다. 그러나 여기서 대적하라는 의미는 '현재 시제', 즉 언제나 변함없이 계속해서 시도 때도 없이 사탄을 대적하라는 의미가 아닙니다. 아울러 '대적하라'라는 헬라어 원형 동사(ἀνθίστημι, 안씨스테미)는 '마귀와 대등한 입장에서 직접 붙어서 싸워라'라는 의미도 아닙니다. "마귀를 대적하라"라는 말은 그 사탄(마귀)에게 '저항하라'라는 의미입니다. 다시 말해, 하나님의 다스림에 적극적으로 순종하고 마귀의 영향(미혹)에 반대되는 삶을 살아가라는 것입니다.

그러므로 야고보서 4장 7절을 근거로 '사탄 또는 마귀'를 향해 성도가 직접 물리칠 수 있는 것처럼 기도하는 것은 무의미합니다. 실제로 사도들조차 사탄 또는 마귀를 직접 명령해서 쫓아낸 적은 없습니다.

오늘날 그리스도인들이 처한 '영적 전쟁'은 사탄 또는 마귀나 귀신들과의 직접적 싸움이 아니라, '내 안의 부패한 탐욕들', '사탄의 영향을 받은 세속 문화와 사상들', '성경과 반대되는 거짓 사상들과 교리들'을 성령의 도우심을 힘입어 지속적으로 저항하고 반대하는 삶을 살아가는 과정이라 봐야 합니다. 뿐만 아니라 귀신 들린 것처럼 보이는 불신자들을 비롯해서 모든 불신자를 향해 끊임없이 성경을 통해 복음을 전하며, 다음 세대에게 기독교 가치관에 근거한 교육을 지속해 가는 것이야말로 사탄(마귀)을 향한 가장 공격적인 영적 대적(저항)이고, 귀신들의 미혹을 향한 적극적인 자세이지 않을까 싶습니다.

 나눔을 위한 질문

오늘날 드라마나 영화 및 예능 프로에서도 '귀신'이나 '점'이나 '부적' 등에 대해 아주 자연스럽게 소개하고 있습니다. 과연 우리는 이러한 세상 문화를 어떻게 여겨야 할까요? 또한 교회에서조차 이러한 주제를 재미 삼아 소개하는 분위기가 있다면, 어떻게 지도하는 것이 좋을까요?

02
어린 시절, 동네 통일교 교회

어린 시절 살던 문경읍은 정말 작은 동네였다. 이웃집에서 부부 싸움을 한 것도 하루 이틀 정도만 지나도 다 아는 정도였다. 그런데 언제부터인가 큰 도로 옆 건물 위쪽에 아래의 마크가 눈에 띄었다. 초등학교를 다닐 때 부터인지, 그 이전부터인지는 모르겠지만 언제부터인가 동네 어른들 사 이에서도 저 마크가 있는 건물에 대해 다양한 이야기들이 오고 갔다.

통일교 교회였다. 그 건물에 대한 소문은 참으로 무성했다. 어린 시절, 어머니와 아버지가 대화하는 것을 들었 을 때 나에게 가장 크게 충격적이었던 것은 통일교 교회에 한 번 들어간 사람 들은 절대 나오지 못한다는 것이었다. 심지어 그곳 안에서 말을 듣지 않으면, 매를 맞거나 감금당한 채 죽는다는 이야 기도 들었다. 나중에는 다른 곳으로 옮겼

통일교 로고 – 수수작용과 사위기대

다는 이야기를 들었지만, 그 족적에 대해서는 나도 기억의 한계가 있어서 정확히 말하기는 어렵다.

그런데 어느 날 TV에서 통일교와 관련된 드라마를 했던 것 같다. TV 시청을 하면서 나는 더욱더 통일교에 대한 두려움을 가지게 되었다. 그러면서도 통일교에 속한 식품 회사인 일화에서 판매하는 맥콜 음료수는 참 많이도 사 먹었던 기억이 난다. 아무런 생각 없이 그토록 맛있게 자주 구매해서 마셨던 맥콜 음료수가 나중에 알고 보니 통일교 산하 기업의 상품이었던 것이다.

그뿐만이 아니다. 시골에 살 때, 서울에서 대학생들이 와서 농사일을 도와준다고 한 적이 있다. 동네 어른들이 참으로 좋아하셨다. 그런데 알고 보니 그들이 통일교 사람들이었다. 시간이 지나서 통일교에 관해 공부해 보니, 실제로 통일교에서 만든 대학이 있었다. 그 대학이 바로 선문대학교였다. 어린 시절, 나는 부모님과 동네 어른들로부터 통일교 사람들이 무섭다고 들었다. 그런데 막상 그 대학생 누나들과 형들을 보니 그냥 우리와 같이 평범하게 생겼었다. 너무나 멀쩡해 보였다. (물론 이쁜 누나들도 있었다.)

게다가 고등학교 시절, 같은 반 친구 중에는 앞으로 언론인이 꿈이었던 애가 있었다. 그 친구는 다양한 신문들의 사설을 보았다. 그런데 그중에는 정말 특이한 이름의 신문사가 있었다. 평소 나는 신문을 잘 보지 않았지만 그래도 대강 어떤 신문사가 있는지는 알았다. 그런데 처음 보는 신문사가 있었다. 그게 바로 '세계일보'였다. 지금 그 친구는 어떻게 살아가는지 모른다. 그런데 만일 그 친구가 통일교를 믿는 아이였다면 어떻게 되었을까? 혹시 나를 전도했다면 나는 지금 어떻게 되었을까? 지금쯤 통일교에 빠져서 인생을 허송세월하며 살지 않았을까 싶다. 생각만 해도 끔찍하다.

놀랍게도 '일화' 기업이나 '세계일보'는 지금도 여전히 건재하다. 물론 나는 어느 순간부터 탄산음료를 거의 마시지 않는다. 맥콜은 더더욱 사지 않는다. 내가 그것을 사서 마시는 순간 통일교 단체에 돈을 헌금하는 것과 다를 바 없기 때문이다. 내 어린 시절 추억 속에만 존재하던 통일교가 지금까지도 건재하고 있다는 현실 앞에, 나는 긴장이 되지 않을 수 없다. 한국 교회가 걱정된다. 이단이나 사이비가 생각보다 우리의 삶 속에 깊이 파고들고 있다는 위기감 때문인 듯하다.

통일교(문선명&한학자, 세계평화통일가정연합)

통일교는 '합동, 고신, 통합, 기감, 기하성 여의도' 등의 교단에서 이단 및 사이비 종교로 결의한 곳이다.

Q: 통일교의 피가름(피갈음) 교리가 뭔가요?

이 교리를 알기 위해서는 이단 계보상 '김성도'라는 여성 교주에게까지 올라가야 합니다. 일제 신사참배에 반대했던 '김성도'는 심한 고문을 받고서 1944년 만 61세의 나이로 사망했는데요. 그녀는 '죄의 뿌리는 선악과라는 과일을 따 먹은 것에서부터 온 것이 아니라 남녀의 성적 관계이고, 그것이 원인이 되어 타락하였다'라는 내용을 최초 이론적으로 주장했던 인물입니다. 이후 그녀의 교리는 '백남주, 정득은, 문선명'에게로 이어졌습니다.

그렇다면, 과연 '피가름(피갈음)' 교리는 어떤 내용일까요? 쉽게 말해, '타락으로 더러워진 인간의 피는 죄 사함받은 깨끗한 피로 갈아 주어야 한다'라는 내용입니다. 이처럼 '피가름(피갈음)'이 가능하려면 '새주파 김성도'가 주장한 것처럼 성적 타락을 통해 '피'가 더러워졌다고 전제해야 합니다. 다시 말해, 타락한 천사인 '사탄'과 '하와'가 성적인 관계를 가짐으로써 타락했다는 것입니다. 이로 인해 하와의 피가 더러워졌고 이 더러운 피가 성적 관계를 통해 인류 후손에게로 이어졌으니, 타락한 후손들은 피가 깨끗해지지 않는 한 결코 구원받을 수 없다는 것이죠. 그래서 타락한 인간이 구원을 받기 위해서는 죄가 없는 '구원자의 깨끗한 피'를 받아야만 가능하다는 것인데, 이러한 교리가 바로 '피가름(피갈음)' 사상입니다.

그러므로 우리는 사람이 '죄인인지, 아닌지'의 근거가 우리 몸에 있는 '피'의 문제와 아무런 상관이 없다는 사실을 결코 놓치면 안 됩니다. '죄'는 하나님과의 인격적 관계에서 발생한 문제입니다. 그러나 '피가름(피갈음)' 사상은 마치 '사람의 피'라는 물질에만 제한하여 죄의 요인이 그 피 자체 안에 있는 것처럼 왜곡했습니다.

'김성도' 교주의 기독교 입문 과정은 '정도교(正道教)' 창립자였던 '이순화' 여성 교주와 유사합니다. 17세의 꽃다운 나이에 스물일곱 살 연상의 남편에게 시집을 갔던 김성도는 1906년에 아들을 낳고 나서 정신 이상 증세를 보였는데, 무당을 부르고, 병원을 찾고, 치료를 위해 온갖 노력을 다했으나 차도가 없었습니다. 그때 어느 교회 전도자가 와서 "이 병은 예수님을 믿어

새주파 여성 교주 김성도

야 낫습니다"라고 일러 줬는데, 이때부터 그녀는 교회를 다니기 시작했고, 병고침도 받았습니다. 아들도 병세가 있었으나 그 역시 기도를 받고 나으면서 '김성도'는 더 깊이 종교에 집착했습니다. 그리고 1916년 남편이 사망한 후, 그녀는 매일 기도 생활에 깊이 몰두했습니다. 그러면서 입신 등 여러 가지 신비 체험까지 경험했습니다. 우리는 바로 이 점을 눈여겨봐야 합니다.

오늘날 한국 교회에서도 찬양이나 기도를 중요시합니다. 그러나 하나님의 말씀에 대한 바른 가르침과 지도가 없이 감정에만 치우친 찬양과 기도를 앞세우면 얼마든지 '김성도'와 같은 위험한 현상에 빠질 수 있습니다. 물론 성도 각자가 경험한 개인적 차원의 신비한 일들까지 일일이 판단하고 문제 삼는 것은 신중해야 합니다. 하지만 '김성도'가 경험했다는 체험들은 매우 위험한 내

용들로 이루어져 있습니다.

그녀는 입신해서 예수님을 만났는데, 그 가운데 '죄의 뿌리는 음란이다', '예수 자신은 억울하게 죽었다', '재림 주님은 육신을 쓴 인간으로 한반도에 오신다', '새 주님이 나타났으니 회개하라' 등의 내용을 들었습니다. 그리고 자신의 경험을 종이 열두 장에 기록해서 담임 목사님께 보고했지요. 담임 목사님은 그녀에게 "사탄의 역사이니 조심하십시오"라고 권고했습니다. 하지만 교회 신도들은 그녀의 담임 목사와 달랐습니다. 그녀가 신비 체험을 한다는 소문을 듣고, 오히려 그녀에게로 하나둘씩 조용히 몰려들기 시작했습니다. 이로 인해 그녀는 출교를 당합니다.

그런데 오히려 출교 이후부터 그녀는 자신을 찾아오는 신도들과 가정 집회를 열었고, '새 주님'이 이 땅에 오심을 찬양하기 시작했습니다. 아울러 자기 주변에 열두 제자를 두었으며, 기도 끝에는 '새 주님'의 이름으로 기도했고, 심지어 '입을 벌리고서' 성령을 받고자 했습니다.

이러한 반응들은 오늘날 한국 교회의 여러 이단 및 사이비 집단에서도 볼 수 있는 광경입니다. 그녀를 따르던 신도들은 자기 재산을 바치고 유무상통하며 살았다고 하는데, 이렇게 '김성도'에게 몰려든 무리에게 붙여진 이름이 바로 '새주파'였습니다. 이들은 1944년에는 '복중교'라고도 불렸습니다. 그러나 이후에 세력이 약화되었습니다. 과연 당시 사람들은 무엇 때문에 그토록 '김성도'를 따랐던 것일까요? 여러 가지 이유가 있겠지만, 가장 큰 이유는 아마도 '신비감'과 '호기심'이었던 것 같습니다. 그녀가 경험했다고 하는 그 '신비 체험'을 자신들도 경험해 보고 싶었던 것이죠. 그런 체험이 성경적인지 아닌지에 관해서는 아무런 관심도 없이 말이죠. 이러한 호기심이 바로 '김성도'를 새주파 여성 교주로 만들었던 것이라 여겨집니다.

이러한 모습들은 100년이 지난 이후 오늘날에도 여전히 곳곳에서 발생하고 있습니다. 결국 성경에 대한 무지함과 교회의 질서를 무시한 채, 자신들의 개인적 욕심과 호기심을 추구하는 일부 성도들의 일탈에서부터 또 다른 제2, 제3의 '새주파' 교주 '김성도'가 탄생하는 것임을 오늘날의 한국 교회는 깊이 명심해야 합니다.

 나눔을 위한 질문

혹시 나는 '김성도' 여성 교주처럼 현실적인 어려움들 때문에, 성경의 내용을 바르게 알아 가는 것보다 신비적 체험에 더 집중한 적은 없었는지요? 또한 그런 신비적 체험에 집중하는 사람이 우리 교회 공동체 안에 있다면, 우리는 어떤 자세를 취해야 할까요?

03
92.10.28: 종교 중독 끝판왕

내가 다녔던 고등학교는 미션 스쿨이었다. 하지만 나는 3학년 4월 이후 예수님을 믿었기 때문에 1, 2학년 때는 기독교에 별로 관심이 없었다. 그런 상황 속에서 나는 2학년 시절, 한 친구로부터 참으로 생소한 용어를 들었다. 그것은 바로 '휴거'였다. 당시에는 그게 무슨 의미인지도 몰랐다.

사실 TV에서나 길거리에서도 종말에 관한 이야기를 가끔 들었다. 그런 와중에 2학년 반 친구로부터 '세계가 곧 끝날 수 있다'라는 내용을 은밀하게 들게 되었다. 솔직히 불안하기보다는 그리 나쁘지 않았다. 왜냐하면, 고등학교 3학년의 때가 오기 전에 세상이 끝날 수 있으니 대학 수능 시험을 안 볼 수도 있겠다는 철없는 생각이 들었기 때문이다. 지금 돌이켜보면, 당연히 어리석은 생각이었다. 하지만 당시로서는 어차피 나도 좋은 대학 못 갈 바에야 종말이라도 터져서 나보다 공부 잘하는 아이들도 좋은 대학에 못 가는 게 더 좋겠다는 생각이 앞섰었다.

그런데 뉴스를 보다 보니 '시한부 종말론'을 주장하는 단체에 빠진 자들

92년 10월 28일 예수님의 공중 재림 및 휴거가 있을 거라고 외치는 다미선교회의 포교 활동

은 생각 이상으로 심각했다. 학생들은 학교를 그만두고 가출하기도 했다. 직장인들도 회사를 그만두었다. 주부들은 가정 살림을 팽개치고, 아이들과 함께 종말을 주장하는 장소에 모여 열정적으로 찬양하며 기도하기도 했다. 게다가 자기 집 재산까지 다 팔아서 헌금하는 경우들도 있었다. 군인들 중에는 휴가를 나와서 군부대로 복귀하지 않고 종말을 기다리는 자들도 있었다. 이로 인해 사회적으로도 큰 파장이 일었다. 결국 검찰까지 나서게 되었다. 같은 반 친구였던 그 녀석도 '지구 종말', '휴거'에 심취해 있었다. 나중에 알게 되었지만, 그 친구가 심취해 있었던 곳은 바로 이장림 목사가 이끌었던 '다미선교회'였다.

당시 1991년의 국제 정세는 복잡하게 급변하였다. 소련이 해체되었고, 걸프전이 발발하였다. 게다가 세간(世間)에는 1999년도에 지구 종말이 임할 것이라는 노스트라다무스의 예언이 떠돌고 있었다. 이런 상황에서 전철역이나 버스 터미널 주변에는 예수님이 재림하실 때 믿음이 신실한 성도는 하늘로 올라간다고 주장하는 사람들이 생겨났다. 그 주장이 바로 '휴거'다.

휴거를 기다렸던 어떤 장로교회에서는 모든 성도들에게 이름표를 붙이게 했다. 왜냐하면 휴거될 때, 그 이름표가 붙어 있는 옷만 남아 있고 사람은 들려 올라가기 때문에, 사람이 없어지면 누가 휴거되었는지 확인할 수 있기 위해서였다. 지금의 현실에서는 그 당시의 주장이 참으로 어이없고 우스꽝스러운 소리라고 여겨질 수 있다. 그러나 당시 이장림 목사에게 미혹된 수많은 사람들이 시한부 종말론에 빠져서 엄청난 피해를 겪었다. 검찰은 이를 수사하고서 다미선교회 교주였던 이장림을 구속했다. 이후 그는 '이답게'로 개명하였다. 당시 그는 시한부 종말론을 주장하면서 신도들로부터 무려 34억여 원을 거둬들였다.

저들의 열정적 찬양과 기도는 웬만한 부흥 집회와 다를 바 없었다. 사람들도 적지 않았다. 우리는 바로 이 점에서 깊이 고민해야 한다. 규모가 큰 장소에 많은 사람들이 모이고, 그들이 열정적으로 찬양하고 기도하는 현장만을 보고서, 그곳의 모임과 예배는 지극히 은혜롭고 뜨거우며 감동이 있다고 착각하지 않아야 한다. 왜냐하면 갈멜산에서 450명의 바알 선지자들이 바알의 이름을 소리 높여 부르고 열정적으로 기도하며 뛰놀던, 심

1992년 10월 27일 저녁, 28일 자정에 휴거가 발생하기를 고대하며 열광적으로 예배드리고 있는 신도들

지어 자기 몸까지 상하게 하며 우상을 숭배하던 모습(왕상 18:22-29)은 오늘날에도 얼마든지 발생할 수 있기 때문이다.

고등학교 2학년 당시 나는 예수 그리스도를 믿지 않았다. 그때 만일 같은 반에 있던 그 녀석이 자신만 휴거에 심취하지 않고 나에게까지 전도했었다면, 나는 어떻게 되었을까? 생각만 해도 아찔하다. 물론 그 친구도 완전 깊이 빠져 있었던 건 아니었던 것 같다. 왜냐하면 그 친구는 학교를 빠지거나 가출하지 않고 계속해서 우리와 똑같이 학교를 다녔기 때문이다. 지금은 그 친구의 이름을 잊어버렸을 정도로 기억이 가물가물하다. 하지만 그때의 에피소드는 내가 예수를 믿고 나서 신학을 하고, 목사가 되고, 이단 연구를 하는 과정에서 자연스럽게 생각났던 기억이다.

이단 사상은 결코 멀리에 있지 않다. 내가 아직 직면하지 못했을 뿐이다. 얼마든지 나와 내 가족에게서, 그리고 우리 교회에서도 발생할 수 있는 것이 이단과 사이비의 미혹이다. 이 사실을 가볍게 여기지 말고, 우리 교회와 우리 가정에서부터 이단의 다양한 거짓 교리들을 잘 분별할 수 있도록 지속적으로 교육을 받아야 한다. 그저 이벤트처럼 몇 번 하는 세미나 정도에서 그치지 말고, 꾸준히 반복적이고 체계적으로 이단 교리들을 정리하고서 반증(反證)할 수 있도록 단단하게 실전 교육을 해야 한다. 그래서 우선적으로 나와 내 가족과 우리 교회가 이를 잘 대응할 수 있도록 실력을 키우고, 더 나아가 주위의 다른 사람들까지 피해를 당하지 않도록 알리고 도와야 할 필요가 있다.

목궁 Time

다미선교회(이장림)

다미선교회는 '통합, 고신' 등의 교단에서 이단으로 결의한 곳이다.

Q: '시한부 종말론'이란 무엇인가요?

한마디로 요약하면, '인류에 대한 하나님의 종말적 심판과 예수 그리스도의 재림 날짜는 이미 정해져 있다'라는 주장입니다. 이단자들은 이러한 거짓 교리를 앞세워 성경적 근거도 없는 재림의 날짜를 기다려야 한다고 주장함으로써 수많은 사람들을 미혹하고 있습니다. 이러한 거짓 교리를 가지고 사람들을 미혹하는 대표 이단이 바로 '여호와의 증인'입니다.

사실 '여호와의 증인'을 거슬러 올라가면, 역사적으로는 윌리엄 밀러(William Miller, 1782-1849)라는 미국의 설교자가 있습니다. 이 사람은 본래 침례교 신도였습니다. 그런데 평소에 늘 자기 마음대로 성경을 해석하다가 결국 예수 그리스도가 1844년 10월 22일에 재림할 것이라고 주장했습니다. 이러한 차원에서 신자는 개인적으로 성경을 읽거나 신앙 서적을 읽는 것은 좋으나, 은혜받았다고 자기 마음대로 섣불리 적용하거나 간증하는 것에 있어서 신중할 필요가 있습니다. 무엇보다 공교회의 교리(신앙고백) 안에서 교회의 지도를 받으며, 검증된 절차를 거치는 것을 간과하지 않아야 합니다.

윌리엄 밀러를 따르던 사람들은 1844년 10월 22일을 기다리며, 하얀색의 승천복을 준비했습니다. 그러나 1844년 10월 22일에 예수 그리스도의 재림이 이루어지지 않자 '밀러'를 따르던 사람들은 크게 실망했지요. 이 사건을 가리켜 "1844년 대실망 사건(Great Disappointment)"이라 부릅니다. 그 이후 윌리엄 밀러를 따르던 '밀러주의(재림파) 이단·사이비 집단'은 여러 개의 분파로 쪼개졌는데, 그중에 현재까지 가장 큰 조직으로 남아 있는 두 개의 대표 이단 집단이 바로 '여호와의 증인'과 '제칠일 안식일 예수 재림교(안식교, SDA)'입니다.

설교 중인 이장림 목사

국내에서도 이러한 '시한부 종말론' 사상은 끊이지 않고 발생했습니다. 특히, 대한민국에서 알려지게 된 '휴거'는 1980년대 말부터 퍼지기 시작해 1992년 10월 28일에 휴거될 것으로 구체화되었습니다. 무엇보다 1991년 초에 해외에서 걸프전(戰)이 터지면서 한국 사회까지 그 내용이 확산하였는데, 그 사상을 주장한 중심인물이 바로 '이장림 목사'였습니다. 그는 '다미선교회'를 조직하여 국내 도시들 가운데 여러 지부를 설립했고, 해외에까지 그 세력을 넓혀 갖가지 문제를 일으켰지요.

'다미선교회'란, 이장림이 처음 '시한부 종말론'을 유포하기 시작한 그의 책 『다가올 미래를 대비하라』(1988)의 약자를 따서 만든 이름입니다. 물론 그가 처음부터 '1992년 10월 28일 휴거'를 공개적으로 주장했던 것은 아닙니다. 그러나 『하늘문이 열린다』(1988년), 『경고의 나팔』(1989년)이라는 후속 저서를 통해 암시적이던 내용을 구체화했고, 그런 다음 『1992년의 열풍』(1991년)이라는 책을 통해 '시한부 종말론' 사상을 못 박기에 이르렀습니다. 처음에는 1992년 10월 10일이었으나 나중에는 10월 28일로 고착되었죠.

물론 그가 주장한 내용들의 기본적인 근거는 역시 성경이었습니다. 마태복음 24장 32–35절의 '무화과나무의 비유', 요한계시록 7장 25절과 12장 14절, 다니엘 9장에서 도출한 '7년', 그리고 다니엘 7장 7절에 나오는 '열 뿔'을 가지고서 자기 마음대로 재림의 시기를 해석했습니다. 여기에 더해 구약 시대 4000년과 신약 시대 2000년 후의 천년왕국설을 서로 유기적으로 결합하여 도출했습니다. 요약하자면, 서기 2000년에 '천년 왕국'으로 들어가는데, 1999년이 끝이 되므로 거기서 '7년 대환란' 기간 7년을 빼면 1992년이 된다고 해석한 것이고, 바로 이때 유럽 공동체의 통합이 이루어진다고 한 것입니다. 이러한 이장림의 가르침에 많은 목회자들과 교인들이 공감했습니다.

그는 '예언' 또는 '직통 계시'를 앞세웠습니다. 특히, '노스트라다무스'와 '에드가 케이시'가 1999년 7월과 1998년과 2000년 사이를 세계의 종말이라고 예언했음을 언급했는데, 여기에 '어린 종'들을 중심으로 한 40여 건의 '직통 계시'를 앞세웠습니다. 무엇

이장림의 대표적인 저서

보다 '어린 종'의 대표적 인물은 '진군'(김현진으로 알려짐)과 'H군'(하방익), 'K소녀'(권미나)였습니다. 그러나 나중에 이장림의 영향에서 벗어난 '어린 종'들은 독자 세력을 형성했다고 합니다.

그렇다면, 과연 이장림의 시한부 종말론 교리는 어떤 측면에서 '이단'일까요?

① 구원론에 있어서 이단입니다. 이장림은 1992년 '휴거'를 부정하는 자는 휴거하지 못하므로 지옥에 가든지, 부끄러운 구원을 얻는다고 주장했습니다. 마치 '휴거 신앙'이 구원의 조건인 것처럼 몰아갔습니다.[2] 이것은 하나님의 은

---

2 이장림, 『1992년의 열풍: 다가오는 미래 IV』(서울: 광천, 1990), 64.

혜 가운데 믿음으로 말미암아 예수 그리스도 안에서 구원받는 정통적인 구원관을 부정하는 것입니다.

② 계시론에 있어서 이단입니다. 이장림은 1992년 10월 휴거설을 주장함에 있어서 성경을 자의적으로 해석했고, 일반 예언가들(노스트라다무스, 케이시 등)의 예언을 성경 계시와 동등한 수준으로 여겼습니다.[3] 특히, 40여 명의 아이들이 하나님으로부터 직접 들었다고 주장하는 '직통 계시'를 성경 계시의 권위 위에 두었습니다.[4]

③ 교회론에 있어서 이단입니다. 이장림은 여러 다른 이단 집단과 똑같이 다미선교회 단체에만 구원이 있는 것처럼 강조했습니다. 특히 특정 교파 중 하나인 장로교에 속한 교인들은 대부분 휴거하지 못할 것이라고 주장함으로써 많은 정통 교회 성도들을 미혹하고 어지럽혔습니다.

④ 종말론에 있어서 이단입니다. 예수님은 재림의 시기를 아버지 외에는 모른다고 하셨는데(마 24:36; 25:13; 막 13:35-37 등), 이장림은 이것을 부정하고 재림의 시기를 알아야 한다고 주장했습니다.[5] 그리고 만일 그 재림의 시기를 모르면 '적그리스도'라는 암시를 줌으로써, '시한부 종말론'을 절대적으로 강조하여 많은 사람을 더욱 심각한 이단 교리로 빠져들게 했습니다.

---

3 이장림, 『다가올 미래를 대비하라: 다가오는 미래 I』(서울: 그루터기, 1988), 51-60; 『1992년의 열풍: 다가오는 미래 IV』, 25.
4 이장림, 『다가올 미래를 대비하라: 다가오는 미래 I』, 11-15; 『하늘문이 열린다: 다가오는 미래 II』(서울: 그루터기, 1988), 19-31; 『경고의 나팔: 다가오는 미래 III』(서울: 다미선교회출판부, 1989), 67-86; 『1992년의 열풍: 다가오는 미래 IV』, 221-234.
5 이장림, 『다가올 미래를 대비하라: 다가오는 미래 I』, 55-60; 『1992년의 열풍: 다가오는 미래 IV』, 57-64.

이처럼 '시한부 종말론'은 심각한 종교 중독을 일으킵니다. 한 번 빠지면 쉽게 헤어 나오기가 어렵죠. 지금까지도 그랬지만 앞으로도 다양한 형태로 나타날 것입니다. 아무리 불발되고 또 불발되어도 여전히 누군가는 평범한 일상 속에서 또다시 미혹될 것입니다. 사실, 신천지 이만희 총회장도 『신탄』이라는 책을 통해 87년 9월에 종말이 온다고 주장했었습니다(279~280쪽). 그러나 불발되고 난 이후, 그는 그 책이 자신이 쓴 책이 아니고 교열자의 실수였으며, 모든 책임을 이미 죽은 홍종효 씨에게 떠넘겼고, 그러고는 신천지와는 아무런 관계가 없는 책이라고까지 주장했었습니다. 이외에도 전국 곳곳에서 '지구 종말과 세계 심판' 및 '예수 재림'과 관련한 거짓 사상들은 크고 작은 형태로 나타나 수많은 사람들을 미혹하고 있습니다.

성경에서 말하는 '예수님의 재림'은 특정한 날을 정확히 알고 기다리는 자들에게만 임하는 것일까요? 은밀하게 임하실까요? 결코 그렇지 않습니다. 부활 승천하신 예수님께서는 가시적으로만이 아니라 육체적으로도 분명히 재림하십니다. 다시 말해 누구나 알 수 있도록 공개적으로 재림하십니다.[6] 그러나 아무리 예수님의 실제적 재림이 분명하게 공개적으로 이뤄질지라도, 우리는 정확하게 그 날짜를 알 수 없습니다. 다만 모든 성도는 세상에 수많은 사건들이 발생함으로써 예수님의 재림의 때가 점점 가까이 다가오고 있다는 짐작은 충분히 할 수 있습니다. 그러나 딱 거기까지입니다. 그 이상을 넘어가면 안 됩니다. 왜냐하면 '부활 승천하신 예수 그리스도의 분명하고도 공개적인 실제적 재림'은 인간이 도저히 예측할 수 없는 시간에 '갑작스럽게' 이뤄진다는 사실 때문입니다.[7]

---

6 고후 5:10. "이는 우리가 다 반드시 그리스도의 심판대 앞에 나타나게 되어 각각 선악 간에 그 몸으로 행한 것을 따라 받으려 함이라."
7 계 3:3. "그러므로 네가 어떻게 받았으며 어떻게 들었는지 생각하고 지켜 회개하라 만일 일깨지 아니하면 내가 도둑같이 이르리니 어느 때에 네게 이를는지 네가 알지 못하리라"

그러므로 구원받은 성도는 주님의 몸 된 지교회가 '인간적인 감성만을 자극하는 공동체'로 전락하지 않도록 하나님의 말씀 앞에서 깨어 분별할 수 있어야 합니다. 그리고 무엇보다 부활 승천하신 예수 그리스도의 실제적이고 가시적인 육체 재림을 늘 사모하면서, 믿음으로 기다리며, 일상을 성실히 살아갈 수 있는 '건강한 종말론적 공동체'를 지향해야 합니다.

 나눔을 위한 질문

과연 나는 예수님의 '가시적 재림'을 얼마나 사모하고 있는지요?
혹시 '잘못된 종말론'에 영향을 받은 것은 없는지 돌아봅시다.

04

이단·사이비의 풍선 효과:
그 나물에 그 밥(?)

| 생 활 속 사 례 |

우리나라 속담 중에 "그 나물에 그 밥"이라는 말이 있다. 물론 국립농업
과학원 연구에 따르면, 이 속담은 과학적으로 성립되지 않는 말이다. 그럼
에도 불구하고 우리의 조상들은 "그 나물에 그 밥"이라는 표현을 속담으
로 사용했다. 과연 우리 조상들은 어떤 의미로 사용했을까? '밥'과 '나물'이
겉으로 보기에는 서로 달라 보여도, 실상 맛을 보니 수준이 비슷하거나 오
히려 기대 이하의 상황이라는 의미를 강조하는 것이라 여겨진다. 바로 이
러한 관점이 현재 한국 교회와 이단·사이비 단체를 바라보는 세상 사람들
의 생각이지 않을까 싶다. 왜냐하면, 그들이 보기에는 이단이라고 정죄받
은 교회나 정통 교회가 별 차이 없는 것처럼 느껴질 수 있기 때문이다.

사실, 나 또한 고등학교 3학년 4월, 예수님을 영접하고서 신앙생활을
한 이후부터 이단·사이비 단체와 정통 교회에 대한 분별을 조금씩 할 수
있었다. 물론 그러한 과정도 조금 오랜 시간이 걸렸다. 그 이전에는 나 또

한 세상 사람들의 보편적인 입장처럼 이단·사이비 단체나 정통 교회를 '그 나물에 그 밥'처럼 여겼었다. 바로 이러한 점이 이단·사이비 때문에 생긴 부정적인 풍선 효과라고 생각한다.

실제로 나는 경기도 남부 지역의 여러 도시들을 돌아다니며 교회 예배당을 알아보고자 했다. 그런데 일부 건물주분들은 교회 용도로는 전세든 월세든 안 내놓겠다고 했다. 일부 문제가 되는 교회들이나 신천지 같은 시끄러운 교회가 오는 게 싫다는 것이었다. 우리 교회는 정통 장로교에 속한 교회라고 수차례 이야기하고, 신천지와 같은 이단이 아니라고 아무리 하소연을 해도 전혀 듣지 않았다.

이런 상황들을 내가 실제로 경험하면서 들었던 생각은 앞으로 더 열심히 우리 교회부터라도 주변에 선한 영향력을 끼칠 수 있는 방법들을 고민해 봐야겠다는 것이었다. 즉, 복음의 진리를 바르게 증거하고 가르칠 뿐만 아니라, 지역 사람들에게도 보편 상식 차원에서 선한 영향력을 끼치기 위해 구체적이고 실제적인 노력을 해야 했다. 물론 이단·사이비 집단에 대해서 더욱 그 위험성을 알리도록 애써야 했고, 동시에 이단 피해의 심각성에 대해서도 주위 여러 교회들에게나 지역 주민들에게도 적극적으로 알릴 필요가 있다고 생각했다. 그렇지 않으면, 내가 겪었던 황당하고 억울한 상황들을 또 다른 교회들도 예배당을 알아볼 때마다 얼마든지 경험할 수 있다고 생각했기 때문이다.

뿐만 아니라 나 자신부터라도 계속해서 이단·사이비 단체나 교주에 대해 좀 더 자세한 연구 및 분석을 해야겠다고 다짐했다. 아울러 이단에 빠진 분들과 직접 만나 성경에 근거하여 교리를 반증하고 복음의 진리를 증거하여 회심할 수 있도록 도와야 할 필요가 있음을 되새겨 보았다. 이것은 사실 이단 전문가들만 할 수 있는 것이 아니다. 성경에 대해 평소에 늘 관심을 가지고 공부하며, 기독교 정통 교리를 잘 정립해 가는 성도라면, 아주 능숙하지는 않더라도 얼마든지 이단에 빠진 분들을 상대할 수 있고, 이단 피해를 호소하는 분들에게 조금이라도 도움을 줄 수 있다.

이런 차원에서 오늘날 우리가 속한 교회 공동체부터라도 단지 이단에 대한 경계만을 강조하는 것에서 그치면 안 된다. 왜냐하면 불신자들의 관점에서 볼 때는 우리가 속한 건강한 교회나 이단·사이비 집단의 교회나 '그 나물에 그 밥'처럼 오해할 수밖에 없기 때문이다. 이러한 부정적 풍선 효과가 발생함으로써 전도의 문이 더욱 좁혀지지 않기 위해서는 지금 이 책을 읽고 있는 독자들 자신부터 선한 용기를 내어 실천해야 한다.

복음과 교회

: 성도들에게 제일 반복적으로 가르치고, 다음 세대에 반드시 계승해야 할 주제라고 생각한다.

Q 1 : 성경에서 말하는 '건강한 교회'란 과연 어떤 곳인가요?

신학적으로 자세히 설명하기보다는 대략적으로 핵심 내용만을 소개하겠습니다. 건강한 교회라면, 최소한 다음과 같은 내용들은 준수해야 합니다.

첫째, '비상 직분이었던 사도들의 가르침'을 계승해야 한다.

둘째, '보편적 교회'를 인정해야 한다.

셋째, '현시대에는 사도가 존재하지 않는다'라는 것을 인정해야 한다.

넷째, '자신의 교회에만 구원이 있다'라고 주장하지 않아야 한다.

다섯째, '정통 교회의 일반적인 예배 방식과 신앙 행위들'을 인정해야 한다.

여섯째, '사도신경'을 인정하고 가르치며 고백해야 한다.

일곱째, '세례'를 인정하되 '재세례'는 부정해야 한다.

여덟째, '세례를 구원의 조건'으로 주장하지 않아야 한다.

아홉째, '주일'을 최고의 절기로 인정하되 '구약 시대 때와 같은 안식일의 율법 준수'는 부정해야 한다.

얼핏 봐서는 사람들이 모여 있고, 십자가 표시가 되어 있으며, 교회 간판만 걸어 두면 모두 교회인 것같이 생각할 수 있습니다. 물론 한국 교회는 장로교, 감리교, 성결교, 침례교 등등 여러 개의 교파가 있습니다. 그러나 교파나 교단이 달라도 건강한 교회일 수 있습니다. 어떤 교회를 건강한 교회라고 말할 수 있을까요? 아주 간단히 말하자면, 바른 복음을 가르치고, 그 내용에 믿음으로 서로 화답하며, 삶에 적용해 나가려고 애쓰는 신앙 공동체가 건강한 교회입니다.

Q 2 : 그렇다면, 성경에서 말하는 '바른 복음'이란 무엇인가요?

바른 복음이란 성부 성자 성령, 삼위 하나님 한 분만이 에덴동산에서의 범죄 이후 전적으로 타락한 인간들 중 하나님의 작정 가운데 하나님의 자기 백성으로 삼으신 자를 위해 예수 그리스도 안에서 모든 죄를 도말하셔서 은혜로 믿음을 허락하시고 하나님 앞에서 의롭다고 여기신다는 사실이며, 또한 그 구원의 약속이 단번에 이뤄졌을 뿐만 아니라 결코 취소가 없다는 사랑과 위안의 말씀입니다. 이 내용을 담고 있는 것이 바로 66권 성경입니다.

이런 차원에서 신자의 가정과 주님의 몸 된 교회는 끊임없이 66권 성경을 통해 복음의 진리를 잘 가르치고 계승해야 할 책임이 있습니다. 진정한 교회 개혁의 근거는 결국 66권 성경을 바르게 가르치고, 계승하는 데서부터 비롯됩니다. 갈라디아서 1장 11절을 읽어 봅시다.

> 형제들아 내가 너희에게 알게 하노니 내가 전한 복음은 사람의 뜻을 따라 된 것이
> 아니니라(갈 1:11)

진정한 종교개혁은 다른 데 있지 않습니다. 66권 성경으로 다시 돌아가는 것입니다. 성경을 바르게 읽으면, 복음을 알게 됩니다. 그리고 교회가 뭔지를 알게 됩니다. 성경을 통해서 복음이 무엇인지, 교회가 무엇인지를 진정으로

아는 성도는 세상에 대해서 반드시 소신 있는 반응을 보입니다. 그 소신 있는 반응이란 무엇일까요? 히브리서 11장 38절을 보면, "이런 사람은 세상이 감당하지 못하느니라…"라고 합니다. 이 문장을 헬라어 원문에 근거하여 의역하자면, 다음과 같습니다. 히브리서 11장(앞부분)에 소개된 믿음의 (하나님께서 주신 믿음으로 의롭게 되어 영원한 하나님 나라의 권세를 상속받은) 사람들은 하나같이 모든 불법이 대물림되어 주님 오실 그날까지만 철옹성같이 현존하여, 주님 오신 이후 결국 멸망할 이 세상을 결코 두려워하거나 부러워하거나 가치 있는 대상으로 여기지 않습니다.

성경을 바르게 알아 갈수록 구원받은 성도는 복음 때문에 세상으로부터 무시받는 것을 당연하게 여깁니다(행 11:25-26). 바울과 바나바가 이방인 출신들의 성도들이 모여 있는 수리아 안디옥 교회에서 1년 동안 열심히 신앙 교육을 한 결과가 무엇인가요? 제자들이 생겨났는데, 그들이 안디옥에서 '그리스도인'이라는 별명을 얻게 되었습니다. 스스로 부른 별명이 아닙니다. 세상의 불신자들로부터 얻은 별명입니다. 그들이 별명으로 얻은 '그리스도인'이라는 말은 어떤 의미였을까요? 칭찬의 의미였을까요? '예수님을 정말 잘 믿는 신실한 사람이다'라는 의미였을까요? 아니요. '예수밖에 모르는 미친놈', '예수만 따라 하고, 예수가 시키는 것 뭐든 다하는 예수 똘만이', '예수를 위해서라면 목숨까지 바치는 한심하고 어리석은 예수 신봉 열광자' 등과 같은 무시와 조롱의 의미로 부른 별명이 바로 '그리스도인'이었습니다.

수리아 안디옥 교회의 이방인 출신 기독교인들은 바울과 바나바를 통해서 성경을 배우고, 복음이 무엇인지, 교회가 무엇인지를 알았습니다. 그런데 그들의 삶은 뭔가 대단한 세상 성공으로 나타나지 않았습니다. 오히려 세상으로부터 무시를 받았죠. 그런데도 묵묵히 견뎌 냈습니다. 왜냐하면, 성경을 제대로 배웠기 때문입니다. 복음이 무엇인지, 교회가 무엇인지를 알았기 때문입니다.

'자기 의(義)'가 높고, '자기 생각과 주관'이 강한 사람일수록 다른 사람들이 쉽게 놓칠 수 있는 문제들을 더욱 예리하게 발견하고, 비판과 문제 제기를 잘 합니다. 때로는 그러한 자들의 지적들로 교회에 변화가 생길 수도 있습니다. 그러나 교회 개혁과 신앙의 영적인 개혁은 '인간의 열심'이나 '인간의 지적 능력', '인간의 열정'만으로 되지 않습니다. 문제를 잘 발견하고, 신랄하게 비판만 하거나 납득하기 어려운 상황들에 대해서 불만을 쏟아 내며 자기의 영웅주의적 의식을 앞세워 선동질한다고 해서 교회가 변한다거나 영적 갱신이 되는 것은 아닙니다.

교회의 개혁은 66권 성경을 통해 자신을 직면하는 것에서부터 시작합니다. 자기 자신은 제외하고, 주위 환경과 다른 사람들에게만 날카로운 칼날을 들이대거나 화살을 겨냥한다면 참된 개혁과 변화는 없습니다. 진흙탕 개싸움으로 변질될 뿐입니다. 교회는 잘 싸워야 합니다. 그리고 잘 풀어 가야 합니다. 그러기 위해 가장 선결해야 할 숙제는 우선 나 자신을 하나님 앞에 발가벗겨 돌아보는 일입니다.

'내 삶', '교회와 가정', '인간관계' 등에 대해 과연 우리는 어찌해야 할까요? 경직되지 않아야 합니다. 힘을 빼야 합니다. 혈기를 빼고, 분노를 빼고, 독소를 빼야 합니다. 불만과 원망을 빼고, 두려움과 염려를 빼야 합니다. 무엇보다 인류의 역사에 대한 근본적인 이유를 가장 핵심적으로 설명하고 있는 66권 성경에 귀를 기울이고 초점을 맞춰야 합니다. 성경을 통해 '복음과 교회'를 분명하게 정립해야 합니다. 다른 이야기할 것 없습니다. 지금 당장 성경부터 제대로 읽어 냅시다.

🗨 나눔을 위한 질문

우리는 '건강한 교회'를 지향하기 위해 어떠한 노력을 해야 할까요? 앞서 "목궁 Time"에서 소개한 '아홉 가지' 내용에 근거해 생각해 봅시다.

PART 2

이단은 과거의 문제가 아니라 오늘의 현실이다

05
오대양 사건과 세월호 사건

| 생 활 속 사 례 |

대한민국 사람이라면, 최근 일어났던 '세월호 침몰 사건'을 모를 수 없을 것이다. 이 사건은 2014년도 4월 16일에 발생하여 뉴스를 통해 대대적인 속보로 오랜 기간 방송되었다. 이 당시 우리를 가장 가슴 아프게 했던 것은 고등학생들이 상당수 목숨을 잃었다는 것이다. 그래서 이 당시의 또래 학생들은 참으로 큰 충격과 슬픔에 잠겼다. 당시 고등학생들은 지금쯤 20대 후반의 청년이 되었을 텐데, 시간이 참으로 빠르게 흘렀다.

그러나 아무리 시간이 흐르고 또 흘러도 근본적인 문제가 해결되지 않으면 '세월호 침몰 사건'과 같은 비극적인 상황은 얼마든지 반복될 수 있다. 실제로 그와 같은 일은 이전에 이미 발생했었다. 지금은 세월이 많이 흘러 사람들로부터 조금은 잊힌 사건이 하나 있다. 그것은 바로 1987년 8월 29일에 있었던 '오대양 집단 자살 사건'이다. 이 사건은 경기도 용인시 처인구에서 발생했다. ('세월호 침몰 사건'은 전라남도 진도군 조도면 부근 해상에서 발생했다.)

1987년 8월 29일, 오대양 집단 자살 사건   2014년 4월 16일 청해진해운 세월호 침몰 사건

그런데 정동섭 교수(사이비종교 피해대책연맹 총재)의 주장에 의하면, 이 두 개의 사건은 배후에 '구원파'가 깊이 관련되어 있음을 알 수 있다. 실제로 정 교수는 2015년부터 2016년까지 예레미야연구소 홈페이지 등을 통해 "오대양 사건 및 세월호 사건의 배후 세력으로 알려진 기독교복음침례회(유병언 계열 구원파)"라고 주장했다. 물론 이에 대해 기독교복음침례회 측은 자신들의 명예가 훼손되었다며 5,000만 원의 손해 배상 청구 소송을 제기했다. 그러나 2017년 9월, 1심에서 정 교수의 발언이 종교 비판의 표현 행위에 해당한다는 이유로 기각되었고, 항소했으나 2018년 2심에서 또다시 기각되었다.

2심 재판부는 "기독교복음침례회에서 영향력이 큰 유병언이 오대양 및 세월호 사건과 관련돼 있다는 수많은 보도가 있었다"라고 하면서, "세월호 책임자들의 형사 재판 판결에서도 청해진해운을 유병언 일가가 소유한 회사로 보고서, 세월호와 관련된 책임이 유병언 일가 또는 그 측근들에게 있다고 판시하기도 했다"라고 밝혔다.[8]

---

8 백상현, "'오대양·세월호 사건 배후로 알려진 구원파' 표현 명예훼손 아냐", 『국민일보』, 2020년 7월 29일

CBS는 정동섭 교수와의 전화 인터뷰를 통해 "세월호의 실소유주인 유병언 씨와 또 다른 구원파인 박옥수 씨가 미국에서 온 자칭 선교사 '딕욕(Dick York)'의 수제자"임을 밝혔다. 또한 정 교수는 "오대양이라는 회사 이름과 세월호라는 배 이름을 지어 준 사람이 유병언 회장으로 알고 있다"라면서 "청해진해운의 상당수 직원들이 구원파 교인일 가능성이 크다"라고도 말했다.

지난 2020년 1월 17일 서울중앙지방법원 민사합의22부(이동연 부장판사)는 국가가 유 전 회장 일가 등을 상대로 낸 구상금 청구 소송에서 "청해진해운 임직원들이 장기간 화물을 과적하거나 고박(결박)을 불량하게 하는 등 위법 행위를 해 사고가 발생했다"라며, 유 전 회장은 이를 알 수 있었음에도 감시 및 감독을 소홀히 했다고 지적했다. 그러면서 정부 청구 금액 중 3,723억 원을 구상금으로 인정하고 유 전 회장 일가의 책임을 70%, 정부의 책임을 25%, 세월호 고박을 담당한 회사 책임을 5%로 산정한다고 밝혔다. 물론 세모그룹 전 회장이었던 유병언 씨의 장남 유대균 씨가 2017년 11월 4일 SBS "김어준의 블랙하우스"를 통해 청해진해운의 실소유주와 세월호에 대한 본인의 입장을 전한다면서 '유병언 일가와 세월호 사건의 개연성'에 대한 의혹을 전면 부정했다.

하지만 검찰 조사 당시, 유병언의 자녀들은 이에 한 번도 응하지 않았고, 유병언 역시 도피 생활을 이어 갔었다. 떳떳했다면 피할 이유가 없었다. 결국 2014년 6월 12일 유병언 씨는 전남 순천 서면 학구삼거리 인근

수정, https://www.kmib.co.kr/article/view.asp?arcid=0923949012.

매실 밭에서 주검으로 발견되었다. 유병언 일가 비리를 수사하던 인천지검 외에도 세월호 사고 원인을 수사하던 검경합동수사본부는 유병언이 세월호 불법 증축에 관한 구체적인 지시를 내린 사실을 확인한 단계였다. 업무상 과실치사상 혐의를 입증하기 직전이었다. 실제로 당시 구속 상태로서 광주지법에서 재판을 받고 있던 청해진해운 김한식 전 회장은 검찰에 이미 "회사의 중요 사항은 유 씨에게 직접 보고했다"라고 진술한 것으로 알려진 상황이었다. 하지만 그 무렵에 어이없게도 유병언 씨가 사망했다. 이로 인해 '불법 증축 지시'가 세월호 사고에 직접 영향을 미쳤다는 점을 더 이상 입증할 수 없게 되었다.

그러나 청해진해운 김한식 전 회장은 구원파 신도임이 드러났다. 그리고 그가 "청해진해운의 주요 경영 사항을 유 전 회장에게 재가받아 처리했다. 유 전 회장이 회사를 실질적으로 경영하는 회장이었다"라고 했던 법정 진술이 있기에 구원파에 대한 책임은 사라질 수 없다.

결국 정동섭 교수의 주장처럼 한국 사회에 암덩이처럼 커져 버린 구원파 집단은 1987년 '오대양 사건'에 이어 27년이라는 시간이 흘러 우리의 기억 속에서 잊을 만할 즈음에, 또다시 2014년 '세월호 사건'을 통해 우리의 생활 속에 깊숙이 파고들어와 있음을 알게 되었다.

이것은 과연 무엇을 의미하는 것일까? 이는 이단·사이비 문제가 표면적인 현상들만 바뀌었을 뿐, 뿌리는 여전히 동일하며, 과거 역사에서만 있었던 옛날 옛적의 전래 동화 같은 이야기가 아님을 의미한다. 뿐만 아니라 오늘날 우리가 살아가고 있는 현실 속에서도 여전히 치명적인 피해를 일으킬 수 있는 '핫 이슈'임을 의미한다. 그렇기에 지역 교회들은 항상 깨어 있어야 하며, 적극적으로 이를 대응할 수 있어야 한다. 단지 숫자적 규모의 성장만을 외치며 예배 모임에 대한 참석만을 강조할 게 아니라, 성경에 대한 바른 읽기와 복음의 본질에 대해 지속적으로 가르치고 계승하고자 애써야 할 것이다.

세상 사람들은 '세월호 침몰 사건'을 두고서 단지 10대 아이들이 많이 죽은 것에 대해서만 슬퍼했었다. 물론 슬픈 일이다. 2015년 10월, 나에게도 이 세상에 하나밖에 없는 딸을 하나님께서 선물로 주셨다. 그렇게 귀한 딸아이가 이단·사이비 단체와 깊이 연관된 어떤 학교나 단체나 회사에 의해 심각한 상처를 받았다거나 생명을 잃게 된다면 어떨까? 상상하기도 싫은 일이다. 평생토록 제대로 된 삶을 영위해 갈 수 있을지도 자신하기 어려울 것 같다. 그만큼 슬프고 비참한 일이다. 그런데 그런 사건의 깊은 뿌리가 이단·사이비의 교리 때문이라면 어떨까?

세월이 흘렀어도 반복적으로 똑같은 이단·사이비 단체와 연루된 차원에서 발생한 '오대양 집단 자살 사건'이나 '세월호 침몰 사건'은 분명 한국 교회에 경종을 울리는 사건이라 말하고 싶다. 차제에 한국 교회 전체가 하나님 앞에 깊이 회개하며, 보다 적극적으로 교회의 본질에 집중하는 전환점이 되어야 한다고 생각한다.

만일 여전히 한국 교회가 본질적인 것에 집중하기보다는 피상적이고 외연적인 것들에만 치우친다면, 아마도 앞으로는 더욱 심각한 제2, 제3의 '오대양 사건'이나 '세월호 사건'이 발생할 수도 있다고 본다.

그런데 더 큰 문제가 있다. 그러한 상황이 발생했어도 누구 하나 제대로 대응하기 위해 나서는 사람이 없다는 것이며, 설사 대응하려고 해도 실력이 없다는 것이다. 실력도 있고 의지도 있어야 하는데, 두 가지 모두를 어느 정도 준비한 사람을 찾아보기 어려운 것이 현실이다. 이런데도 불구하고 여전히 한국 교회는 이단·사이비 문제에 별로 관심이 없다. 목사들은 목회 때문에, 성도들은 자기 일상에 치우쳐 서로 떠넘기고 있을 뿐이다. 자신과는 아무런 상관이 없다고만 생각하며 안일하게 대처하고 있다. 그러다 뒤늦게 여기저기에서 피해가 발생하면, 그때는 과연 제대로, 즉각적으로 도움을 받을 수 있을까? 쉽지 않다. 어디에 하소연하고 싶어도 그럴 곳이 없을 것이다.

과연 이단·사이비 문제가 우리 교회나 우리 가정과는 아무런 연관이 없을 거라고 자신할 수 있는가? 조금만 더 진지하게 관심을 가져 보길 권한다. 어쩌면 우리 주위에 누군가는 지금 제2, 제3의 이단·사이비 피해자의 상황에 몰리고 있을 수 있다. 내가 먼저, 우리 가정이 먼저, 우리 교회부터 먼저 다시금 그리스도의 심장을 가지고서 한 영혼을 온 천하보다 귀하게 여기며, 복음의 본질에 집중해야만 한다. 66권 성경 말씀으로 묵묵히 무장되어 가야 한다. 지금 오늘 여기서부터 행동하자. 단지 지식적이고 개념 이해적인 교리 교육만 반복적으로 듣는 건 생동감이 약하다. 이단·사이비 단체들을 하나씩 파헤쳐야 한다. '이단 전문 연구가'가 되라는 의미가 아니다. 우리 교회와 우리 가정과 내 주위 사람들을 보호하고 섬기기 위해서라도, 이단이 무엇을 가르치고 교육하고 있는지를 어느 정도의 수준까지는 알아야 한다. 이단·사이비는 한국 교회에 대해서 빤히 다 파악하고 있는데, 정작 우리는 이단에 대해 아무것도 모르고 있다면, 어찌 제대로 된 대응을 하겠는가? 무작정 이단을 견제하고 피하기만 해서는 될 일이 아니다. 이단이 주장하는 교리들부터 이단들의 내부적 구조와 그들의 심리 상태 등에 대해 하나하나 파악해 두어야 한다. 그렇게 알아 가다 보면, 어느새 여러분은 이단 전문가까지는 아니더라도 여러분의 교회와 가정, 여러분의 주위 지인들만큼은 이단·사이비에 미혹되지 않도록 보호할 수 있을 것이다. 따라서 성경과 기독교 교리를 공부하듯, 그것에 근거하여 이단 교리들에 대해서도 비교 반증 교육을 잘 배워 둘 필요가 있는 것이다.

목궁 Time

구원파[권신찬 · 유병언(기독교복음침례회), 박옥수(기쁜소식선교회),
이요한(생명의말씀선교회, 대한예수교침례회)]
: 구원파는 '통합, 고신, 합동, 기감, 합신' 등의 교단에서 이단으로 결의한 곳이다.

Q: '구원파 교리'의 핵심은 무엇인가요?

구원파의 역사적 배경을 살펴보면, 그 배후에는 네덜란드의 자칭 선교사였던 케이스 글라스(Case Glass, 길기수), 미국의 딕욕(Dick York) 등이 있었습니다. 이들은 모두 폐쇄적인 형제 교회(Brethen Church)의 한 분파로 알려져 있습니다. 이들이 사람들에게 접근했던 방식은 '성경 공부'였습니다.

하지만 구원파를 한국 땅에 신학적으로 뿌리내리게 했던 선교사들은 체계적인 신학을 공부하지 않은 공통점을 지니고 있습니다. 특히, 딕욕(Dick York)은 기성 교회를 반복음적 세력으로 보았습니다. 그래서 신학교에 가서 체계적으로 신학 공부하는 것을, 믿음을 버리고 타락한 것이라고 가르쳤습니다.[9] 한편, 교리적인 면에서 '구원파의 사상'은 '폐쇄적인 형제 교회'와 '삼분설을 주장하는 지방 교회'에 깊은 영향을 받은 것으로 보입니다. 실제로 '권신찬' 및 '박옥수'는 지방 교회 한국 대표였던 '왕중생'과도 교류를 가졌던 것으로 알려져 있습니다.

---

9 강경호, 『바로알자! 세칭 구원파』 (고양: 한사랑가족상담연구소, 2015), 19.

그렇다면, 구원파의 핵심 사상을 담고 있는 대표 교리들은 무엇이 있을까요? 그 전에 먼저 우리가 정리해야 할 것이 있습니다. 오늘날 구원파의 본산은 일반적으로 '권신찬'과 '유병언'이 중심되었던 '기독교복음침례회'인데, 이 두 사람은 '장인'과 '사위'의 관계입니다. 하지만 이들의 불미스러운 행태를 지켜보면서 '권신찬'을 추종했던 '이복칠'이 다수의 교인들을 데리고 나가 '권신찬 계열'과 정면 대립하게 되었습니다.[10]

그들은 본래 기존의 한국 교회의 헌금 제도를 그토록 비난해 왔었습니다. 그러나 그 후 불과 20년도 못 되어서 본인들 스스로 돈 문제로 인해 내부 분열이 발생하고 말았습니다. 결국 '이복칠', 다시 말해 '이요한 계열'은 1983년 2월부터 '생명의말씀선교회'(생·말·선) 그리고 '대한예수교침례회'라는 간판을 내걸고 전국에서 모임을 갖기 시작했습니다.[11]

또 다른 대표적인 분파로는 네덜란드의 자칭 선교사였던 케이스 글라스(Case Glass, 길기수)의 자랑스러운 제자로 손꼽혔던 '기쁜소식선교회'의 '박옥수'가 있습니다. 구원파 인물들에 대한 내용이나 역사적 발자취에 대한 내용들은 이미 시중에 나와 있는 다양한 관련 자료들을 참고하면 유익하겠고, 여기에서는 세 개의 계파로 나뉘어져 있는 구원파의 여러 교리들 중 가장 대표적인 내용 몇 가지만 추려서 소개한 다음, 이에 대해 부연하겠습니다.

1. 구원파 권신찬/유병언 계열의 거짓 교리들

① 말라기 3장 16절에 의하면, 성도들과 함께 주님의 일을 위해 서로 의논하는 성도의 교제는 참으로 중요한 기도가 된다.[12]

---

10 심창섭 외 3인, 『기독교의 이단들』(서울: 대한예수교장로회총회, 2000), 298.
11 이대복, 『이단종합연구』(서울: 큰샘출판사, 2000), 116.
12 김인환·심창섭, 『기독교 정통과 이단, 무엇이 다른가?』(서울: 대한예수교장로회총회, 2012), 222.

여기에서 우리는 '구원파 권신찬/유병언 계열'의 '성경관'이 얼마나 형편없는지 확인할 수 있습니다. 이외에도 요한복음 14장 6절이나 15장 4절부터 5절의 내용을 근거로 구원파 교회에 딱 붙어 있어야만 아버지께로 갈 수 있고, 영적으로 멸망하지 않는다는 식으로 해석합니다. 이런 식의 엉터리 성경 해석을 ①항부터 ③항까지 소개했으니, 이러한 내용들을 보게 되면 '구원파 교리' 또는 '구원파 교리에 가까운 주장'으로 인지하면 됩니다.

② 율법과 계명 등은 성도를 괴롭게 하는 것이며, 이러한 종교에서 분리되어 해방되는 것이 복음이다.

③ 성경을 다 믿지 말라. 왜냐하면 성경이라고 다 진리는 아니기 때문이다.

④ 율법, 곧 종교는 인생들을 죄인이라고 지적하면서 괴롭게 만들 뿐이다. 그러므로 '율법 곧 종교'의 억압으로부터 완전하게 해방되는 것이야말로 진정한 '구원'이다.[13] 율법에 매여 있다가, 율법에 갇혀 있다가 믿음이 와 버리면 율법에서 해방을 받는다. 신앙생활은 율법을 지키는 생활이 아니라 율법에서 해방받는 생활이다.[14]

'구원파 권신찬/유병언 계열'의 '구원관'은 성경의 개념과 전혀 다릅니다. 종교가 사람을 자유롭지 못하도록 구속하는 부정적인 의미의 '억압의 틀'이라고 설명함으로써, 기독교도 하나의 종교이기에 그 **종교로부터 영원히 해방되는 것을 '구원'**인 것처럼 왜곡하고 있습니다. 이처럼 잘못된 구원 개념은 ④항부터 ⑥항까지 소개해 놓았으니, 이러한 내용들을 보게 되면 '구원파 교리' 또는 '구원파 교리에 가까운 주장'으로 인지하면 됩니다.

---

13   심창섭 외 3인, 『기독교의 이단들』, 299-300.
14   권신찬, 『성경은 사실이다』 (대구: 기독교복음침례회), 230-231.

⑤ 베드로전서 1장 9절에 의하면, 일차적으로 우리의 영이 구원받아야 한다. 왜냐하면 육신만으로 죄를 범하는 것이 아니라 영도 죄를 범하기 때문이다. 구원받은 사람의 육신은 예수님의 재림 때 완전한 몸으로 변화한다. 이것이 바로 육신의 구원이다. 이처럼 영이 구원을 받으면 주님의 공중 재림 때 육신은 자연히 구원받는다.

⑥ 영이 구원을 받았으므로 육신으로는 죄를 범해도 상관이 없다. 구원은 깨달음으로 끝나는 것이고, 이제 별도로 성화를 위한 기도는 필요 없다. 육체는 원래 죄성이 있어서 육체의 죄가 구원받은 영혼에 아무런 영향을 주지는 않는다.

⑦ 구원받은 사람들끼리 모여서 서로 대화하고 의논하고 교제하는 것 자체가 기도다.[15]
'구원파 권신찬/유병언 계열'의 '예배관'은 구원받은 자에게 **기도는 필요 없는 것**으로 만듭니다. 그들에게는 구원파를 위한 전도 사업을 서로 논의하는 것조차 성도의 교제이면서도 성도의 기도가 됩니다. 또한 구원파에서는 하나님과의 수직적 대화인 기도와 예배보다는 성도의 교제와 사업상 대화와 회의 자체를 영적인 기도로 변질시키고 있습니다.

⑧ 에베소서 2장 19-22절의 내용 중에서 "건물마다 서로 연결하여"라는 21절의 표현은 성도가 서로 사랑으로 연결됨을 말하는 것이지 교회당(예배당)을 지칭하는 것이 아니다.
얼핏 보면 '구원파 권신찬/유병언 계열'의 '교회관'은 장로교회의 '교회관'과 비슷해 보입니다. 그러나 권신찬 목사의 주장을 참고하면, 그가 **기존 교회를 부인**한다는 사실을 확인할 수 있습니다. 그는 "구원받은 자들의 모임이 교회요, 깨닫는 자가 교인이 되고, 그들의 모임에 붙어 있어야 교회 구실을 할 수

---

15 권신찬, 『구원을 이루라』 (서울: 기쁜소식사, 1989), 27.

있다"라고 밝혔습니다.[16] 이런 식의 잘못된 교회관을 ⑧항부터 ⑩항까지 소개해 놓았으니, 이러한 내용들을 보게 되면 '구원파 교리' 또는 '구원파 교리에 가까운 주장'으로 인지하면 됩니다.

⑨ 구원이나 생명이나 깨달음 없는 자들이 모여 그저 찬송이나 부르고 기도나 하고 일주일에 한두 번씩 모이면 그것이 교회인 줄 알고 생각하는 것은 크게 잘못이며, 그것은 교회가 될 수 없다.[17]

⑩ 이미 구원받은 사람은 예수께서 사마리아 여인과 대화할 때 예배의 시간과 장소와 의식까지 다 폐기했으므로 교회에 꼭 나가지 않아도 관계없다. 구원파 교회 외에는 구원이 없다. 목사는 목사가 아니라 형제다. 재정은 인도자가 장부 없이 자유자재로 사용한다. 교파나 간판은 필요 없다. 예배는 성도 간의 교제다. 기도는 구원받은 사람에게 필요 없다.[18]

⑪ 이 세상 마지막 때는 7년 대환란이 있고, 환난 전에 주님의 공중 재림이 있으며, 이때 자던 성도들은 그리스도와 같은 영광스러운 몸의 형태로 부활하고 그 이후 살아남은 그리스도인들도 변화함을 입어 함께 공중에서 주님의 영접을 받게 된다.[19]
'구원파 권신찬/유병언 계열'의 '종말관'은 **극단적 세대주의** 사상을 드러내고 있습니다. 이러한 내용들을 ⑪항부터 ⑮항까지 소개해 놓았으니, 이러한 내용들을 보게 되면 '구원파 교리' 또는 '구원파 교리에 가까운 주장'으로 인지

---

16 고제천, "구원파의 교회관 I ", 『현대종교』, no.127 (1984년 4월), 135.
17 위의 책, 137쪽.
18 한국교회연합 바른신앙교육원, 『바른 신앙을 위한 이단 · 사이비 예방백서 종합자료(1)』 (서울: 원더풀, 2014), 57.
19 정동섭, 『이단 구원파와 정통 기독교는 어떻게 다른가?』 (서울: 침례신학대학교출판부, 1993), 102에서 재인용 [유병진, 『영혼을 묶는 사슬』 (선구자, 1985), 242-243.]

하면 됩니다.

⑫ 예루살렘에 종교별 성전이 건립될 것은 틀림이 없다. 그러나 유대인들에게 있어서는 성전을 재건한다고 하면 그들의 시대가 되는 것이며, 신약 시대(이방인의 때)는 끝나는 것이다.[20]

⑬ 예수께서 우리를 떠나가신 것처럼, 성령도 가시는 날이 온다.[21]

⑭ 교회(구원파 교회)를 사랑하는 것이 곧 하나님을 사랑하는 것이다.[22]

⑮ 그리스도의 심판대 앞에서 신자 각 사람이 상을 받는 것이 아니라 교회가 상을 받는다. 그렇기에 교회에 붙어 있기만 하면 들림을 받는다.[23]

'구원파 권신찬/유병언 계열'의 '종말관'은 세대주의적 종말관을 전파함으로써 머지않은 시기에 종말이 올 것 같은 공포감을 조성하여, 구원파 교회에 들어오지 않으면 공중 재림 때 휴거될 수 없다는 생각에 세뇌되도록 만듭니다. 그러나 정통 기독교의 종말관은 예수님의 초림 때부터가 이미 종말의 시기였음을 가르칩니다. 그리고 우리는 이미 종말의 시대에 살고 있다고 말합니다. 그러므로 구원받은 성도는 예수님의 재림 시기는 누구도 알 수 없으므로 자신이 출석하는 지교회로부터 지속적인 신앙 교육과 보호를 받되, 각자의 일상 속에서 예수님의 재림을 소망하는 마음으로 그분을 증거하며, 신실한 섬김과 봉사를 감당하면 되는 것입니다.

---

20 권신찬, 『위험한 지구』 (서울: 중동문화사, 1980), 7.
21 위의 책, 26–28.
22 권신찬, 『불안에서 평안으로(하)』 (서울: 일류사, 1977), 1–148.
23 강경호, 『바로알자! 세칭 구원파』 (부산: 한사랑가족상담소, 2015), 86.

2. 구원파 '박옥수 계열'의 거짓 교리들

① '죄'는 아담의 원죄이고, '범죄'는 우리의 자범죄이다. 성경에는 '죄'와 '범죄'가 있다. 성경은 모든 죄를 예수님이 씻어 주셨다고 가르친다. 그러므로 죄 용서를 위한 회개 기도를 하거나 자신을 스스로 죄인이라고 고백하는 것은 구원받지 못했다는 증거이다.

'구원파 박옥수 계열'의 '죄'의 개념은 기독교 정통 교리에서 말하는 '원죄'와 '자범죄'를 모두 포함하며, 이를 '죄'와 '범죄'로 구별합니다. 결국 박옥수 목사가 주장하는 '범죄'는 '죄의 증상'입니다.[24] 이런 식의 논리로 그는 요한일서 1장 9절의 내용을 해석하길, 도둑질했을 때 그 범죄 한 내용을 자백하는 것이 아니라 그냥 죄를 자백해야 한다고 주장합니다. 또 시편 51편 5절을 인용하면서도 그는 다윗이 당시 자신이 무슨 죄를 지었는지 고백한 것이 아니라, 자신은 '죄 덩어리로 뭉쳐진 인간'이라는 것을 고백했다는 것으로 해석했습니다. 다시 말해, 죄의 동기나 결과를 고백하는 것이 아니라 **죄의 근본을 고백하는 것이 중요**하다는 의미입니다.[25]

그의 논리는 '죄를 해결해야 범죄가 해결된다'라는 것입니다. 그의 주장대로라면, 구원 얻은 자는 죄가 해결되었으니 어떤 죄(범죄)도 저지르지 않아야만 합니다. 이것 자체가 이미 성경의 가르침과 전혀 다릅니다. 사무엘하 24장 10절에 의하면, 다윗은 인구를 조사하여 하나님께 교만의 죄를 범했습니다. 그런 다음 그가 뭐라고 기도했죠? 박옥수의 주장대로 죄가 있어서 인구 계수의 범죄를 저질렀다고 기도했나요? 아니요. 다윗은 "… 내가 이 일을 행함으로 큰 죄를 범하였나이다. …"라고 고백했습니다. 여기에 나오는 "큰 죄"는 그의 주장대로라면, "큰 범죄"라고 표현되어야 하지만 성경은 그렇지 않습니다.

---

24 권호덕, "박옥수의 '죄사함' 이해에 대한 비판적 고찰(2)", 『현대종교』, 2005년 6월호, 94.

25 박옥수, 『죄사함, 거듭남의 비밀 1』(서울: 기쁜소식사, 1988), 37.

그리고 10절 후반부에는 "… 종의 죄를 사하여 주옵소서. …"라고 기도했습니다. 박옥수의 주장대로라면, "종의 범죄"라고 표현되어야 하지만 성경은 그렇게 말하고 있지 않습니다.

주기도문의 문장에서도 마찬가지입니다. 마태복음 6장 12절 후반부에는 "… 우리 죄를 사하여 주시옵고"라고 나옵니다. 여기에서 "우리 죄"도 박옥수의 주장대로라면, "우리 범죄"라고 표현되어야 하지만 성경은 그렇게 말하고 있지 않습니다. 결국 그의 주장에 따르면, '인간이 인간에게 범죄 할 수는 있어도 죄를 지을 수는 없다'라는 궤변이 되고 맙니다. 로마서 4장 25절에는 "예수는 우리가 범죄 한 것 때문에 내줌이 되고…"라는 말씀이 있습니다. 박옥수 목사의 주장대로라면, 예수는 우리의 죄를 해결하시는 분이니 "우리가 범죄 한 것 때문에"를 '우리가 죄를 지은 것 때문에'로 바꾸어야 하지만, 성경은 그렇게 말하고 있지 않습니다. 왜 그럴까요? 성경은 '죄'와 '범죄'를 호환하여 사용하고 있기 때문입니다. 다시 말해, '죄'를 '죄악'이라고 할 수 있는 것이고, '범죄'라고도 할 수 있다는 것입니다. 하지만 박옥수는 체계적인 신학을 공부한 적이 없습니다. 그러니 '원죄'와 '자범죄'에 대한 개념조차 제대로 정립되지 않았던 것입니다.

결국 '구원파 박옥수 계열'의 죄의 개념에 익숙해지면, 신자가 죄를 범하는 것에 대해서 별로 진지하게 생각하지 않게 됩니다. 회개는 오직 한 번 하는 것이니 신자가 범죄 했다고 해도 회개할 요인이 되지 않는 것으로 생각하기 때문입니다. 이러한 과정들 때문에 오히려 윤리 · 도덕적 문제가 더 심각하게 발생할 수 있는 것입니다.

그러므로 '구원은 곧 죄 사함', '죄가 있으면 지옥 간다'라는 단순한 심판 논리를 주장하는 박옥수의 궤변적 교리를 깨뜨리기 위해서는 구약의 속죄 제사 모형에 바탕을 두는 단순한 '죄 사함'으로만 성경을 바라보는 관점부터 바꾸도록 해야 합니다. 신약의 예수 부활로 말미암는 '영생', '거듭남', '교회', '성화'

등에 관한 내용으로 성경을 보다 폭넓고 깊게 바라볼 수 있도록 성경에 대한 관점을 확장해 가는 교회의 지도가 필요합니다.

② 구원은 회개와 믿음을 통해 받는 것이다. 다만 이스라엘 백성이 애굽에서 출애굽한 날이 있는 것처럼 각자에게는 구원받은 날이 있다.

'구원파 박옥수 계열'의 '구원'에 대한 개념은 전혀 성경적이지 않습니다. 성경에서 말하는 '구원'은 성령의 역사로 이루어지는 하나님의 은혜입니다. 결코 인간의 깨달음의 결과로써 구원이 얻어지는 것이 아닙니다. 물론 부분적인 차원에서는 구원파에서 중요하게 여기는 '깨달음'의 요인이 전부 틀린 것은 아닙니다. 그러나 우리가 깨달아지는 그 순간에 구원 얻는 것이 아님을 간과해서는 안 됩니다. 우리가 구원받게 되는 근간은 우리의 깨달음이 아니라 하나님께 달려 있는 것입니다. 기독교 정통 신학의 관점에서 '구원'은 '중생인 거듭남으로써의 구원'이 있고, '그 후에 성화의 과정'이 있습니다. 그런데 '구원파 박옥수 계열'은 오로지 '중생인 거듭남으로써의 구원'만 강조합니다. 무엇보다 박옥수는 '죄 사함'과 '구원'을 동일시하는 것처럼 보입니다. 결국 박옥수의 주장들은 행위 구원론과도 연결될 수밖에 없습니다. 왜냐하면 내가 깨달아야 하고, 내가 구원받은 그날을 기억해야 하기 때문입니다. 이러한 내용들을 ②항부터 ④항까지 소개했으니, 이러한 내용들을 보게 되면 '구원파 교리' 또는 '구원파 교리에 가까운 주장'으로 인지하면 됩니다.

③ 구원은 선물인 믿음으로써 가능하지만, 본인 자신이 잘 믿어야 한다.

④ 성경에서 말하는 구원은 깨닫고 거듭나야 가능한 것이다. 육적 생일을 기억하는 것처럼 영적 생일도 기억해야 한다. 그것이 곧 구원받은 증거이다.

⑤ 참된 회개는 '내가 거짓말을 했습니다', '내가 간음했습니다', '내가 도둑질했습니다' 등과 같이 어떤 행동들에 대해 말하는 것이 아니다. '내가 바로 죄의 씨, 즉 죄 덩어리임을 고백하는 것'이야말로 참된 회개이다.[26]

'구원파 박옥수 계열'의 '회개'에 대한 개념은 전혀 성경적이지 않습니다. 특히 박옥수는 자신이 언급하고 있는 요한일서 1장 9절이 '이미 죄 사함받고 구원받은 그리스도인을 향한 편지'임을 간과하고 있습니다. 사도 요한은 요한일서 1장 9-10절을 통해 구원받은 그리스도인일지라도 죄를 저지를 수 있다고 했습니다. 그리고 그 죄들, 즉 자신의 범죄 함을 회개하고 자백하면, 미쁘시고 의로우신 하나님께서는 깨끗하게 하시겠다고 약속하셨음을 알려 주고 있습니다.

다시 말해 기독교 정통 교리는 하나님의 은혜 가운데 주어진 믿음으로 말미암아 예수 그리스도를 나의 구원자로 믿어 의롭다 함을 받은 이후에도 여전히 '죄를 지을 수 있는 상태'이기에 수많은 자범죄들을 하나님 앞에 자백하고 회개해야 함을 가르칩니다. 하지만 구원파 박옥수 목사는 신분과 성품이 모두 한꺼번에 의인이 되었기에 더 이상의 죄가 없으므로 회개할 필요가 없다고 주장하는 것입니다. 그만큼 그는 성경에 대해 무지하다는 것을 보여 줍니다. 그래서 '죄 사함을 깨달음으로써만 의인이 된다'라는 교리만을 앞세우고 있는 것입니다. 그러나 이러한 박옥수의 가르침은 기독교 정통 교리에 근거한 '이신칭의'(以信稱義, justification by faith)가 아닙니다.

정리하자면, 구원파 박옥수 목사가 주장하는 '이신칭의'에는 '성화'가 수반되지 않습니다. 그냥 '믿음으로 의롭게 되어 천국 간다'라는 것만 강조할 뿐입니다. 구원파 박옥수 씨가 주장하는 복음은 '죄 사함'을 유독 강조하여 얼핏 보

---

26 박옥수, 『회개와 믿음』 (서울: 기쁜소식사, 2013), 16.

면 기독교 진리와 비슷해 보이지만, 엄연히 '회개의 복음'을 부정하는 이단·사이비 사상입니다. 그러나 정통 기독교에서는 '회개를 통한 삶의 변화'를 도전하고 촉구하며, 구원받은 성도에게 '의지적인 회개(돌이킴)'와 결단이 중요함을 가르칩니다. 그러므로 '예수 믿을 때 한 번만 단회적으로 회개하면 된다'라는 것만을 강조한다면, 그것 자체가 바로 구원파 박옥수 목사의 주장임을 기억해야 합니다.

박옥수는 '원죄'와 '자범죄'도 구분하지 못하고, '단회적인 회개(구원을 위한 성령의 도우심에 의한 회개)'와 '반복적인 회개(성화를 위한 성령의 다스림을 따르는 회개)'도 알지 못하기 때문입니다. 그래서 박옥수 목사는 '구원받은 이후에는 죄가 해결되었기에 죄가 없고, 죄가 없기에 범죄 함도 없으며, 범죄 함이 없기에 회개할 필요도 없다'라고 주장하는 것입니다. 이러한 내용들을 ⑤항부터 ⑧항까지 소개했으니, 이러한 내용들을 보게 되면 '구원파 교리' 또는 '구원파 교리에 가까운 주장'으로 인지하면 됩니다.

⑥ 회개는 내가 잘못된 곳에서 돌이키는 것이다. 그래서 회개하고 복음을 믿어야 한다. 예수님은 원죄와 자범죄를 포함한 모든 죄를 사해 주셨다.

⑦ 구원받은 자는 과거와 현재와 미래의 죄가 모두 용서된 의인이다. 그래서 회개할 필요가 없다.

⑧ 손톱이 빠지고, 눈썹이 빠지며, 코가 일그러지는 것은 문둥병의 결과이지 문둥병 자체가 아닌 것과 같다. 그런 점에서 감기가 콧물·기침을 하게 하는 것처럼, 죄와 범죄 함은 근본적으로 다르다. 많은 기독교인들은 죄를 해결하려 하지 않고, 범죄만 해결하려고 한다. 요한일서 1장 9절의 내용은 '범죄를 자백하면'이라 하지 않고, '죄를 자백하면'이

라 말해 주고 있다.[27]

3. 구원파 '이요한 계열'의 거짓 교리들[28]

① 말하는 사람이 누구이건 성경 말씀과 일치할 때 믿으십시오. 천국 가고 지옥 가는 것은 세상일이 아닌데 사람이 하는 말이 무슨 소용 있습니까? 남이 믿는다고 무조건 따라갈 것이 아니라, 그 말씀이 성경에 있는지 없는지 확인을 하고 믿어야 합니다.[29]

'구원파 이요한 계열'에게 '성경'의 권위는 매우 중요합니다. 본인 스스로도 "성경 말씀과 일치할 때 믿으라"라고 자신 있게 말하고 있습니다. 저 또한 이요한의 이러한 주장에 대해 적극 동의합니다. 고린도전서 4장 6절에도 "… 기록된 말씀 밖으로 넘어가지 말라…"라는 내용이 나오는데, 그렇다면 이요한의 가르침들이 과연 성경의 내용과 일치하는지 살펴보면 됩니다. 특히 그의 소책자 『구원의 삼 단계』는 총 세 가지 주제로 되어 있습니다. 첫 번째는 '영혼 구원'이고, 두 번째는 '성품 구원' 또는 '생활 구원'이며, 세 번째는 '몸의 구원'입니다. 이 세 가지 주장 중에 만일 첫 번째 주장부터 성경의 내용과 일치하지 않는 거짓 교리들이라면, 굳이 두 번째와 세 번째 주장을 살펴봐야 할 가치는 사라집니다. 이런 차원에서 나는 독자들에게 '영혼 구원'에 관한 내용들을 조금 더 집중해서 살펴보길 권합니다.

② 하나님의 말씀대로 생명이 시작되는 그 근원이 신앙생활의 시작이며 하나님의 자녀로 탄생하는 것이다. "너희는 그 은혜에 의하여 믿음으로 말미암아 구원을 받았으니

---

27 최삼경, "구원파란 무엇인가?(2)", 『교회와 신앙』, 1988. 12. 20. http://m.amennews.com/news/articleView.html?idxno=3771에서 재인용.

28 49쪽밖에 되지 않은 짧은 소책자인 『구원의 삼 단계』의 내용들을 중심으로 간략히 소개하고자 한다. 이 책은 이요한의 구원에 대한 가르침을 아주 요약해서 잘 기록하고 있기 때문이다.

29 이요한, 『영생으로 가는 길』 (안양: 생명의말씀선교회, 1982), 164.

이것은 너희에게서 난 것이 아니요 하나님의 선물이라"(엡 2:8). 하나님의 은혜를 믿음으로 구원받는 이것은 평생에 단 한 번의 경험이다. 이 영혼 구원은 우리의 열심이나 선한 행실로 된 것이 아니라 오직 그리스도께서 완성하신 공로를 믿음으로 된 것이다.[30]

'구원파 이요한 계열'의 '성경 해석'은 참으로 엉터리입니다. 그는 에베소서 2장 8절에 나오는 "그 은혜에 의하여"를 '은혜를 믿음으로'라고 바꿔서 읽도록 했습니다. 구원파 이요한 계열을 따르고 있는 구원파 사람들은 과연 이요한의 주장이 성경에 일치하고 있는지 살펴봐야 합니다. 성경 어디에 '은혜를 믿음으로 구원받는다'라고 나오나요? 전혀 없습니다. 에베소서 2장 8–9절을 다시 읽어 봅시다.

> 너희는 **그 은혜에 의하여 믿음으로 말미암아 구원을 받았으니** 이것은 너희에게서 난 것이 아니요 하나님의 선물이라. **행위에서** 난 것이 **아니니** 이는 누구든지 자랑하지 못하게 함이라.

이요한 목사의 가르침이 과연 성경에 일치하나요? 일치하지 않는다면, 이요한 목사의 가르침이 바로 거짓된 교리임을 깨닫고 돌이켜야 합니다.

③ "이 복음이 이미 너희에게 이르매 너희가 듣고 참으로 하나님의 은혜를 깨달은 날부터 너희 중에서와 같이 또한 온 천하에서도 열매를 맺어 자라는도다"(골 1:6)라는 말씀처럼 **깨달은 날**이 있다. 그날 생명이 시작되는 것이다.[31] 이 모든 것들은 성경대로 된 구원이 아니라 자기 생각인 것이다. 성경대로 하나님의 은혜를 깨닫고 구원받아야 한다.[32]

'구원파 이요한 계열'의 골로새서 1장 6절에 대한 해석은 참으로 엉터리입니

---

30 이요한, 『구원의 삼 단계』 (안양: 생명의말씀선교회, 1980), 11.
31 위의 책, 9.
32 위의 책, 10.

다. 그는 에베소서 2장 8절을 근거로 '은혜를 믿음으로 구원받는 것'이라고 주장했다면, 골로새서 1장 6절을 근거로는 '은혜를 깨달아 구원받는 것'이라고 왜곡했습니다. 그런데 에베소서는 바울이 에베소 교회의 이방인 성도들에게 보내는 편지였듯이 골로새서는 바울이 골로새 교회의 이방인 성도들에게 보내는 편지이죠. 무엇보다 골로새서 1장 6절은 바울이 하나님께 골로새 교회 이방인 성도들을 위해 기도할 때마다 감사한 이유를 설명하는 내용입니다. 바울은 1절부터 2절까지 자신을 밝히며 인사했습니다. 그러고 나서 3절에서 그는 골로새 교회를 위해 기도할 때마다 하나님께 감사했다고 밝혔고, 4-8절에서 그렇게 감사하는 이유를 설명했습니다. 다시 말해, 골로새 교회 이방인 성도들은 하나님의 은혜 가운데 주어진 믿음으로 주 예수 그리스도를 믿는 거듭난 자들, 즉 구원받은 자들입니다. 그리고 그들의 삶 속에서 하나님의 주권적 섭리 가운데 복음의 열매가 맺어졌다는 것인데, 그것이 바로 4절부터 8절의 내용입니다. 그러므로 6절은 이요한이 주장하고 있듯이, 은혜를 깨달아야 구원이 시작된다는 의미가 전혀 아니며, 이러한 해석은 골로새서의 전체 문맥에 대한 이해를 전혀 못 하고 있음을 드러내는 것에 불과합니다.

뿐만 아니라 바울은 구원에 관한 복음을 설명할 때 뭐라고 외쳤나요? 그가 빌립보 감옥에 갇혀 있을 때 간수가 물은 질문에 대해 그는 "은혜를 믿으라", "은혜를 깨달으라"라고 하지 않았습니다. 사도행전 16장 30-32절을 통해 그는 "주 예수를 믿으라 그리하면 너와 네 집이 구원을 받으리라"라고 전했습니다. 구원의 길은 이요한 목사의 주장처럼 복음의 은혜를 깨달아 믿는 것으로 되는 것이 아닙니다. 오직 주 예수를 믿어야 가능한 것입니다.

요한복음 1장 12절에서 사도 요한은 "영접하는 자 곧 그 이름을 믿는 자들"에게 하나님의 자녀가 되는 권세를 주셨다고 선언하고 있습니다. 복음의 은혜를 깨닫거나 예수님이 행하신 어떤 사실만을 깨닫고 믿을 때 구원받는다고 말한 적이 없습니다. 그러니 이요한이 『구원의 삼 단계』 11쪽에서 주장하듯 "영혼 구원은 우리의 열심이나 선한 행실로 된 것이 아니라 오직 그리스도께서 완성하신 공로(즉 하나님의 은혜)를 믿음으로 된 것"이라는 내용은 바울이 가르치고 있는 구원에 관한 복음과는 전혀 다른 거짓 교리이며, 그가 가르치는 구원 교리는 성경의 내용과 일치되는 것이 아닙니다. 성경이 가르치고 있는 '구원에 관한 복음 교리'는 '하나님께서 은혜 가운데 선물로 허락해 주신 그 믿음에 근거하여 예수 그리스도를 나의 구원자라고 내 마음으로 영접하고 의지적으로 고백하는 것'입니다.

 나눔을 위한 질문

과연 나는 세월호 사건에 대해 그리스도인으로서 어떻게 반응해야 할까요? 단지 어린 학생들이 많이 죽었기 때문에 슬퍼하고 있어야만 할까요? 한국 교회가 복음을 제대로 증거해야 하는 역사적 책임을 다하지 못한 것을 생각하며 깊이 회개하는 마음도 있어야 하지 않을까요?

06
코로나19와 대구 신천지 사건

| 생 활 속 사 례 |

2014년 1월, 평생 처음으로 일주일 동안 폐렴으로 병원 신세를 졌다. 어린 시절 몸이 약했던 적이 있었지만, 나름 다양한 운동을 하면서 건강에 있어서 뒤지지 않으려고 애써 왔었다. 10대 시절 질풍노도의 시기를 거쳤지만, 고3 시절부터 예수님을 믿은 후 대학 생활부터는 좀 더 풍성한 신앙생활을 하고자 다방면으로 노력했었다. 군 제대 이후에는 더욱더 열정적인 신앙생활을 했다. 그러면서도 건강 관리에는 늘 최선을 다해 왔었다. 그런데 담임 목회를 하면서 전혀 생각지 못하게 일주일을 폐렴으로 고생했었다. 병원 침대에 누워 혼자 지내는 시간은 너무 외롭고 서글펐다. 심지어 주일에도 교회에 갈 수 없었다. 그래서 설교문을 작성하여 교회 집사님 한 분에게 낭독하도록 했다. 갑작스럽게 발생한 것이라 다른 목사님을 부를 수 없을 만큼 비상 상황이었다.

감사하게도 이후로는 단 한 번도 건강 때문에 주일을 못 지키는 경우는 없었다. 아직까지는 그렇다. 앞으로의 상황이야 당연히 장담할 수는 없다.

그런데, 2020년도부터 시작해서 거의 3년 가까운 시간 동안, 얼마 되지 않은 교인들이 예배당에 함께 모일 수 없었던 사건을 겪어야만 했다. 이것은 비단 우리 교회만의 일이 아니라 모든 한국 교회의 상황이었다. 바로 신종 코로나 바이러스인 '코로나19(COVID-19)' 사태 때문이었다.

그런데 안타까운 상황은 그때까지 '코로나19'에 대한 정립된 치료법이 없었다. 따라서 코로나 사태는 생각지도 못했던 의외의 변수를 일으켰다. 코로나로 인해 대한민국 사회가 '신천지 집단'을 확실하게 인식하는 계기가 되었던 것이다. 신천지에서는 영남 지역의 대구를 '다대오 지파'라고 부른다. 이곳은 2017년까지만 해도 신천지 열두 지파 중 증가세가 가장 두드러진 곳이었다. 그러다가 코로나 사태가 터짐으로써 온 세상이 신천지를 더욱 주목하게 된 것이다.

일명 '1차 대유행'이라 불린 '신천지 대구 교회 코로나19 집단 감염 사건'은 '신천지예수교 증거장막성전'에서 코로나19 집단 감염이 일어나고서, 대한민국 사회 전반으로 바이러스가 확산되었던 사건이다. 확인된 총 확진자는 대략 5천 명이 넘었다. 이 사건으로 인해 신천지는 교인 명단뿐만 아니라 교회 및 위장 시설 등이 공개되었다. 이만희 총회장은 방역 방해 혐의로 구속되는 재판 결과도 있었고, 살인죄로 고발당하기까지 했다. 뿐만 아니라 세상 사람들이 모두 신천지의 실체를 알게 됨으로써 소위 '모략 전도'의 한계를 직면하게 되었다. 신천지의 실체가 세상 가운데 이렇게 드러나는 데 있어서 '코로나19'가 결정적인 요인이 될 거라고 누가 예상했겠는가? 참으로 놀라운 하나님의 섭리가 아닐 수 없다.

이처럼 이단·사이비는 우리의 일상 속에 아주 깊이 연관되어 있다. 심지어 치명적인 질병으로부터도 예외되지 않는다. 게다가 전쟁, 기근, 질병, 가정 불화, 건강, 자녀 교육, 사업 등등 다양한 일상의 영역에서 사람들에게 은밀하게 접근하여 마치 뱀처럼 꽁꽁 묶은 채 삼켜 버리고자 한다. 그럼에도 불구하고 나는 세상 언론과 정부 기관보다 한국 교회가 오히려 더 안일하게 대응하고 있는 것은 아닌지 아쉬움의 여운이 가시질 않는다. 물론 특정 일부 교회나 일부 사역자들은 신천지를 비롯한 이단·사이비 문제에 관심을 가지고 대처하고 있다. 하지만 한국 교회가 지금보다 좀 더 적극적으로, 좀 더 체계적으로 관심을 가지고 대처해 간다면, 교회와 가정과 사회 속에 은밀하게 파고들어 기생하려는 이단·사이비 단체들의 실체는 보다 빠르고 정확하게 세상 가운데 드러났을 것이라고 생각한다. 그럴 때 비로소 더 많은 피해자들이 줄어들 것이고, '한 명'이라도, '한 가정'이라도, '한 교회'라도 더 보호받을 수 있지 않을까 싶다.

지금 이 글을 쓰고 있는 시점도 신천지 이단 피해 상담이 들어온 상황이다. 많은 분들이 착각하는 게 있다. 이만희 총회장이 죽고 나면, 신천지에 들어갔던 사람들이 그곳에서 알아서 탈퇴하지 않을까, 그리하여 다시금 가정과 기존 교회로 복귀하여 정상적인 생활을 하지 않을까 생각하는 분들이 계신다. 그러나 이것은 거의 불가능하다. 이만희 총회장도 전도관(천부교) 박태선 장로에 의해 미혹된 이단·사이비 피해자였던 것을 알고 있는가? 그러나 그도 지금은 이단·사이비의 교주가 되어 종교 사기꾼으로서 많은 사람들을 미혹하고 있다. 피해자가 종국에는 가해자가 된 셈이다. 이런 일들은 계속해서 반복적으로 되풀이될 것이다.

이만희 총회장이 죽는다고 끝나는 게 아니다. 그가 죽고 나면, 또 다른 누군가가 교리를 변개하여 자기만의 세력을 모을 것이다. 제2, 제3의 이만희가 등장할 것이다. 우리의 가정과 직장과 교회로 파고들 것이다. 그리고 또다시 사회적인 문제로 드러날 때까지 기생충처럼 사람들을 농락하고, 무참히 짓밟을 것이다. 지금 이 글을 읽고 있는 당신의 삶 속에까지 은밀하게 접근하고 있다는 사실을 결코 가벼운 경고로 여기지 않기를 바란다.

> ### 신천지(이만희, 신천지예수교증거장막성전)
> 신천지는 '통합, 합동, 기성, 고신, 합신, 기하성 여의도' 등의 교단에서 이단으로 결의한 곳이다.

Q : '신천지'는 어떤 단체인가요?

'신천지'와 이만희 총회장은 불가분의 관계입니다. 그러므로 신천지가 어떤 단체인지를 알려면, 이만희 총회장을 이해해야 합니다. 신천지에 속한 사람들이라면, 너무나 잘 알고 있는 「영핵(靈核)」이라는 책의 75쪽을 보면, 이만희 총회장은 자신의 형제 관계를 '열두 형제' 중 '여섯 번째 아들'로 태어났다고 소개했습니다.

1. 신천지교회 이만희의 신앙 간증(요약)

본인은 경북 청도군 출신으로 3대 외동아들이었던 나의 아버지의 12아들 중 6번째로 태어났다. 내가 태어나기 전 매일 기도생활을 하시던 나의 할아버지는 어느날 몽중에 해, 달, 별이 어두워지고 떨어진 후 다시 하늘이 열리더니 빛이나와 나의 어머니에게 비추는 것을 보시고 나의 이름을 "빛"이라는 뜻을 지닌 만희(萬熙)라고 지어 두셨고 그것이 지금의 나의 이름이 되었다. 평생 살아온 과정에 죽을 고비가 많아 나는 가끔 감히 하나님도 보셨으면 눈물 없이 보지 못하셨을 것이라고 표현하기도 한다.

그러나 이것은 거짓말입니다. 조금만 검색해 보면, 그가 1931년 9월 15일, 아버지 이재문 씨와 어머니 고상금 씨 사이에서 '11남매(10남 1녀) 중 여섯째 아들로 태어났다'라는 사실을 쉽게 확인할 수 있습니다. 그런데도 그는 「영핵(靈核)」이라는 책에서 자신의 가족 역사까지 굳이 거짓말로 만들어 사람들을 속였습니다. 과연 이러한 자가 성경의 내용을 그대로 이루는 실상의 당사자가 맞을까요? 재림 예수님의 영이 이만희 총회장과 함께하는데도, 이렇게 거짓말을 할 수 있는 건가요? 성경 어디에 예수님의 족보에 대해 거짓으로 기록한 곳이 있나요?

성경은 예수님의 족보에 대해 마태복음 1장과 누가복음 3장을 통해 아주 자세하게 소개하고 있습니다. 그런데 스스로 재림 예수님의 영이 함께한다고 하고, 자칭 '보혜사' 혹은 '이긴 자'라고 주장하는 이만희 총회장은 자기 형제 관계에 대해서조차 신천지 사람들에게 책을 통해 잘못된 정보를 알려 주며 속였습니다. 자기 가족에 대해서조차 이처럼 거짓으로 속이는 사람이 과연 무엇을 진실되고 솔직하게 이야기할 수 있을까요? 여기에서부터 신천지 사람들은 의문을 가졌어야 합니다. 진리라는 것, 진실이라는 것, 사실이라는 것은 아무리 여러 번 이야기하더라도 그 내용이 바뀌면 안 됩니다. 수시로 바뀌는 것이라면, 그것은 진리도 아니고, 진실도 아닙니다. 거짓이고, 속임수이며, 사기죠. 사람이 보통 거짓말을 하면 말을 할 때마다 거짓말을 해야 하기에 자꾸 내용이 바뀌고, 모순이 생기며, 본인도 본인이 무슨 말을 먼저 했는지 기억이 안 나기도 하고 헷갈려 합니다.

만일 신천지 이만희 총회장이 참된 진리를 이야기하는 보혜사이고 이긴 자이며 영생하는 재림 예수라고 한다면, 20년 전에 이야기하고 가르친 내용이든, 10년 전에 이야기하고 가르친 내용이든, 5년 전에 간증하고 가르친 내용이든 그 내용이 바뀌면 안 됩니다. 당연히 자기가 말한 내용을 기억하지 못하는 것도 말이 안 됩니다. 거짓말은 더더욱 말이 안 됩니다.

물론 100번 양보해서 기존에 가르쳤던 내용에서 무엇인가를 더 추가할 수는 있습니다. 재림 예수의 영이 함께하니 무언가 더 추가할 수는 있다고 하지만, 기존에 가르쳤던 내용들을 아예 기억하지 못한다거나 기존에 주장하던 내용들을 싹 없애 버리고 바꾸는 것은 신천지 사람들에게는 분명 큰 문제가 될 만한 부분입니다. 이런 차원에서 신천지 홈페이지의 디자인들은 바뀔 수 있어도, 아주 중요한 이만희 총회장의 간증 내용은 기존의 것들이 없어지거나 바뀌어서는 안 됩니다. 우선 2012년 이전의 신천지 홈페이지 내용부터 생각해 봅시다.

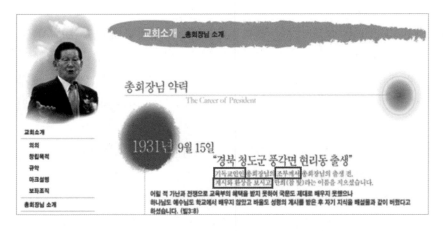

2012년 이전의 신천지 홈페이지에 나오는 이만희 총회장의 신앙 간증

　여기를 보면, 이만희 총회장의 할아버지는 기독교인이셨다고 나옵니다. 그리고 이만희 총회장의 출생 전에 '계시와 환상'을 보셨고, '만희'라는 이름도 미리 지으셨다고 나옵니다. 그렇다면, 「영핵(靈核)」이라는 책 75쪽에는 뭐라고 기록되어 있을까요? 우선 이만희의 조부가 기독교인이었다는 말은 없습니다. 그냥 매일 기도 생활을 했다고만 나옵니다. 그리고 어느 날 몽중에 해와 달과 별이 어두워지고, 다시 하늘이 열리고 빛이 나와 이만희 총회장 모친에게 비

추는 것을 보았다고 기록하고 있습니다. 만일 2012년의 홈페이지 간증 내용과 「영핵(靈核)」이라는 책의 내용이 일맥상통한 것이라고 한다면, 이만희 총회장의 할아버지는 이만희 총회장이 출생하기 전에 이미 환상을 보았던 사람이 됩니다. 다시 말해 이만희 총회장의 할아버지가 이만희 총회장보다 먼저 '환상과 계시'를 받은 존재가 되는 것입니다.

이렇게 되면, 이만희 총회장 자신만이 기독교 역사상 유일하게 계시를 받았다는 주장 자체가 거짓임을 방증(傍證)하게 됩니다. 물론 둘 중의 하나를 사용하지 않겠다고 해도, 문제가 됩니다. 결국 이만희 총회장은 한 입으로 두말하는 거짓말쟁이에 불과한 것이죠. 따라서 신천지는 계속해서 문제를 지적받을 때마다 자신들이 중요하게 여기던 교리나 주장들을 변개하고 또 변개할 수밖에 없습니다. 이처럼 거짓말을 너무 뻔뻔하게 하는 종교 사기 집단이 바로 신천지입니다. 어디 이것뿐일까요? 너무나 많은 증거 자료들이 있지만, 지면의 한계상 다 실을 수가 없어 아쉽습니다.

하나만 더 소개하겠습니다. 이만희는 신천지의 옛날 홈페이지에서 자신이 1948년도에 침례교 외국 선교사에게서 침례를 받았다고 밝혔습니다.

이것은 무엇을 의미할까요? 자신이 과거에 정통 교회를 다녔다는 것을 의미합니다. 침례를 자기 집에서 받을 수는 없겠죠. 이는 상식입니다. 결국 그가 침례를 받았다는 것은 정통 교회를 간 적이 있다는 것입니다. 그런데 최근 신천지 홈페이지에 나오는 내용을 보면, 이만희 총회장은 어린 시절부터 할아버지와 함께 기도를 했을 뿐이지, 교회에 간 적은 없었다고 나옵니다.

그렇다면, 둘 중의 한 가지 내용은 거짓말인 것이 분명해집니다. 어느 쪽의 내용이 가짜이든 상관없이 신천지 이만희 총회장은 참된 진리만을 이야기하는 재림 예수이고, 보혜사이며, 이긴 자이자 약속의 목자여야 합니다. 그런데 이렇게 본인 간증문에 대해서조차 말이 바뀌는 것은 당연히 신천지에 있는 사람들로서는 의문을 가져야 할 일입니다.

신앙적 약력

1948년	서울 침례교 외국 선교사에게 믿음 없이 침례를 받음
1957년	고향 땅 아외에서 성령으로부터 환상과 이적과 계시에 따라 전도관에 입교
1967년	성령의 계시에 이끌려 경기도 과천시 소재 장막성전에 입교
1980~1983년	계시록 1장 17-20절과 같이 예수님께 안수받고 일곱 교회에 편지하였으며 장막성전에 침노한 니골라당과 싸워 이김
984년 3월 14일	하나님의 뜻과 계시에 따라 (출25장의 모세와 같이) 신천지 예수교 증거장막성전을 창설하고 새 이스라엘(이긴자) 12지파를 창설함

"총회장님께서는 학교나 신학교를 다니지 않으셨습니다."
그러나 현재 많은 목사나 신학박사, 신학 교수들 뿐 아니라 정치, 경제, 사회 인사들도 신천지에 나와서 성경 지식을 가르침 받고 있습니다.

이것 역시 지금은 볼 수 없는 과거의 신천지 홈페이지 내용

이런데도 이만희 총회장을 과연 진리를 전하는 영생하는 자라고 덮어놓고 믿을 수 있을까요? 자기 자신에 대해 간증하는데도 이처럼 말이 바뀐다면, 지금까지 수없이 주장하고 가르친 내용들을 과연 제대로 기억이나 할 수 있을까요? 과연 신천지에 속한 사람들의 이름을 하나하나 다 기억할 수는 있을까요? 신천지 사람들에게 약속한 것들을 과연 다 기억할 수는 있을까요? 베드로의 영이 함께했다고 가르쳤던 신천지에서는 지재섭 지파장이 아무런 설명도 없이 제명되었습니다. 그러면 이미 영으로 재림했다고 주장하는 신천지는 새 하늘, 새 땅, 천국에 있으면서도 누구든 제명당할 수 있다는 의미일까요? 신천지에 충성했던 지파장도 이렇게 한순간에 제명되었고, 대전의 맛디아 지파장 한 명 빼고는 다 제명된 상태에서, 과연 어떤 사람이 신천지에서 안심하고 지낼 수 있을까요? 과연 이러한 곳이 진리의 성읍인 신천지라고 할 수 있을까요? 신천지에 있는 사람들은 분명 궁금해하며 물음을 가질 만합니다. 그

최근 신천지 홈페이지에서도 확인 가능

런데 과연 누구에게 물어봐야 할까요? 누군가에게 질문할 수는 있을까요? 아마 질문하면, 의심한다고 질책이나 받지 않을까 싶습니다.

이만희 총회장의 가르침과 주장들이 기독교 역사상 유일하게 하나님으로부터 직접 계시받은 진리가 맞기는 한지 의문을 가져야 합니다. 답변을 요구해야 합니다. 그러나 신천지 사람들 안에 잠재된 의문들과 궁금증들에 대해 시원하게 답변해 줄 강사들이나 지파장들은 아마 아무도 없을 것입니다. 하나같이 거짓말에 의해 세워진 곳이 신천지이기 때문입니다. 이만희 총회장은 하나님의 말씀을 더 배우고자 갈급해하는 사람들의 마음을 거짓말로 속여 오직 '신천지'에만 머물게 하며, 시간과 인생과 물질을 다 쏟아붓도록 하는 데만 목적이 있을 뿐입니다.

이것은 무엇을 의미할까요? 결국 '신천지'는 천국과 영생을 담보 삼아 사람들의 행위를 이끌어 내어 헛된 소망과 기대감과 충성 봉사를 하도록 끊임없는 거짓말들만 일삼는 종교 사기 집단이요, 이단·사이비 단체라는 의미입니다. 신천지에 속했다는 것은 곧, 앞으로 입만 열면 거짓말을 아주 능청스럽게 하는 '전문 종교 사기꾼'이 되어 간다는 것으로 이해하면 됩니다. 그리고 이만희 총회장이 죽고 난 이후에도, 제2, 제3의 이만희 총회장들이 교리를 변개하여 신천지에서 분파되어 세력을 키워 가지 않을까 조심스럽게 예측해 봅니다.

 나눔을 위한 질문

코로나 시기에 정부가 신천지의 숨긴 주소들을 다 찾아내는 모습을 보면서, 과연 한국 교회는 신천지에 대해 어떠한 자세를 취했어야 했을까요? 또한 한국 교회를 향해 공개 토론을 제안했던 신천지를 향해, 각 지역의 교회들은 과연 어떤 대응을 해야 할까요?

07

넷플릭스 〈나는 신이다〉 현상은 지금도 진행 중

살면서 '협박'이라는 것을 받아 본 적이 있는가? 사람은 누구나 협박을 받으면, 대단한 공포에 휩싸이게 된다. 이단 상담 및 이단 연구가들은 이단·사이비 단체로부터 종종 다양한 협박과 법적 고소 및 고발을 겪고 있으며, 이단 피해자들 역시 만만치 않은 어려움을 겪기도 한다. 그리고 내부자가 탈퇴하는 것에서 그치지 않고, 그 기관의 내부 문제와 비리를 폭로하려고 할 때는 아주 심각한 위협을 받기도 한다. 가장 대표적인 경우가 JMS이다. 아마 많은 사람들이 넷플릭스 〈나는 신이다〉 영상을 시청했을 텐데, 이 영상에서 가장 먼저 다룬 이단·사이비 단체가 바로 JMS이다.

이 영상에 출연하여 자신의 가슴 아픈 사연을 용기 있게 소개한 그 젊은 여성은 자신이 JMS로부터 살해당할 것 같은 위협을 받기도 했다고 말했다. 그럼에도 불구하고 눈물로써 호소하며 정명석 씨의 성적인 문제를 폭로한 이유는 무엇일까? 자신이 무엇을 잘못한 것이 아니라, 자신을 미혹하여 피해자가 되게 만든 그 JMS 단체가 더 큰 문제임을 강조하기 위함이지 않을까.

정명석 씨가 1980년경 서울에 상경하여 단칸방에서 처음 개척한 곳은 바로 '신촌'이다. 여기에서 젊은 대학생들을 중심으로 세력을 키워 나갔다. 어느 정도 사람들이 모이고 특히 젊은 20대 여대생들이 따르기 시작하면서 그는 메시아의 이름을 앞세워서 수많은 여성을 자신의 성적 쾌락의 대상으로 삼았다. 이로 인해 2000년대 초반부터 엄청난 사회적 파장이 생기기 시작했다. 물론 그 이전부터 조금씩 문제가 있었다. 그리고 그 사실을 한국 교회가 조금씩 인지하게 되었다. 하지만 확실한 사건이 없었다. 그러다가 2000년대 초반이 지나면서부터 정명석 씨 개인의 성적 문제는 하나둘 세상으로 퍼져 나가기 시작했다. 그리고 이 문제는 여전히 지금도 지속되고 있다. 물론 JMS만 그런 것은 아니다. 지금도 여기저기 다양한 이단·사이비 단체 안에서 윤리 도덕적 문제들이 속출하고 있다.

나는 2002년에 합동신학대학원대학교에 입학했다. 그곳에서 지금은 은퇴하신 신약학 교수님으로부터 아주 큰 도전을 받았다. 1학년 때부터 헬라어와 히브리어에 열심히 할 생각을 가지고, 초벌 번역을 연습하라는 것이었다. 그래서 나는 새벽 기도를 가야 할 시간에 새벽 기도를 가지 않고, 요한복음부터 헬라어 문장을 하나씩 번역하기 시작했다. 그리고 그것을 가지고 주일학교 아이들에게 설교하기 시작했다. 그리고 원어를 좀 더 공부하기 위해 월요일마다 서울의 원어 연구원 단체에 가서 헬라어와 히브리어를 집중적으로 공부하기 시작했는데, 이 과정에서 몇 년이 지난 어느 날 그 원어 연구원에 '안 목사'라는 분이 등록했다. 한참 동안 같이 공부도 하고 식사도 하면서 조금이나마 교제의 시간도 가졌었다. 연락처도 교환했다. 그런데 나중에 알고 보니 그분이 바로 JMS에서 정명석 최측근으로 활동했던 인물이었음을 알게 되었다. 한편으로는 참으로 오싹했고, 한편으로는 놀라웠다. 이단 피해자 및 이단 가해자의 사례가 결코 내 삶에서 멀리 있지 않다는 것을 다시금 확인하게 되었다.

그리고 나는 이 책을 쓰는 중에 갑자기 그분이 생각나서 늦은 밤에 카톡 메시지로 연락을 해 보았다. 그리고 몇 가지 내용을 더 추가해서 보냈다. 그러자 정말 오랜만에 그분에게서 답문이 왔다. 자신은 25년 전에 JMS를 탈퇴하고서 회개하는 마음으로 복음주의 신학으로 돌아왔다고, 처음으로 나에게 털어놓았다. 내가 신대원 시절 공부했던 ○○○ 원어 연구원에 자신이 등록해서 한참 동안 공부한 이유도 복음을 다시 공부하고 싶었기 때문이라고 당시 심경을 밝혀 주셨다.

메시지를 주고받은 다음, 나는 이분과 같은 시기에 JMS에서 활동하셨다가 탈퇴하신 정 목사님이라는 분과도 연락을 주고받았다. 그분의 이야기를 들어보니, 안 목사님은 2000년도 이전부터 JMS 탈퇴자들과 함께 교회를 개척하셨다고 한다. 그리고 한국 교회를 위해 책을 쓰겠다고 했단다. 그런데 그 이야기가 나온 지가 벌써 20년이 넘었다고 한다. 안 목사님의 연세가 지금 거의 70세. 나에게 보낸 안 목사님의 메시지 내용대로 지금 이분이 현시점에서 책을 출간한다면, 과연 어떤 유익이 있을지 조금 의문이 들기는 한다. 어찌하든 지금에서라도 그분이 JMS와 관련해 책을 쓰신다면, 나는 연구 목적으로 그 책을 구매할 생각이다. 그러나 김빠진 콜라처럼 조금 늦은 감이 있다고 본다.

사실 '통일교'와 '신천지'에 대해서는 안 목사님이 굳이 쓰지 않아도 될

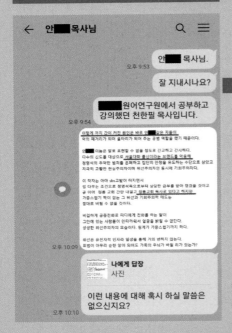

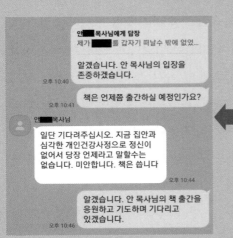

만큼 한국 교회 안에 충분한 연구와 자료들이 쏟아져 나왔다. JMS에 대해서도 이미 넷플릭스를 통해 충격적인 내부의 실체가 드러났다. 그리고 JMS에 관한 다양한 교리 비평과 반증 자료들도 나왔다. 70세가 되어 가는 안 목사님께서 과연 어떤 책을 쓰겠다는 것인지는 모르겠지만, 너무 많이 주저하고 미루었던 것은 아닐까 싶다. 좀 더 일찍 용기 내어 한국 교회를 위해 책을 쓰셨다면, 더 많은 피해자들에게 도움이 되었을 텐데 너무 아쉽다.

필자가 ○○○ 원어 연구원에서 안 목사님을 만난 지도 거의 20년이 되어 간다. 그분은 그 당시만 해도 아주 스마트하셨다. 정 목사님에게서 들은 바에 의하면, 안 목사님은 혼자서 원어 연구도 하고, 라틴어까지 공부할 정도로 머리가 비상했다. 그런데 최근 안 목사님이 목회하셨던 JMS 탈퇴자들의 공간이기도 한 그 교회는 교인들이 거의 다 빠져나갔다고 한다. 게다가 몇 년 전에는 안 목사님의 아내분이 돌아가셨다고 한다. 교회 안에서 뭔가 어려움이 있으셨던 것 같고, 그러면서 자신도 담임 목사직을 내려놓았다고 한다. 좀 더 일찍 알았더라면, 안 목사님과 함께 한국 교회를 위해 더 많은 이단 피해 상담과 적극적인 대응을 할 수 있었지 않았을까 하는 미련이 남는다. 안 목사님이 나에게 보낸 카톡 문장 중에 이런 내용이 있다.

"JMS를 거쳐 간 사람들만도 아마 수십만은 될 겁니다. 저는 해야 할 말이 있습니다. 젊은 날 크나큰 과오를 범했지만, 하나님과 사람 앞에서 양심에 거리낌 없이 살아가고 싶습니다"(행 24:16).

그분이 정말 그렇게 살아가길 바란다. 나는 그분을 향해 더 이상 어떠한 책임도 묻고 싶지 않다. 정말 남은 인생을 의미 있게 잘 마무리하실 수 있기를 바란다. 본인 입장에서는 젊은 날 자신이 너무나 큰 잘못을 저지른 것 같아 마음이 무거울 것이다. 실제로 여전히 지금도 JMS에서 벗어나지를 못하는 피해자들이 많기 때문이다. 그런데 어디 JMS에만 피해자들이 있겠는가?

사실 요즘 나는 평일 오전이나 오후에도 다양한 일정들이 있어서 책상에 앉아 성경 연구하는 시간 내기가 쉽지 않다. 결국 늦은 밤이 되어서야 피곤한 몸을 이끌고 책상에 앉아 무언가를 끄적거릴 수 있다. 오늘도 책 집필 중에 신천지에 빠진 분이 밤 늦게 카톡으로 연락을 보내왔다. 그분은 요한 지파에 속한 구역장이다. 이미 그동안 여러 가지 내용들을 서로 주고받았다. 그런데 갑자기 자기가 일하는 곳으로 와서 요한계시록을 가르쳐 보라고 하는 게 아닌가! 물론 나로서는 오케이였다. 그분은 수원의 어느 카센터에서 일하시는 사장님이신데, 평택에 사시며 수원까지 오셔서 일을 하신다고 한다. 물론 그 말도 어디까지가 진실인지는 알 수 없다. 그러나 어쩌겠는가? 지금으로서는 그냥 그 말을 들어 줘야 한다. 그리고 조만간 카센터로 가서 요한계시록 말씀을 하나씩 설명해 줄 예정이다. 물론 그이전에 그분과 제대로 된 상담을 하고 나서 말이다.

정말 곳곳에 이단·사이비에 빠진 사람들이 많다. 그리고 몇십 년의 세월이 흘러도, 자신이 과거에 이단·사이비에 빠져 있었다는 그 역사는 피해자의 기억과 가슴에서 쉽게 지워지지를 않는다. 어떤 이들은 안 목사님과 같이 70세가 되어 가는 노년이 되어서도 자신의 젊은 시절의 잘못을 지워 버리지 못한 채, 계속 괴로워하며 힘든 시간을 보낼 것이다.

　넷플릭스 〈나는 신이다〉에서 보았던 충격적인 실상은 방송 한 번으로 끝난 것이 결코 아니다. 지금도 어딘가에서 또 다른 피해자들이 고통 중에 신음하고 있다. 한국 교회는 이 사실을 결코 가벼이 여기지 않아야 한다. 좀 더 적극적이고, 체계적으로 대응해야 한다. 매년 정기적으로 찬양 집회나 부흥회만 하고 있지 않았으면 좋겠다. 그것이 필요 없다는 뜻이 아니다. 말씀 사경회나 이단 집중 교육이나 특강도 같이 겸하면 좋겠다. 교회 직분자 교육에 있어서도 최소한 몇 개월 정도는 이단·사이비 관련한 거짓 교리들을 파악하도록 가르쳐야 한다. 신년이나 여름에, 또는 5월과 같은 가정의 달에도 좋다. 학기가 시작될 3월쯤이나 8월쯤에도 좋다. 독서의 계절인 9월 후반이나 10월에도 좋다. 이단·사이비와 관련된 특강과 교육뿐만 아니라 피해자들을 위한 후원금도 함께 마련하도록 애써 줄 필요가 있다. 한국 교회가 품지 않으면, 피해자들은 더 이상 머물 곳이 없다.

목궁 Time

JMS(정명석, 기독교복음선교회)

: JMS는 '통합, 합동, 고신, 기감' 등의 교단에서 이단으로 결의한 곳이다.

Q : "JMS 정명석"은 대체 어떤 사람인가요?

'정명석' 씨는 1945년 2월 3일(음) 충남 금산군 진산면 석막리 월명동(달밝골)에서 부친 정팔성(1997년 사망)과 황길례 사이에서 6남 1녀 중 3남으로 태어났습니다. 그는 초등학교 4학년 때, 초상집에서 시체를 염(殮)하고 매장하는 것을 보면서 인생의 허무함을 깨달았다고 합니다. 그리고 초등학교를 졸업한 후, 성경 읽기와 산 기도에 열중하다가 22세 되던 해에 군에 입대했고, 두 차례의 월남전에 참전했으며, 이후 1969년 9월에 전역하고 나서 나운몽 장로의 '용문산 기도원'과 '삼각산 기도원'을 전전했습니다.

그는 '남한산성에서 70일 기도를 통해 영계를 깨달았다'라고 주장합니다. 그리고 어느 날 노방 전도를 하다가 한 양장점에서 통일교 여신도를 알게 되었고, 그런 다음 금산에 있던 '통일교' 지부 단체에 입교했습니다. 이후 그는 통일교의 '승공연합'에서 반공 강사로 활동하기도 했는데, 가끔 통일교의 측근 신도들에게 통일교 창시자 '문선명'의 사명은 1975년에 끝났고 1978년부터는 자신의 사명이 시작되었다고 공언(公言)하기도 했습니다.

조금 시간이 흐른 뒤, 그는 1980년 2월 서울 남가좌동에 '애천교회'를 개척했습니다. 그곳이 바로 '기독교복음선교회(JMS)'의 모체가 되었습니다. 같은 해 11월, 서울 삼선교 성향원이라는 허름한 부랑자 시설의 2층 모자원 건물을 사용하면서 공식적인 활동을 시작했고, 1980년대 중반에는 "국제크리스챤연합"으로 개칭하기도 했습니다. 특히, 그는 주로 대학생들을 대상으로 전도 활동을 하며 세(勢)를 키웠습니다.

한편, 그는 1986년 '예수교 대한감리회 진리측' 교단에서 목사 안수를 받았다고 주장합니다. 그러나 창설 때부터 내부적으로 끊이지 않는 '여신도와의 성추문'이 언론에 보도되면서 간부들과의 갈등이 잦았고, 집단 내 불법 모금 운동 등으로 핵심 신도들과 불신의 골이 깊어져 갔습니다. 이때 정명석 씨는 고향인 석막리(월명동)에 성전을 짓고, 본부를 지금의 장소로 옮겼습니다. 그리고 1990년대 초, 정명석 씨가 교회를 맡고 부총재 역할을 했던 안구현(1999년 이탈) 씨가 선교회를 맡는 이원화 구도가 깨졌는데, 이로 인해 서울에 있던 교회가 여러 교회들로 분리되었다고 합니다.

본부는 금산 월명동으로 옮겨져 친족 구도로 운영 체제를 갖추고 성역화 작업을 마쳤으나, SBS "그것이 알고 싶다" 방영의 파문으로 '개혁을 주장하는 측'과 '친족 중심의 수구 세력'인 일명 '왕당파' 간의 주도권 싸움이 일어나기도 했습니다. 그 과정에서 '개혁 세력측'이 밀려나고 정명석 씨를 추종하는 '왕당파'가 전권을 장악했지요. 일명 '왕당파'는 지난 1999년 10월 15일 충남 유성에서 '대한기독교복음선교회'로 교단 이름을 변경하고서, 표면상으로는 외국에 도피 중인 정명석과 단절한 것처럼 외부에 공표하고 있습니다. 하지만 모두 정명석의 지휘하에 있었습니다. 참고로 'JMS(Jesus morning star)'는 'CGM(Christian Gospel Mission)'으로도 이름을 바꾸어 사용하기도 했습니다.

그렇다면, 과연 'JMS' 또는 'CGM'의 교리 중 무엇이 이단적일까요? JMS는 첫째, 66권 성경의 정경성을 인정하지 않습니다. 둘째, 우주가 7단계 법칙에 의해 창조되었으므로, 모든 것이 이 법칙에 맞아야 한다고 주장합니다. '7단계 법칙'은 다음과 같습니다.

과거 왕성했던 JMS 시절의 정명석의 설교하는 모습(좌), 창 3:6의 "따먹고"를 성적인 문제와 연결하는 궤변(우)

1단계: 광물계 – 광맥을 보지 못하면, 광물을 캐내지 못한다.

2단계: 생물계 – 생리에 맞지 않으면, 못 산다.

3단계: 물질계 – 물리적 조건에 맞지 않으면, 썩거나 변질된다.

4단계: 땅 – 지리적 조건에 맞지 않으면, 지진과 폭발과 해일이 일어난다.

5단계: 우주 – 원리에 맞지 않으면, 균형의 파괴와 천재지변이 일어난다.

6단계: 인간 – 심리가 맞지 않으면, 미움과 시기와 분쟁 등이 일어난다.

7단계: 하나님과 인간 – 진리에 어긋나면, 하나님과의 관계가 단절하여 사망한다.

셋째, '말세관'입니다. JMS의 말세관은 통일교의 『원리강론』에서 부분적으로 표절하여 용어만 조금씩 바꾸어 놓은 것으로서, '순환적 말세관'을 주장합니다. '순환적 말세관'에서 '말세'는 『원리강론』의 '말세관'에서 말하는 '구약의 노아 때', '신약의 예수님 때', '예수님의 재림 때'를 의미합니다. 넷째, '부활론'입니다. 부활론에 있어서 정명석은 통일교에서 말하는 것과 똑같이 '부활'을 불교의 '윤회'와 같은 것으로 주장합니다. 다섯째, '영계론'입니다. 영계론은 '지상영계(선영계 · 음부)'와 '천상영계(낙원 · 무저갱 · 천국 · 지옥)'로 구분된다는 내용입니다. 그들은 '영(靈)'을 '영형 체급', '영인 체급', '성령 체급'으로 나누고 있으며, 특히 '영계 견학'을 통해 '정명석 씨'를 신격화하면서 그의 주장을 합리화합니다.

여섯째, '타락론'입니다. 그들의 '타락론'은 통일교의 타락론을 인용한 것인데, '아담의 타락'을 '하와와 천사의 간음'으로 주장하는 내용입니다. 그들은 '타락한 인간'이 '소생기, 장성기, 왕성기'를 거쳐 완성된다고 주장합니다. 특히 '여자'는 소생기 7년, 장성기 7년, 완성기 7년을 합한 '21년'이 되면 완성되고, '남자'는 재창조 연수인 8년, 8년, 8년을 합한 '24년'이 되어야 완성된다고 합니다.

마지막으로 일곱째는 '구원론'입니다. 그들은 구원을 '육적 구원'과 '영적 구원', 그리고 '중심자 구원'으로 구분합니다. 뿐만 아니라 구원에는 '1차 구원'과 '2차 구원'이 있다고까지 주장합니다. 이러한 궤변들을 그럴싸하게 자기들의 '교리'라고 주장하는 단체가 바로 'JMS' 또는 'CGM(기독교복음선교회)'입니다.

그렇다면 JMS 신도들, 특히 여신도들은 어째서 이러한 궤변들을 가르치는 정명석 씨를 자신들의 '애인'처럼 생각하는 것일까요? 그것은 JMS가 정명석 씨를 애인으로 보게 하는 독특한 교리를 '체계적'이고 '반복적'으로 가르치고 있기 때문입니다. 그 독특한 교리 내용은 무엇일까요?

"하나님과 신도들이 맺는 애인 관계가 영적인 것에 그칠 수 없다." 따라서, "영은 반드시 육을 들어서 역사하는 것이 하나님의 근본 섭리다"라는 내용입

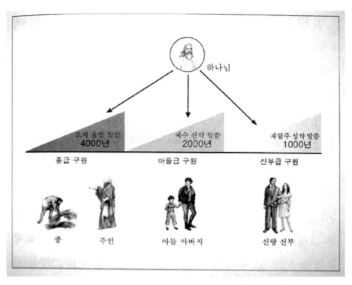

「구원의 말씀 1」 (도서출판 명, 2005), 175쪽.

니다.[33] 즉, '성약의 시대'는 애인·신부의 시대이고, 하나님을 애인처럼 사랑하는 시대라는 것인데, 하나님은 '영'이시니 인간들이 보고 느끼게 하려면, '육신'을 쓰고 나타나야 한다는 것입니다. 또 영인체는 이 시대에 세운 '한 명'의 육신을 통해서만 역사하는 것이 하나님의 근본 섭리라고 주장합니다.

　이것은 무엇을 의미할까요? 신도들이 정명석 씨와 육체적 애인 관계로 발전해야 한다는 뜻입니다. 하나님은 육체를 입은 '중심인물'이라는 한 사람을 통해 섭리 역사를 베푸시기 때문입니다. 결국 그러한 거짓된 '애인 교리'로 인해, JMS에 들어간 수많은 젊은 여성들은 아래와 같이 정명석 씨로부터 씻을 수 없는 치명적 상처를 입어야만 했습니다.

33　정명석, 『비유론』 (도서출판 명, 1984), 69–70; 『구원의 말씀 1』 (도서출판 명, 2005), 191–192.

1995년 7월 26일	부산 o호텔	성폭행
1996년 초	월명동(교단본부)	성폭행
1998년 8월	월명동(교단본부)	성폭행
1999년 초	월명동(교단본부)	성폭행
1993년 8월께	월명동(교단본부)	집단 성관계
1994년 가을	월명동(교단본부)	집단 성관계
1983년 1월 24일	서울 정명석 사택	성폭행
1980년대부터	서울 정명석 사택	성폭행

1996년 12월27일	월명동(교단본부)	성폭행
2001년 8월30일	말레이시아 쿠알라룸푸르	성추행
2003년 2월16일	홍콩 퍼시픽 뷰 아파트	성폭행
2003년 2월16일	홍콩 퍼시픽 뷰 아파트	성폭행
2006년 4월3일	중국 라오닝성 안산	성폭행
2006년 4월3일	중국 라오닝성 안산	성폭행

이런데도 '교리 반증 교육'이 중요하지 않다고 할 수 있을까요? 거짓된 교리에 오랜 시간 세뇌당하면, 그 결과는 정말 돌이킬 수 없는 심각한 문제를 일으킨다는 사실을 교회는 반드시 직시해야 하고, 실제적인 대비를 갖춰야 합니다. 단순히 지식을 습득하기 위한 교리 교육만으로는 한계가 있습니다. 이단에 대해 정확한 이해를 가지고서 이에 대응할 수 있는 정통 신학에 근거한 교리 반증 교육을 체계적이고, 지속적이며, 정기적으로 해 나가야만 합니다. 이는 결국 목사님들과 교회 중직자들의 결심과 의지가 있어야만 가능합니다. 그렇지 않으면, 결국 사건이 터지고 나서야 뒤늦게 이를 수습하기 위해 허겁지겁 서두를 수밖에 없을 것입니다. 이단·사이비 문제는 결코 가벼운 문제가 아니며, 귀찮다고 생각해서도 안 될 문제입니다. 지금 우리 가족 중 누군가에게, 우리가 출석하는 교회 안에, 우리의 일상에 아주 은밀하고 밀접하게 접근해 들어와서 미혹할 수 있는 자들이 바로 이단·사이비 종교 사기꾼들이기 때문입니다.

 나눔을 위한 질문

JMS와 같은 이단·사이비 단체에 고학력자인 청년 대학생들이 미혹되는 이유는 무엇일까요? 또한 우리 교회는 다음 세대를 위해 신앙적으로 어떤 대비를 해야 할까요?

08

초신자 시절, 귀신 이야기에 민감하던
또래 여학생

나는 고등학교 2학년 때까지 예수님에게 전혀 관심이 없었다. 고등학교는 지금 분당에 위치했다. 그때는 한때 완전 시골 논바닥 같은 곳이었다가 한창 공사 중이었던 시기였다. 그래서 늘 버스를 타고 다녔는데, 그래도 그 시절 그 고등학교는 나름 이름 있는 곳이었다. 그런데 나는 이 학교에 한 가지 불만이 있었다. 학교 자체가 기독교 학교이다 보니 윤리 수업 시간에 들어오시는 선생님이 '교목'이라는 점이 마음에 들지 않았다. 그 선생님은 수업 시작 전에, 강제로 기도를 하게 했다. 늘 모두 눈을 감으라고 지시했다. 나는 강압적인 것을 별로 좋아하지 않았다. 그래서 솔직히 한 번쯤 들이받고(?) 싶은 적도 있었다. 물론 생각에서 멈추었다.

그런데 그 교목 선생님과 다르게, 내가 신앙에 관심을 갖도록 해 주셨던 선생님이 한 분 계셨는데, 그분은 당시 CA 클럽 담당 선생님의 부재로 대신 들어오신 분이셨다. 그분은 복음에 대해 아주 원초적이고 기본적인 내용을 전해 주셨다. 나는 그때의 내용 중 일부를 아직도 기억하고 있다.

> "예수님은 정말 다시 오실 겁니다. 여러분도 나도 언젠가는 죽습니다. 지금 제가
> 하는 말을 그냥 지나치지 마세요. 그때 가서 예수님이 실제로 오실 줄 몰랐다고 해
> 도 소용없습니다. 부디 나중에 주님께서 재림하실 날, 여기 저와 여러분이 모두 축
> 복의 길에 서 있기를 바랍니다."

앞서 여러 번 언급했듯이, 나는 기억력이 그리 좋지 않다. 가끔은 내게
너무나 익숙한 사람인데도 불구하고 그의 이름이 갑자기 생각나지 않아
당황스러울 때가 있다. 그러나 나와 깊은 연관성이 있는 사건들이나 내용
들의 기억은 세월이 흘러도 머릿속에 생생하게 남아 있다. 물론 일부분 약
간의 차이는 있을지 몰라도, 전체 뉘앙스나 맥락은 흐릿하지 않다.

그 이후 조금 더 시간이 흐른 후, 나는 고등학교 3학년 4월 말쯤에 반 친
구를 통해 예수님을 영접하는 놀라운 은혜를 누리게 되었다. 나는 그 친
구가 출석하는 어느 한 장로교회 예배당에 가게 되었다. 그 교회에는 나와
비슷한 또래의 고등학생들이 많았다. 내 또래의 친구들도 몇 명 있었고,
후배들도 많았다. 그런데 그 교회에서 신앙생활 하면서 나와 동갑인 여자
아이 한 명이 눈에 띄기 시작했다. 외모적으로 얼굴이 그리 예쁜 것도 아
니었고 호감형도 아니었지만 늘 잘 웃는 친구였다. 그런데 그 친구는 무언
가 좀 이상했다. 우리는 토요일 오후에 학생부 예배를 드렸는데, 예배 시
간에 그 동갑내기 여학생은 가끔 기도하는 것도 조금 남달랐다. 경건해서
그런 게 아니라, 말로 표현하기에는 어려운, 괜히 거리감이 생기는 듯한

느낌이었다. 무서운 건 아니었지만 왠지 가까이하고 싶은 마음이 생기지 않았다.

당시 우리 교회 중고등부 문화는 학교에서 야간 자율 학습이 끝나면 예배당에 들려서 기도도 하고 기타도 치고 찬양도 부르는 분위기였다. 기도와 찬양을 하고 나면, 릴레이 기도 노트에 자신의 이름과 기도 제목을 썼다. 그러면 내가 오기 전에 누가 왔다 갔는지 확인할 수 있었다. 가끔은 예쁜 여자 후배가 왔다 돌아가며 나와 마주치면서 예배당 뒷좌석에서 이야기를 하다가 간 적도 있고, 때로는 예쁜 누나들과도 시간이 겹치면서 수다를 떨다가 간 적도 있다. 물론 어떤 날은 나 혼자서 기도하고 찬양하다가 가기도 했다.

그런데 하필이면 어느 날, 기도하고 가려고 하는데 그 동갑내기 여학생이 예배당 안으로 들어왔다. 릴레이 기도 노트에 기도 제목과 이름을 안 써서 부랴부랴 빨리 쓰고 급히 자리를 뜨려고 했다. 그런데 그 친구는 예배당에 들어오자마자 예배당 의자 맨 뒷좌석에 앉자마자 곧바로 기도하기 시작했다. 기도한 지 몇 분 되지 않은 것 같은데, 혼자서 뭐라고 중얼중얼거리며 기도했다. 나중에 대화를 하면서 본인이 밝혔는데, 자기는 방언 기도를 한다는 것이었다. 실제로 나중에 그 친구가 하는 방언 기도를 들은 적이 있는데, 중국어 같기도 하고 동남아시아 쪽 말 같기도 했다. 게다가 다소 신비한 듯한 행동과 말들을 가끔 툭툭 내뱉기도 했다.

그 친구는 기도를 조금 하더니 갑자기 릴레이 기도 노트를 쓰고 있는 내 좌석 옆에 앉았다. 예배당 맨 뒤쪽이었는데, 조금 넓은 책상과 긴 장의자 같은 게 있었다. 사실 나는 빨리 가려고 했다. 그런데 어쩌다 보니 기도 제목을 다 쓰지도 않은 상황에서 그 동갑내기 여학생이 내 옆에 앉았다. 아주 가깝게 앉은 것은 아니지만 같은 의자에 앉은 것 때문에 신경이 쓰였다. 보통이라면, 기분이 좋았을 것이다. 그런데 이 친구가 내 옆자리에 앉은 것에 대해서는 괜히 기분이 나빴고, 왠지 모를 두려움이 생겼다. 이 친구는 갑자기 등골 오싹한 이야기를 했다. 평소 나를 미워했었고, 오늘따라 유난히 예배당에 가서 기도하고 싶지 않았다는 것이다. 나를 만날 것 같아서 그랬단다. 그런데 하필 술에 취해 있던 엄마가 갑자기 정자세로 앉아서 자신을 향해 뭐라고 말을 내뱉었는데, "한필이 미워하지 마라. 그 아이는 내가 사랑하는 아이다"라고 했다는 것이다. 그래서 그 친구는 너무 놀라서 곧바로 집을 나와 예배당으로 향했다는 것이다. 그런데 예배당에 와 보니 정말 내가 있는 것을 보고 더 놀랐다는 것이다. 이 이야기를 들은 나는 온몸에 소름이 돋는 것 같은 느낌을 받았다.

나는 지금 그 정황에 대해 어떠한 해석도 할 마음이 없다. 그렇다고 이 사건을 내가 우습게 치부할 생각도 없다. 다만 이 사건에 얽매여서 내 신앙생활을 무작정 신비주의적으로 연결하려는 것에 대해서는 신중하고 싶다.

이 친구는 평소에도 귀신 꿈을 자주 꾼다고 했다. 어떤 경우에는 자기 엄마가 귀신 들린 것같이 행동하여 자기가 갖고 있던 성경책을 앞세워 엄마에게 들이대면, 소스라치게 놀랐다고도 했다. 이런 이야기들을 너무 여과 없이 하는 모습을 여러 차례 봐 왔던 나는 그 친구와 되도록 말을 섞고 싶지 않았었다.

실제로 나는 고등학교 3학년이던 해 가을쯤, 새벽 기도를 하기 위해서 때로는 며칠씩 예배당에 와서 잠을 잤다. 야간 자율학습을 마치고, 집에 가서 간식을 먹은 뒤 씻은 다음 체육복을 입고 예배당에 들어오면 대략 12시에서 새벽 1시쯤 되었다. 그러면 그때부터 잠을 잤다. 강대상 앞에는 불이 켜져 있었지만, 다른 곳은 다 컴컴했다. 물론 목사님이 계신 작은 방에는 목사님이 주무셨다. 하지만 예배당에는 나 혼자서 잠을 자야 했다. 그러면 괜히 그 동갑내기 여학생이 가끔 이야기해 주었던 귀신 이야기들이 떠올라서 무서웠다. 하지만 과거 어린 시절 무덤에서도 밤늦게 놀았던 추억이 있어서 안 무서운 척하려고 애썼다. 찬송가도 불러 보고, 성경도 더 읽고서 자고 그랬다. 그때 외운 성경 구절 중 하나가 바로 빌립보서 4장 6절, "아무것도 염려하지 말고 다만 모든 일에 기도와 간구로, 너희 구할 것을 감사함으로 하나님께 아뢰라"라는 말씀이었고, 13절 "내게 능력 주시는 자 안에서 내가 모든 것을 할 수 있느니라"라는 말씀이었다.

이 구절들을 암송하노라면, 컴컴한 예배당의 긴 장의자에 누워 자는 것이 전혀 무섭지 않았다. 오히려 힘이 났고 담대해졌다. 그러면서 괜히 나 혼자 '귀신이 오면, 강하게 물러가라고 해야 하지 않나?'라는 생각도 했었다. 물론 나중에 신학을 공부하고 이단 연구와 상담을 하면서 '사탄 또는 마귀'와 '귀신'에 대해 명확하게 정립할 수 있었다. 이단·사이비 문제는 놀랍게도 교회 공동체 안에 속한 수많은 그리스도인들에게까지 혼란을 일으킨다. 특히, '귀신론'은 더더욱 혼란을 일으킬 위험성이 크다. 참고로, 앞서 첫 번째 '목궁 Time'에서 소개한 귀신론 관련 질문들을 하나씩 다시 읽어 보면 도움이 될 것이다.

목궁 Time

Q : 하나님은 현시대에도 신앙의 높은 경지에 이른 자나 특별하게 부르신 자들에게 직접 음성을 들려 주시나요?

아니요. 바울이 에베소 교회의 이방인 성도들에게 기록한 내용을 살펴보면 알 수 있습니다.

곧 **계시로 내게 비밀을 알게 하신 것**은 내가 먼저 간단히 기록함과 같으니 **그것을 읽으면** 내가 그리스도의 비밀을 깨달은 것을 **너희가 알 수 있으리라** 이제 그의 거룩한 사도들과 선지자들에게 성령으로 나타내신 것 같이 다른 세대에서는 사람의 아들들에게 알리지 아니하셨으니 이는 이방인이 복음으로 말미암아 그리스도 예수 안에서 함께 상속자가 되고 함께 지체가 되고 함께 약속에 참여하는 자가 됨이라(엡 3:3-6)

바울은 자신이 하나님의 직접 계시를 통해 알게 된 복음의 비밀을 기록했는데, 그것을 에베소 교회의 이방인 성도들이 진지하게 집중해서 읽으면 충분히 이해할 수 있다고 말합니다. 이처럼 복음의 내용은 예수 믿는 모든 성도 누구에게나 공유되어 있습니다. 혼자만의 특별한 내용이 아니라는 것이죠. 누군가 어떤 비밀스러운 계시를 또다시 받거나 특별한 해석의 비법이 있어야만 성경을 읽을 수 있고, 복음의 내용을 이해할 수 있는 게 아니라는 것입니다. 물론 예수 그리스도의 초림 이전인 구약 시대에는 바울이 지금 깨달아 알고 믿는 그 경륜의 비밀, 또는 그리스도의 비밀이 아무에게나 알려지지 않았습니다. 그 당시에는 하나님께서 특정한 대상들에게만 특별 공지를 하셨습니다(엡 3:5). 그러나 예수님의 초림 이후 그리스도의 비밀이 기록된 복음, 즉 성경 66권은 예수 믿는 성도라면 누구나 읽어 이해할 수 있습니다. 즉, 얼마든지 복음의 진리 안에서 함께 하나 됨을 누리고 연합과 동역을 이루어 갈 수 있는 것입니다(엡 4:3).

그런데 갑자기 여기저기에서 자신이 하나님으로부터 직접 계시를 받고, 음성을 들었다고 주장하면 어찌 될까요? 복음의 진리 안에서 벗어나는 셈이 됩니다. 다시 말해, 성령께서 하나 되게 하신 그 하나 됨을 온전히 유지할 수 없게 되는 것입니다.

하지만 오늘날에도 '직통 계시(Direct Revelation)'를 주장하는 자들은 여전히 존재합니다. 그들은 '인간 자신이 하나님의 계시를 직접 받고, 하나님의 음성도 직접 들을 수 있다'라고 주장합니다. 그래서 이단 교주들은 자신이 직통 계시를 받았다는 것을 주장하기 위해서 '은사'와 '방언' 및 '환상'을 강조하며, 더 나아가 그 신비한 것들을 경험했다는 '간증자들'까지 대중들 앞에 내세웁니다. 이러한 의도를 가지고서 직통 계시를 주장하는 이단 교주들은 '성령'을 일종의 '기능'이나 '에너지', '특별한 효과' 또는 '어떤 능력 발휘를 위한 도구 및 수단'으로 오해하고 있습니다.

교회 역사적으로 살펴보면, A.D. 2세기 중반에서 말 무렵에 활동했던 몬타누스 장로가 그러한 심각한 잘못을 저질렀습니다. 특히 그는 사람들을 모아 '성령 운동'을 했다고 알려져 있습니다. 오늘날, 최근에서야 비로소 성령 운동이나 성령 사역이 시작된 것처럼 오해하는 분들이 있는데, 그렇지 않습니다. 우리는 이미 '성령 운동'을 강조했던 자들이 있었음을 직시해야 할뿐더러 그것이 어떠한 결과를 초래했는지도 살펴봐야 합니다.

'그를 따르는 자들이 모인 집단'을 몬타누스의 사상을 따른다고 하여 교부들 및 교회 역사학자들은 '몬타누스주의자'라고 했고, '몬타누스파(Montanist)'라고도 불렀습니다. 이곳에 모인 사람들은 자신들이 영적으로 특별한 백성이라고 주장했지요. 특히 '방언과 예언의 은사'를 강조했으며, 자신들이 세례를 받을 때는 예수님이 약속하신 보혜사 성령이 자신들에게 '방언과 예언의 은사를 주셨다'라고 주장하기도 했습니다. 뿐만 아니라 '몬타누스'와 '그의 두 여제자'는 자신들이 '성령의 대변인'이라고 주장하면서 자신들의 '예언' 중에는 '예수의 재림이 임박했다'라는 경고도 있었다고 합니다.

결국 이들은 사람들에게 '자신들이 하나님으로부터 직접 직통 계시를 받아 말할 수 있다'라고 주장함으로써 혼란을 일으켰습니다. 이러한 상황들에 대해 교부들은 도저히 그들과 함께 연합할 수 없다는 사실을 직면했던 것 같습니다. 실제로 교부들 중에는 그들이 받은 그 예언이나 음성이나 환상이 곧 사탄의 영감으로부터 온 것이라고까지 신랄하게 비판하기도 했습니다.[34] 뿐만 아니라 히폴리투스(Hippolytus)는 "계시는 성령으로부터 온 마지막 분명한 계시인 사도 요한의 계시록으로 그쳐졌다"라고도 했습니다.[35] 그러나 여전히 오늘날 '직통 계시'를 주장하는 이단 사상은 다양한 형태로 교회 공동체를 위협하고 있습니다. 미국에서는 신비주의자인 윌리엄 브래넘(William

---

34 Klotsche & Mueller, *The History of Christian Doctrine*, 38.
35 Hippolitus, *Antichrist* 31, 47−48(Pelikan, *The Emergence of the Catholic Tradition*, 106).

Branham)이라는 사람을 통해서 '캔자스 예언자 그룹(Kensas city prophet group)'
으로 나아갔으며, 나중에는 '빈야드 운동(Vineyard Movement)'과 '토론토 블
레싱(Tronto Blessing)'으로 이어졌고, 최근에 와서는 '신사도 운동(New Apostle
Movement)'이나 '아이합(IHOP= International House of Prayer) 운동'으로 퍼져 나
갔습니다.

이 외에도 한국의 통일교 1대 교주 문선명, 천부교(전도관) 1대 교주 박태
선, 신천지 집단의 이만희 교주, 하나님의 교회 1대 교주 안상홍, 이외에
도 토마스 주남, 사랑하는교회(큰믿음교회) 변승우, 만민중앙교회 이재록,
JMS 정명석 등 많은 이단들이 사용하는 단골 메뉴가 바로 '직통 계시(Direct
Revelation)'입니다. 이 거짓 교리를 주장하는 이단 집단은 현시대에도 여러 지
역 교회들 속으로 파고들어 '방언 기도', '예언 기도', '하나님의 음성'이나 '환
상', '하나님의 직접 계시' 등을 앞세워 수많은 사람들을 미혹하고 있습니다.
마치 학창 시절, 저와 함께 교회에서 신앙생활 했던 동갑내기 여학생처럼 말
입니다. 그러므로 우리는 이러한 거짓 교리에 감염되지 않도록 성경적인 바
른 내용으로 영적 백신을 맞아야 합니다. 히브리서 1장으로 가서 1-2절을 읽
어 봅시다.

> 옛적에 선지자들을 통하여 여러 부분과 여러 모양으로 우리 조상들에게 말씀하
> 신 **하나님이 이 모든 날 마지막에는 아들을 통하여 우리에게 말씀하셨으니** 이 아
> 들을 만유의 상속자로 세우시고 또 그로 말미암아 모든 세계를 지으셨느니라(히
> 1:1-2)

이 말씀은 무엇을 의미할까요? 하나님은 예수님이 오시기 전, 즉 구약 시대
에는 다양한 방식으로 자신을 계시하셨지만, 예수님의 초림 이후 최종적으로
는 '예수님을 통해서만' 자신을 계시하셨다는 의미입니다. 신약 시대 이후, 이

제는 '또 다른 하나님의 직접 계시'가 개인에게 직접 주어지지 않으며 발생하지도 않습니다. 물론 신약 시대에도 꿈과 환상이 있었고, 다양한 기적이 있었다고 성경에 기록되어 있습니다. 그러나 그러한 것들은 모두 하나님이 자신을 직접 계시한 것이 아닙니다. 오히려 그러한 사건들을 기록함으로써 '예수님이 누구신가'를 나타내셨습니다.[36]

다시 말해, 하나님은 예수님의 초림 이후 사람들에게 직접 계시하신 적이 없으십니다. 신약 시대 이후, 하나님은 자신을 나타내시는 계시를 성자 하나님이신 예수 그리스도를 통해 최종적으로 계시하셨습니다. 그리고 히폴리투스가 말했듯이, 요한계시록을 마지막으로 66권 성경 기록에 대한 하나님의 직접 계시는 완료되었습니다(요 14:8-14, 웨스트민스터 신앙고백서 1장 1항). 만일 지금도 하나님의 직접 계시와 음성이 있다고 한다면, 그것은 성경 66권보다 더 높은 권위와 가치가 될 수밖에 없습니다. 그러므로 현시대에도 하나님께서 사람이 기도할 때, 찬양할 때, 성경을 읽을 때, 갑자기 직접 음성을 통해 계시하신다거나 사람의 꿈과 환상을 통해 하나님께서 직접 계시하셔서 자신의 뜻을 알려 주신다고 주장하는 그 어떠한 설교나 가르침이 있다고 한다면, 그것은 궤변이고 거짓 복음입니다.

그렇다면, 구원받은 성도가 현시대에 하나님의 뜻을 알기 원한다면 어떻게 해야 할까요? 일차적으로는 주님의 몸 된 교회의 권위와 질서에 믿음으로 순종하는 것이 필요합니다. 다르게 말하자면, 주일 공예배 가운데 선포되는 설교 말씀에 집중할 수 있어야 합니다. 그러나 그것만으로는 부족합니다. 평소에도 66권 성경을 문맥의 흐름을 따라 차분히 읽어야 합니다. 그리고 그렇게 읽고 묵상한 내용들을 곧바로 자기 생활에 무작정 적용해 가는 것이 아니라, 교회를 통해 지도받고 공유하면서 적용해 가야 합니다. 이러한 과정들을 통해

---

36 요 1:18. "본래 하나님을 본 사람이 없으되 아버지 품속에 있는 독생하신 하나님이 나타내셨느니라"

구원받은 성도는 하나님의 뜻을 조금씩 얼마든지 알아 가며, 하나님께서 원하시는 방향으로 한 걸음 더 나아갈 수 있습니다.

 나눔을 위한 질문

'66권 성경을 바르게 읽어 가는 것'보다 '하나님의 음성을 직접 듣는 것'을 더 원하는 사람들의 심리는 과연 무엇일까요?

09
안식교 신도인 막내 외삼촌의 열심

우리 부부는 2015년도에 무남독녀인 딸 하나를 하나님의 은혜 가운데 선물로 받았다. 참으로 생각지 못한 기적 중의 기적이었다. 이 아이에게는 왕할머니가 계시다는 것이 나름 자랑이었다. 나는 어린 시절, 내 증조할 아버지나 증조할머니를 본 적이 없다. 그러나 내 딸은 나보다 훨씬 축복된 아이다. 증조할머니를 실제로 찾아뵌 적이 있었으니 말이다. 사실 처가에 도 아내의 친조부모님과 외조부모님이 모두 일찍 돌아가셨고, 나의 외가 와 친가에도 이제 외할머니만 살아 계신 상황이었다. 나로서도 딸아이에 게 증조할머니를 보여 줄 수 있어서 감사했다.

그런데 2022년 11월, 드디어 한 분 남으신 나의 외할머니가 돌아가셨 다. 딸아이 입장에서는 오랫동안 곁에 계실 것 같았던 왕할머니가 돌아가 신 것이다. 장례식장에 가니 그동안 한참 동안 보지 못한 친척 어른들을 만나 뵐 수 있었다. 특히 막내 외삼촌을 오랜만에 만나 뵈었다.

나에게는 외삼촌이 세 분 계신다. 어머니는 3남 2녀 중 둘째였다. 어머니를 유독 잘 따르던 외삼촌은 바로 3남 2녀 중 막내였던 막내 외삼촌이다. 외삼촌은 고등학교 졸업을 하자마자 공군 하사로 입관하셨다. 그리고 꾸준히 복무하시다가 최고 직책인 준위로 제대하셨다. 이분의 성실함은 정말 인정하고 싶은데, 어린 시절 외삼촌 중에 가장 많이 챙겨 주시고 놀아 주셨던 분도 이 막내 외삼촌이었다. 그런데 나중에 알고 보니, 막내 외삼촌은 안식교 신도였다. 그분은 고등학교 시절부터 학교 선배를 통해 동네 앞에 있던 안식교 교회를 다니게 되었다고 한다. 그리고 결혼도 안식교 교인과 하셨다. 두 분 사이에는 딸과 아들이 있다. 나에게는 이종사촌들이다. 즉, 이들까지 모두 안식교 문화권에서 살아온 것이다.

그 막내 외삼촌이 장례식장에서 자신이 출석하는 교회 사람들을 나에게 소개해 주셨다. 나로서는 조금 당황스러웠지만, 무작정 외면할 수는 없었기에 인사를 하고서 몇 마디 말도 같이 나누었다. 그분들은 막내 외삼촌이 안식교 신도로서 신앙생활을 잘하고 있고, 현재는 집사인데 앞으로는 장로로 세울 예정이라며 내 앞에서 막내 외삼촌을 칭찬했다. 그리고 안식교 목사라는 분은 나에게 책을 보내 주겠다고 하면서 외삼촌을 통해 나에게 한 질(帙)을 택배로 보내 주셨다. 그 책은 바로 한 세트가 10권으로 구성된 『인류를 위한 구속의 파노라마』 전집이었다.

현재 외가 친척 중에는 내 어머니 외에 기독교 신앙생활을 제대로 하는 분이 아무도 없다. 내 모친께서도 원래는 신앙생활을 하지 않으셨다. 아버

지와 결혼한 이후부터는 그냥 불교인으로서 사셨다. 그러다가 나를 통해 복음을 듣고 예수님을 영접하셨다. 그때가 아마 1995년쯤이었을 것이다. 그 이후 어머니는 동네 근처 교회에 출석하셨고, 현재는 서울 송파 쪽에 위치한 예장 합동 측 장로교회에서 신앙생활을 하신다.

어머니는 가끔 나에게 당부하셨다. 막내 외삼촌과는 굳이 종교나 신앙 이야기를 하지 말라고 말이다. 아마도 내 성격상 막내 외삼촌과 종교 및 신앙 관련 이야기를 나누다 보면, 서로 대립이 되거나 부딪힐 것 같은 불길한 예감을 느끼셨던 것 같다. 사실 어린 시절의 기억으로 보자면, 막내 외삼촌은 너무나 좋은 분이셨다. 맛있는 것도 많이 사 주셨고, 장난감도 사 주셨으며, 재미나게 놀아 주셨던 분이셨다. 물론 내가 나이가 들고 결혼한 이후에도 그분과 전혀 부딪힐 게 없었다. 그분이 심장이 좋지 않아 지방에서 분당 서울대병원까지 와서 수술하시고 치료받으시는 동안에 몇 번 병문안 가서 인사드릴 정도로 무난하게 지내 왔다.

아마 나와 비슷한 연배에 있는 분들은 〈E.T.〉 영화를 기억할 것이다. 내 평생에 처음으로 보았던 영화이기도 했지만, 참으로 깊은 인상을 받았던 영화이기도 하다. 바로 이 영화도 막내 외삼촌 덕분에 볼 수 있었다. 그래서 인간적으로는 세 분의 외삼촌 중에서 가장 편하고 호감 가는 분이시지만, 목사의 입장으로 보자면 나로서는 부담스러울 수밖에 없는 분이시다.

이분은 외가댁 집안 행사나 모임 일정을 정할 때도, 토요일은 거의 피하려고 하신다. 안식교는 토요일에 예배를 드리기 때문이다. 그래서 외가댁 집안 행사 일정은 거의 일요일(주일)에 잡게 된다. 물론 나는 참석이 불가능하다. 교회 담임 목사로서 주일에는 예배에 참석해야 하기 때문이다. 그런데 내 모친께서는 가끔 교회 출석을 하지 않고, 가족들 모임을 우선하셨다. 그럴 때 보면, 안식교 신도이신 막내 외삼촌의 열정이 더욱 부각된다.

외할머니 장례식 때도, 나는 되도록 안 부딪히려고 신경을 썼다. 그런데 그분은 오히려 내가 장로교 목사인 것을 알면서도 자신이 출석하는 안식교 목사님과 신도들을 장례식으로 초대했을 뿐 아니라 나에게 안식교 관련 책까지 선물하도록 연결해 주시는 정도였다. 게다가 장례식 기간 내내, 자신은 돼지고기는 먹지 않으며 절대 무릎 꿇고 절하지 않겠다고 주위 친인척분들에게 단호하게 표현하셨으며, 자식들(나에게 이종사촌)에게조차 무릎 꿇고서 절하지 말고, 서서 목례로 기도하라고 가르치셨다. 사람들이 듣든 말든 상관하지 않으시고서 설명하셨다.

물론 음식의 문제나 장례식에서 절을 하고 안 하고를 가지고서 구원 문제와 직결하여 생각해서는 안 된다. 그럼에도 자신의 믿음과 신념을 굳건하게 지켜 내려고 하는 그분의 그 열정에 대해서는 오늘날 기독교인들도 한 번쯤 돌아봐야 할 점이 있다고 본다. 과연 오늘날 기독교인이라고 하는 우리는 우리가 배운 것에 대해, 우리가 믿고 고백하는 것에 대해 교회 예배당 안에서만이 아니라 가정과 학교와 직장과 사회 속에서라도 굳건하게 밝히 드러내며, 각자의 삶에서 믿음으로 순종하며 적용하려고 몸부림치고 있는가?

목사님들을 비롯해 다양한 교회 직분자들과 사역자들은 주위에 늘 성도들이 있고, 동료 목사님들과 다양한 분야의 사역자들이나 선교사들이 있다. 그들과만 만나고, 그들과만 대화하고, 그들과만 앞으로의 사역 계획을 논의한다. 어떤 분들은 기독교 대안학교, 기독교 회사, 기독교 기관에서만 활동하며 경제 활동을 하거나 인간관계를 맺는다. 나는 그것을 무작정 부정적으로 보고 싶지는 않다. 다만 내 막내 외삼촌처럼 자신이 믿는 바, 그 내용들과 신념을 어떤 상황에서도 굴하지 않고 당당하게 표현하고 드러내려고 하는 몸부림이 우리에게 있냐는 것이다.

아무리 교리 교육을 하고, 성경 공부를 열심히 하면 무엇하겠는가? 아무리 다양한 예배와 집회에 열심히 참여한다 해도, 정작 자기 삶의 현장에서 내 신앙과 배운 교리들을 제대로 표현하지 못하고, 설명하지 못하며, 적용하지 못한다면 그것을 자기 신앙(믿음)이라 말할 수 있겠는가? 가정에서, 회사에서, 학교에서, 친구들 앞에서, 친인척들 앞에서, 취미 활동 공간에서, 결혼 예식에서, 장례식에서조차 과연 우리는 그리스도인으로서 내가 믿는 신앙의 내용들을 좀 더 분명하고 뚜렷하게 드러내려는 의지와 다짐을 하고 있는가? 언제까지 우리끼리만 은혜 받고, 눈물 흘리고, 감동받는 것에 머무를 것인가? 언제까지 계속 더 깊고, 더 세밀한 내용의 신학 지식들을 배우기만 할 것인가? 우리의 입술을 열어야 한다. 우리의 발걸음을 복음이 필요한 낯선 현장으로 옮겨야 한다. 우리의 신앙을 존중받지 못하는 그 불편한 공간과 영역에서도 우리의 신앙을 믿음으로 고백하고 드러내려는 의지를 보여야 한다. 그래서 더욱 평소에 교회와 가정에서부터 실제적인 신앙생활을 위한 연습을 해야 한다.

단순히 지식을 위해 성경을 공부하거나 교리를 배워서는 안 된다. 사람들 앞에 남들이 잘 모르는 신학자들의 이름들과 신학 서적들을 열거한다고 해서 신앙이 대단히 고상하거나 경건한 것은 아니다. 다른 사람들보다 더 많이 열정적으로 찬양하고, 더 오랜 시간 기도한다고 해서 뛰어난 영적 수준에 이른 것처럼 착각해서는 안 된다. 복음이 필요한 자들에게 복음의 진리를 증거하려고 하는 그 간절함을 가지고서, 한 영혼을 온 천하보다 귀하게 여기시는 그리스도의 마음을 품고서 제대로 바르고 깊이 있게 배우고 알아야 한다. 육체의 연습을 하듯, 그 이상으로 경건의 훈련에 힘써야 한다. 더 높이 올라가 군림하기 위함이 아니라 한 알의 밀알처럼 더 섬기기 위한 마음을 유지하면서….

목궁 Time

안식교(제칠일안식일예수재림교회)

안식교는 '통합, 고신, 기감' 등의 교단에서 이단으로 결의된 곳이다.

Q 1 : '루시퍼가 사탄인가요?

A: 당연히 아닙니다. 그런데도 통일교, JMS, 신천지 등은 '루시퍼 교리'를 사용합니다. 특히, 통일교나 신천지는 '루시퍼'를 '누시엘'이라고 주장하기도 합니다. 그들이 '루시퍼 교리'를 주장하기 위해 앞세우는 성경적 근거는 무엇일까요? 바로 이사야 14장 12절입니다.

> 너 아침의 아들 계명성이여 어찌 그리 하늘에서 떨어졌으며 너 열국을 엎은 자여
> 어찌 그리 땅에 찍혔는고(사 14:12)

여기서 우리는 한글로 "계명성"이라고 번역된 명사를 발견할 수 있습니다. 더욱 재미난 것은 영어 성경 중 KJV의 번역인데요. 다른 영어 성경들은 대체로 'O day-star'(JPS, NRS, RSV), 'O star of the morning'(NASB), 'O shining one'(YLT)이라고 번역했습니다. 그런데 KJV 영어 성경은 'O Lucifer'라고 번역했지요.

물론 히브리어 성경에서는 구약 39권(히브리어 정경으로는 본래 24권) 중 'הֵילֵל(헬렐)'이라는 명사를 사용하고 있는데, 기본적인 뜻은 '아침 별(the morning-star)' 또는 '초승달(crescent moon)'의 의미를 가집니다. 그런데 제1차 니케아[37] 공의회(A.D. 325년 6월 19일) 이후 제롬(Jerome)이 헬라어로 기록된 70인경을 라틴어로 번역한 '라틴어 성경(Vulgate, 벌게이트)'에서는 히브리어 명사 'הֵילֵל(헬렐)'을 'lucifer(루시페르)'로 번역했습니다. 물론 라틴어 명사 'lucifer(루시페르)'도 기본적인 뜻은 히브리어 명사 'הֵילֵל(헬렐)'과 크게 다르지 않습니다.

그런데도 여러 이단 교주 혹은 KJV 성경만 완전한 성경이라고 주장하는 사람들은 'Lucifer(루시페르)'를 마치 사탄의 고유 명사 이름인 것처럼 착각했습니다. 더욱 큰 문제는 한국 교회 기존 교인들 중 상당수도 '루시퍼는 곧 사탄의 또 다른 고유 명사 이름'인 것으로 오해하는 사람들이 많다는 것입니다. 그만큼 성경 66권에 별로 관심을 갖지 않고서 살아가는 것이 아닌가 싶습니다.

그러나 사실 'Lucifer(루시퍼)'의 사전적 뜻이 무엇인지만 알고 있더라도 '루시퍼가 곧 사탄의 고유 이름'이라고 오해할 수는 없습니다. 그런데 심지어 일부 목사님들조차 외경이나 여러 문학 서적에서나 나오는 '루시퍼'를 '사탄의 고유 이름'인 것으로 오해하며 설교에서조차 언급했던 일들이 적지 않습니다. 사실 이것은 굉장히 치명적인 잘못입니다. 약간의 실수 정도가 아니라 아주 무거운 잘못이기에 이러한 잘못을 저질렀던 설교자들은 진실로 회개하고, 하루빨리 성도들에게 수정된 바른 성경의 내용을 가르칠 수 있어야 합니다.

사실, 한글 성경에서 "계명성"이라고 번역된 히브리어 'הֵילֵל(헬렐)'이라는 명사는 사전적인 의미로도 그 뜻을 알 수 있지만, 이 명사가 기록된 이사야 14장 12절의 문맥적 흐름을 파악해 봐도 그 의미를 충분히 제대로 정립할 수 있습니다. 그렇다면 과연 이사야 14장 1-23절은 어떤 내용일까요? 그것은 바로 '남유다를 멸망시키고자 하나님께서 심판의 도구로 사용하실 바벨론 제국의 몰락'을 예언해 주고 있는 내용입니다. 물론 이사야 선지자가 예언하고 있는

---

37 과거 '니케아'는 오늘날 터키 나라에 위치한 '이즈니크 도시'를 의미한다.

내용은 앞으로 100년 이후에나 일어날 내용이기에, 당시 이사야 선지자가 활동할 때의 이스라엘 백성들에게는 전혀 공감되지 않는 내용일 뿐만 아니라 듣기 싫은 내용이었을 것입니다. 아마도 막연하고도 뜬구름 잡는 이야기로 치부될 수 있었겠죠. 그러나 이사야 선지자가 예언한 내용들은 실제 역사 속에서 하나님의 절대 주권적 섭리를 통해 성취되었습니다. 그래서 우리는 다른 성경 본문들도 마찬가지이겠지만 66장으로 구성된 이 이사야서를 결코 가볍게 생각해서는 안 됩니다.

사실, 이사야 선지자는 이미 13장에서부터 '이방 나라에 대한 예언'을 시작했습니다. 특히, 13장에서 14장까지 이어지는 내용은 '바벨론에 대한 하나님의 심판'입니다. 비록 바벨론 제국이 남유다에 대한 하나님의 심판 도구로서 사용되기는 하겠지만 나중에는 비참하게 멸망된다는 것입니다. 뿐만 아니라 이사야 선지자는 13장과 14장을 통해 '바벨론 제국의 멸망'이 곧 '이스라엘의 회복'을 의미한다고 강조했습니다. 여기서 우리가 한 가지 주목할 것이 있는데, 이사야 선지자는 '바벨론 제국의 멸망'이라고 표현하기보다는 '바벨론 왕이 멸망함'을 표현하고 있다는 것입니다.[38]

무엇을 의미하는 것일까요? 단순히 바벨론의 왕 한 사람만이 멸망한다는 의미가 아닙니다. 이는 하나님 앞에서 교만한 세상 권세자들을 대표하는 것으로 볼 수 있습니다.

이사야 선지자의 예언대로, 하나님은 당시 무명의 약소국에 불과했던 '바사(페르시아)'도 바벨론 제국의 역사처럼 신흥 강국으로 일으켜 세우신 이후 '메대(이란)−바사(페르시아) 연합군'을 통해 '바벨론 제국'을 B.C. 539년경에 멸망시키셨습니다(렘 50-51장; 스 1-4장). 그러나 이러한 역사적 사건들이 이사야 선지자가 활동할 당시에는 전혀 예측 가능한 상황이 아니었습니다. 단 1%도

---

38 사 14:4. "너는 바벨론 왕에 대하여 이 노래를 지어 이르기를…"

예상할 수 없었죠. 하지만 하나님은 이사야 선지자를 통해 이스라엘에게 수도 없이 회개의 기회를 제공하셨습니다.

그렇다면, 이사야 14장 12절의 내용은 어떤 의미인가요? '루시퍼'가 사탄의 고유 이름이라는 것을 의미할까요? 전혀 그런 내용이 아닙니다. 하나님의 절대 주권적 섭리 가운데 무명의 약소국에 불과했던 '바벨론 나라'는 당시 이방 나라 중 가장 강력한 신흥 강국으로 역사 속에 등장합니다. 군사력과 경제력에 있어서 다른 나라들이 쉽게 따라올 수가 없었습니다.[39] 그처럼 찬란했던 '바벨론 제국의 영광스러운 모습'을 히브리어 명사로는 'הֵילֵל(헬렐)'이라고 표현했고, 라틴어 성경에서는 'lucifer(루시퍼)'라고 번역했으며, 한글 성경에서는 "계명성"이라고 번역한 것입니다.

하지만 그렇게 찬란했던 바벨론 제국의 역사는 또 다른 무명의 약소국을 하나님께서 심판의 도구로 사용하셔서 비참하게 사라지게 됩니다. 그 심판의 도구가 바로 '메대(이란)-바사(페르시아) 연합군'의 수장 '고레스(키루스) 왕'입니다. 이사야 선지자는 이 사람을 '동방에서 하나님께서 일으키는 한 사람'이라고 표현했습니다(사 41:2, 25; 43:5; 46:11).

그러므로 이사야 14장에서 이사야 선지자는 당시 상황에서 전혀 예상조차할 수 없었으나 앞으로 반드시 처참하게 멸망하게 될 바벨론 제국을 향해 조롱 섞인 표현을 하고 있습니다. 그것이 바로 한글 성경으로 번역된 "계명성"입니다. 한때는 찬란하게 빛났던 바벨론 제국의 영광스러운 역사들도 하나님의 절대 주권적 섭리 가운데 역사 속에서 흔적조차 없이 사라질 수 있는 존재에 불과하다는 것입니다. 이것은 마치 20세기 초까지만 해도 인류 최초

---

39 사 13:19. "열국의 영광이요 갈대아 사람의 자랑하는 노리개가 된 바벨론이…"
렘 51:13. "많은 물가에 살면서 재물이 많은 자여…"
렘 51:41. "… 온 세상의 칭찬 받는 성읍이…"

로 산업혁명을 통해 전 세계를 압도해 갔던 영국의 빛나는 역사를 연상하게 합니다.

그렇다면, 그처럼 찬란했던 바벨론 제국이 어찌하여 비참한 멸망을 맞이하며 역사 속에서 사라지게 된다는 것일까요? 그 이유에 대해 이사야 선지자는 아주 명백하게 밝히고 있습니다. 그것은 바로 '하나님을 향한 영적 교만'입니다(사 14:13-14). 바벨론의 죄악에 대해서는 이사야 선지자의 고발 내용뿐만 아니라 예레미야 선지자를 통해서도 소개되었습니다.[40]

사실 이러한 이유들은 '바벨론 제국'만이 아니라 '앗수르 제국'을 비롯한 인류 역사 속에 등장했던 '모든 세계 열강들'에게서도 발견할 수 있는 것들입니다. 물론 바울이 에베소서에서 공중 권세 잡은 존재로 표현했던 사탄이나 마귀는 직접적으로 세상 가운데 활개를 치며 다닐 수 없습니다(계 20:1-3; 벧후 2:4; 유 1:6). 하지만 그의 강력한 영향력은 다양한 방식으로 세상을 향해 미치고 있습니다.[41]

이쯤에서 우리는 한 가지 분명하게 알아야 할 사실이 있습니다. 사탄은 결코 빛의 존재일 수가 없다는 것입니다. 다만 그는 빛의 존재인 듯 거짓으로 꾸밀 수 있을 뿐이지요. 고린도후서 11장으로 가서 13-15절을 읽어 봅시다.

그런 사람들은 거짓 사도요 속이는 일꾼이니 자기를 **그리스도의 사도로 가장하는 자들**이니라 이것은 이상한 일이 아니니라 **사탄**도 자기를 **광명의 천사로 가장**하나니 그러므로 **사탄의 일꾼들**도 자기를 **의의 일꾼으로 가장**하는 것이 또한 대단한

---

40 우상과 신상들을 숭배한 죄악(렘 50:2, 38; 51:47), 하나님을 향한 영적 교만(렘 50:29), 하나님의 백성들을 학대한 죄악(렘 50:33; 51:24, 34-37).

41 고후 4:4. "그중에 이 세상의 신이 믿지 아니하는 자들의 마음을 혼미하게 하여 그리스도의 영광의 복음의 광채가 비치지 못하게 함이니 그리스도는 하나님의 형상이니라"
엡 2:2. "그때에 너희는 그 가운데서 행하여 이 세상 풍조를 따르고 공중의 권세 잡은 자를 따랐으니 곧 지금 불순종의 아들들 가운데서 역사하는 영이라"

일이 아니니라 그들의 마지막은 그 행위대로 되리라(고후 11:13-15)

이러한 내용들 때문에 이사야 14장 12절의 "계명성"을 '사탄'의 고유 이름으로 잘못 해석할 수는 없습니다. 실제로 과거 바벨론 제국은 빛나는 역사를 누렸습니다. 물론 하나님의 절대 주권적 섭리에 의한 것이었죠. 과거의 인류 역사에서만이 아니라 20세기를 거쳐 21세기를 살아가는 지금 시대에도, 그리고 앞으로 미래의 인류 역사에서도 나라의 흥망성쇠의 결정권은 누구에게 있습니까? 시편 22편 27절과 28절을 읽어 봅시다.

땅의 모든 끝이 여호와를 기억하고 돌아오며 모든 나라의 모든 족속이 주의 앞에 예배하리니 나라는 여호와의 것이요 여호와는 모든 나라의 주재심이로다(시 22:27-28)

또 역대하 20장 6절을 읽어 봅시다.

이르되 우리 조상들의 하나님 여호와여 주는 하늘에서 하나님이 아니시니이까 이방 사람들의 모든 나라를 다스리지 아니하시나이까 주의 손에 권세와 능력이 있사오니 능히 주와 맞설 사람이 없나이다(대하 20:6)

이처럼 '생사(生死)화복(禍福)의 주관자 되시는 삼위일체 한 분 하나님'(신 30:15)은 세상 나라의 흥망성쇠를 다스리십니다. "아멘"으로 고백할 수 있나요? 한 치 앞도 알 수 없는 인생을 살아가는 우리 그리스도인의 자세는 과연 어떠해야 할까요?

지금 나의 개인적인 삶이나 내가 속한 가정이나 내가 하는 사업이나 내가 속한 단체나 조직이, 또한 내가 속한 이 나라의 형편이 조금 잘 풀리고, 승승

장구하며, 압도적으로 우세할지라도 우리는 진정으로 겸손해야 합니다. 목사들은 목회에 있어서도 마찬가지입니다. 다른 목회자들보다 좀 더 두드러지게 목회적 상황들이 잘 풀릴 수도 있습니다. 그렇다고 해서 자신만이 뭔가 더 특별한 방법을 쓰고 있는 것처럼 포장해서는 안 됩니다. 마치 다른 사람들은 다 흠이 있고, 제대로 된 방법을 사용하지 못해서 그런 것처럼 매도하지 않도록 신중해야 합니다.

우리는 우리의 인생 자체부터가 하나님의 은혜였음을 잊지 않아야 합니다. 누구나 얼마든지 넘어질 수 있습니다. 실패할 수 있고, 흔들릴 수 있습니다. 언제나 항상 내가 다른 사람들보다 월등하게 앞서갈 수는 없습니다. 그렇다고 늘 나만 뒤처지는 것도 아닙니다. 내가 늘 일이 꼬이고 안 풀린다고 해서, 굳이 잘나간다고 하는 사람들을 향해 꼬투리 잡을 필요가 있을까요? 뭐가 그토록 불만인가요? 반면, 조금 잘나간다고 하는 사람들도 섣불리 사람들 앞에서 으스대지 않도록 주의해야 합니다. 나보다 잘난 사람들은 어디에나 존재하기 때문입니다. 언제 어떻게 될지 알 수 없는 것이 우리의 인생입니다. 그냥 인정해 주면 어떻습니까. 특히나 광명의 천사처럼 가장하여 우리에게 다가올 수 있는 거짓된 미혹들을 가볍게 여기거나 만만하게 생각하지 맙시다. 항상 하나님의 말씀 앞에 귀 기울이며, 겸손히 낮은 자세로 임해야 합니다. 마지막으로 고린도전서 10장 12절을 읽어 봅시다.

그런즉 선 줄로 생각하는 자는 넘어질까 조심하라 (고전 10:12)

Q 2 : 안식교 신도들은 무엇을 믿고 있나요?

안식교 신도들은 엘런 G. 화이트(Ellen G. White) 여사가 받았다고 주장하는 '계시들'과 그것에 의해 기록된 책들을 성경 66권보다도 더 믿고 신뢰합니다.

기독교는 66권의 성경을 통해서 예수님을 믿는 종교입니다. 예수님은 제자들을 택하여 사도로 삼으셨습니다. 모든 사람이 제자이지만 사도는 특별한 사람들로서, 예수님의 공생애가 시작되면서부터 제자로 부름받은 사람들입니다. 예수님은 그 사도들을 데리고 다니시면서 가르치시고 보여 주시고 함께 동고동락하시면서 천국과 하나님의 나라를 가르치셨습니다. 비록 십자가의 죽음 앞에서 일시적으로 부인하고 떠난 이도 있었지만, 부활 후 예수님은 다시 사도들에게 나타나셔서 자신이 십자가에서 죽으셔야 했던 이유를 성경 말씀으로 풀어 주셨습니다.

성령의 충만함을 받은 사도들은 예수님이 하나님께서 보내신 메시아라는 것을 의심하지 않았습니다. 그리고 예수님의 대속적 죽음과 부활의 복음 전하는 것을 사명으로 알고 살았습니다. 27권의 신약 성경은 사도 바울을 비롯한 사도들에 의해 완성된 것입니다. 그러므로 사도들의 가르침과 복음 전파로 세워진 오늘날 가시적 형태의 지교회들은 사도들에게서 배운 예수 그리스도의 복음과 진리의 전통을 믿고 지켜야 할 의무와 책임이 있습니다.

비록 로마 교회가 변질되어 사도들의 가르침과 진리의 복음에서 떠나 로마 가톨릭교회라는 거대한 교파를 이루었지만, 루터나 칼뱅이나 츠빙글리 같은 종교개혁자들이 다시금 사도들이 전했던 복음의 전통을 외치고 가르쳤기에 오늘날 기독교가 초대 교회 사도들의 가르침을 회복한 것입니다. 그러므로 기독교 '정통'이라고 말할 때, 그 내용은 결국 '사도들의 가르침'입니다. 왜냐하면, 사도들은 신약 성경을 쓰면서 '예수님의 진리와 복음'을 자세히 풀어 주었고 가르쳤고 전했기 때문입니다.

그런데 교회 역사 속에서는 이미 초대 교회 시대부터 사도들의 가르침을 떠나 이단 사상들을 따르는 자들이 있었음을 확인할 수 있습니다. 그래서 사도 바울은 갈라디아 성도들에게 다른 복음에 대해 강력하게 경고했습니다(갈 1:7-8). 그는 특히 고린도후서 11장 4절을 통해 사도들이 전하지 않았던 '다른 복음을 따르는 것'은 곧 '다른 영을 따르는 것'이라고까지 엄중하게 표현했습니다.

그럼에도 불구하고 여전히 오늘날에도 사도들이 가르쳐 준 복음의 내용, 즉 기독교 정통에서 벗어나 '새로운 교리', '새로운 복음', '새로운 계시'를 앞세우는 자들이 있습니다. 이들은 사도들이 예언하지도 않았고, 가르치지도 않았던 '비성경적인 종말론'과 '거짓된 교리들'을 가르치고 있습니다. 물론 이단 교리들 안에도 기독교 정통 교리들이 일부 포함될 수는 있습니다. 그러나 그들은 기독교 정통 교리에 사도들의 가르침과는 아무런 상관없는 '새로운 교리들'을 첨가해서 가르치고 있으니, 이것이 바로 이단들의 가르침입니다.

'안식교'는 1844년 10월 22일 예수님의 재림이 있을 것이라는 시한부 종말론을 주장하는 미국 침례교 일반 신도였던 윌리엄 밀러(William Miller, 1782–1849)라는 사람에 의해 탄생한 집단입니다. 특히, 그는 1831년부터 성경을 자의적으로 해석함으로써 잘못된 시한부 종말론을 주장했습니다. 그런데도 그러한 거짓된 교리에 대략 10만 명 정도의 사람들이 미혹되었습니다. 바로 이러한 상황 속에서 엘런 G. 화이트(Ellen G. White, 1827–1915) 여사는 감리교 일반 신도로서 당시 어머니를 따라 그러한 거짓된 종말론 사상에 미혹되었던 것입니다.

엘런 G. 화이트 여사

이러한 주장을 믿고 따랐던 그녀는 감리교로부터 출교를 당했습니다. 결국 '윌리엄 밀러'가 주장하던 거짓된 종말론 사상에 미혹된 사람들은 더 이상 돌아올 수 없는 강을 건너고 말았습니다. 이곳에 엘런 G. 화이트도 그녀의 어머니와 함께 휩쓸려 가고 만 것이죠. 하지만 그녀의 기대와는 달리 윌리엄 밀러가 주장한 종말은 1844년 10월 22일에 오지 않았고, 그의 주장이 불발되자 '시한부 종말론'을 믿고 따랐던 사람들 중에 신앙을 버리고 무신론자가 된 사람들이 많았습니다. 물론 다시 기독교로 돌아가는 사람들도 있었습니다. 그러나 일부 사람들은 정통 기독교로 돌아가지 않았습니다. 여전히 무언가 미련을 가지고서, 자신들만의 신념으로 끝까지 버티었고, 나름대로 다시 성경을 연구하기도 했습니다. 물론 그들의 그러한 시도는 자신들의 잘못된 믿음과 신념을 인정하고자 함은 아니었습니다.

이러한 상황 속에 '엘런 G. 화이트'는 거짓된 계시들을 보면서 새로운 교리들을 뒷받침해 주는 역할을 했습니다. 그녀는 윌리엄 밀러가 주장한 시한부 종말론을 정당화했습니다. 시한부 종말을 믿고 정통 교회에서 나온 것은 하나님의 뜻이라고 주장한 것입니다. 자신이 하나님으로부터 그러한 계시를 받았다고 하면서 말이죠. 그녀는 오히려 그들만이 진짜 '남은 교회'이며 진정한 '남은 자손'이라고 가르쳤습니다.

언제부턴가 그녀는 1844년 10월 22일에 예수님이 지상에 재림하시는 것이 아니라 예수님이 하늘에 있는 지성소에 들어가셔서 조사 심판을 시작하셨다고 주장하기 시작했습니다. 이것이 바로 안식교 교리의 시초가 되었습니다. 이러한 그녀의 거짓된 계시와 가르침 속에서 사람들은 그녀를 의존하기 시작했습니다. 이렇게 탄생한 교파가 바로 '안식교'입니다. 그곳에 모여 있는 사람들은 자신들의 교회만이 세상에서 유일하게 진리를 가르치고, 세상 마지막 때에 유일한 하나님의 교회라고 확신했습니다. 특히, 그녀 자신이 하나님으로부터 받았다고 하는 계시들 중 80%는 다른 사람들의 저서들을 차용해 새롭게 편집한 것에 불과했습니다. 이것은 안식교 본부인 대총회에서 공식적으로 연구한 내용입니다. 이를 은폐하려고 했지만 결국 세상에 드러나면서 200여 명의 많은 목회자들이 미국에서 안식교를 떠났습니다. 하지만 화이트 여사는 죽을 때까지 이것을 감추고, 자신이 하나님으로부터 계시를 받아 기록했다고 주장함으로써 도덕적 비난을 피할 수 없었습니다.

안식교는 다니엘 8장 14절의 구절 중 "… 성소가 정결하게 되리라 하였느니라"라는 말씀을 근거로 1844년 10월 22일부터 하늘 지성소에서 예수님께서 '대속죄일의 봉사'와 '조사 심판'을 하고 있다고 가르쳐 왔습니다. 안식교의 본부인 미국 대총회에서 임명한 14명의 다니엘 문제 위원회는 5년 동안 안식교 교회가 믿고 주장하는 교리에 대한 성경적 근거를 찾기 위해 심도 있게 파헤쳤지만, 아무런 증거도 찾지 못했습니다.

코트렐 박사가 안식교 신학대 교수들에게 질문한 내용이 있습니다. 다니엘 8장 14절의 "… 성소가 정결하게 되리라 하였느니라"에서 "정결하게 되리라"는 히브리어로 '니츠다크(נִצְדַּק)'입니다. 원형 동사는 '차디크(צָדֵק)'이고요. 이 동사가 레위기 16장에 언급된 대속죄일에 '죄'와 '성소'를 정결하게 하는 것과 언어적 또는 문맥적 연관성이 있는지를 질문했습니다. 그러나 27명의 교수와 목사들 중 어느 누구도 다니엘 8장 14절의 히브리어 단어 '차디크(צָדֵק)'가 레위기 16장의 대속죄일의 '속죄'와 '죄 도말' 사이에 언어학적으로나 문맥적으로 확실한 연관성이 있다고 주장하지 못했습니다. 다시 말해, 안식교 지도자들은 다니엘 8장 14절의 "… 성소가 정결하게 되리라 하였느니라"라는 내용이 레위기 16장에 언급된 대속죄일의 '성소 정결'과 어떠한 연관성 및 성경적 근거가 있는지 5년 동안 샅샅이 찾아보고 연구해도 전혀 찾지도 못하고 제시할 수도 없었습니다. 이 사실을 안식교 관계자들은 부정하기 어려울 것입니다. 그런데도 이 사실을 숨기고서 계속해서 '조사 심판 교리'라는 거짓된 가르침을 신도들에게 가르치고 있는 것입니다.

이런 차원에서 한국 교회는 안식교 신도들과 안식교 지도자들에게 공개적으로 질문해야 할 필요가 있습니다. '과연 안식교 지도자들과 신도들은 안식교의 대총회의 위원회보다 더 확실하게 언어학적·성경적 근거를 제시할 수 있는가?' 만약 제시할 수 없다면, 그들은 화이트 여사의 계시에 근거해 가르치고 있는 '조사 심판 교리'가 거짓된 가르침인 것을 인정하고, 안식교에서 지금 즉시 탈퇴해야 할 것입니다. 물론 오늘날 안식교 신도들은 여전히 '엘런 G.

화이트'의 거짓된 계시를 하나님의 계시로 철썩같이 믿고 있겠죠. 그 계시는 하나님께서 주신 이 시대에 맞는 계시라고 믿고 있을 것입니다. 참으로 안타까울 뿐입니다.

안식교 교인들은 화이트 여사의 저서들을 성경 66권과 동일하게 하나님의 영감으로 이루어진 말씀이라고 믿고 있습니다. 당연히 그들의 신앙관도 그녀의 저서들에 의해 정립되어 있습니다. 이러한 이유 때문에 그들은 오직 성경만 믿고 사도들의 가르침을 따르는 정통 교회의 신도들과는 전혀 대화가 되지 않는 것입니다. 안식교는 지금도 화이트 여사의 저서에 의존하여, 정통 교회를 '바벨론, 음녀, 타락한 종교'라고 비난함으로써 정통 교회 성도들을 미혹하고 있습니다. 안식교 신도들은 성경만으로 충분하지 않다고 믿습니다. 성경은 2000년 전에 쓰였기 때문에, 현대에는 현대에 맞는 하나님의 계시가 필요하다는 것이고, 그 계시를 화이트 여사를 통해 하나님께서 주셨다고 믿는 것입니다. 그렇기 때문에 안식교 목사들은 설교할 때 화이트 여사가 받아 기록한 계시의 내용들에 근거해서 설교해야 합니다. 그만큼 안식교 신도들에게 화이트 여사의 저서들은 절대적으로 의지해야 할 기준이 되고 있습니다.

그러므로 정통 교회에서는 안식교를 이단이라고 정죄할 수밖에 없습니다. 더불어 그곳에 속한 안식교 신도들에게 다시금 그리스도의 사랑에 근거하여 심도 있는 교리 반증 과정을 거쳐 안식교에서 잘 탈퇴할 수 있도록 도와야 합니다.

 나눔을 위한 질문

'안식교'는 미국에서 이단으로 규정되어 있지 않습니다. 그래서 한국에서도 이단 결의를 풀어 달라고 주장합니다. 실제로 한국에서도 '안식교'를 이단으로 보지 않아도 되는 것처럼 생각하는 일부 목사님들이 있는 것으로 알려져 있습니다. 여러분의 생각은 어떤지요?

PART 3

이단들의 밥(?),
캠퍼스 청년 대학생

10
사영리를 전하다가
이단과 토론하고 수업을 깜박하다

| 생 활 속 사 례 |

내 꿈은 본래 육군사관학교에 진학하여 장교가 되는 것이었다. 그리고 최종적으로는 별을 다는 것이었다. 그러나 아무리 체력을 잘 갖추더라도 기본적으로는 공부가 뒷받침되어야 했다. 그럼에도 나는 중학교 시절, 공부에 제대로 집중하지 못했다. 이때 기초들을 잘 잡지 못해서 고등학교에 가서도 심각한 결과를 초래했고, 수학과 과학은 거의 포기 상태가 되었다. 그랬던 내 옛모습을 생각하면, 지금 딸아이가 과학자를 꿈꾸고 있는 것은 참으로 신기할 뿐이다. 물론 앞으로 자라면서 딸아이의 꿈이 여러 번 바뀔 거라 예상하고는 있다. 그럼에도 불구하고 나의 초등학교 시절과 비교해 보면 과학자를 꿈꾸고 있는 딸아이가 그저 대견스러울 뿐이다.

나는 수능 첫 세대였다. 제대로 공부하지 않아 기초가 탄탄하지 못했기에 당연히 좋은 점수가 나올 리 없었다. 결국 충청도의 지방 전문대에 들어가 거의 패배 의식과 열등의식 속에서 지냈었다. 그러던 중에 학교로 어떤 외부인들이 몇 분 오셨는데, 그들은 분명 기독교인이었다. 캠퍼스 자체가 좁았기에 오가면서 여러 번 보았다. 그런데 뭔가 노란색의 작은 소책자를 가지고서 학생들에게 읽어 주는 듯했다. 나중에 알고 보니, 그것이 CCC에서 사용하던 '사영리'였다. 그분은 근처 4년제 대학의 졸업반 학생이었다. CCC에서는 '대순장님'으로 통했다. 그분을 통해 처음으로 "민족 복음화와 세계 복음화"라는 표어를 듣게 되었다. 물론 나는 고등학교 3학년 시절, 이미 예수님을 진심으로 믿고 영접하겠다는 고백까지 했었다. 그래서 굳이 사영리를 다시 읽거나 재영접할 이유는 없었다. 하지만 그 사영리를 제대로 배워서 캠퍼스의 다른 학생들에게 좀 더 쉽게 전도할 수 있는 방법을 훈련할 수 있었다. 이 시기를 통해 나는 처음으로 다른 사람들에게 먼저 다가가는 훈련을 하게 되었고, 여러 사람들 앞에서 또박또박 우렁차게 말하는 연습을 하게 되었다. 놀랍게도 나를 통해 한두 명씩 예수님을 믿겠다고 하는 사람들이 생겼다. 당연히 안 믿을 거라고 생각했던 이들이 도리어 예수님을 믿겠다고 반응을 하니 너무나도 신기했다.

이런 시간을 거치다가, 나는 경기도에 소재하고 있는 4년제 대학으로 편입을 하게 되었다. 물론 이곳에 편입해서도 가장 먼저 들렸던 곳이 CCC 동아리방이었다. 지방 전문대를 2년 다니며 CCC 활동을 하면서 성격도 어느 정도 바뀐지라 그곳에서는 좀 더 적극적으로 인간관계를 맺어 갈 수 있었다. 그래서 아주 빠른 시간 내에 대표 순장님을 비롯한 다양한 분들과 친밀한 교제를 가질 수 있었다. 생각지도 못하게 그곳에서 대표 순장도 하게 되었고, 이 과정에서 순모임도 여러 개 담당했었다. 수업 시간이 끝나면, 수시로 CCC 동아리방에도 들렀다. 내가 대표 순장을 할 때는 CCC 동아리방 이름을 좀 더 성경적으로 만들고 싶어서 '에브라다'라고 지었었다. '에브라다'는 미가 5장 2절에 언급된 '베들레헴'의 또 다른 이름이다. 비록 겉으로 보기에는 아주 작은 마을과 같은 곳이지만, 이곳에서 구원의 역사가 크게 일어날 것이라는 기대감을 가지고 지었던 이름이다. 요즘에도 그 이름을 쓰는지는 잘 모르겠다.

요즘도 캠퍼스에서 이단·사이비 단체가 활개를 치지만, 90년대 중후반에는 훨씬 더 활발하게 활동했었다. 내가 캠퍼스에서 대표 순장을 할 때만 해도 다양한 이단들이 기독교 동아리 이름으로 가입하려고 시도했는데, 이 당시 만났던 이단들 중 기억에 남는 단체가 몇 개 있다. 통일교, 여호와의 증인, CBA(김기동 베뢰아), IYF(구원파 박옥수), 하나님의 교회 등등이었다. 그때는 신천지가 그렇게 두드러지게 활동할 때가 아니었다.

캠퍼스 곳곳을 다니다 보면, 이단들이 '대자보'나 '큰 전단지'를 만들어 건물 벽 곳곳에 붙여 놓았다. 때로는 후배들 및 다른 기독교 동아리 사람들에 의해서 제보를 받기도 했는데, 그러면 빨리 나가서 그 대자보나 큰 전단지를 떼기에 바빴다. 그러다가 가끔 이단 단체의 학생들과 마주치다 보면 약간의 언쟁이 오가기도 했지만 결국 그들이 물러갔다. 왜냐하면 그들은 정식 기독교 동아리에 등록되어 있지 않았기 때문이다. 한마디로 불법이었다. 이 부분을 집요하게 물고 늘어지면서 그들의 행동에 문제가 있음을 지적했다. 그런데 이런 상황이 자꾸 발생하다 보면, 언젠가는 다른 동아리를 통해 은밀히 정식 동아리로 가입할 수도 있겠다는 염려가 있었다. 그래서 나는 CCC를 중심으로 여러 다른 기독교 동아리들과 연합하기로 했다. 그렇게 하여 캠퍼스 내에 조직하게 된 것이 '기독인 연합회'이다.

그리고 매년 1학기 초와 말, 2학기 초와 말, 총 네 번은 서로 같이 모여서 연합 예배를 드렸다. 내가 캠퍼스 기독인 연합회 초대 학생 대표로 있을 때는 100명이 넘는 학생들과 교수님들이 모여서 경상대 쪽 장소를 빌려 '부흥, 하나, 회복'이라는 이름으로 예배를 드리기도 했고, 나중에는 따로 교수 선교회도 조직해서 예배를 드리기도 했다.

내가 굳이 이렇게 번거롭게 수고를 하게 된 이유는 의외로 간단하다. 캠퍼스 동아리에 이단·사이비 단체가 가입하지 못하도록 하기 위해서였다. 수업 시간을 제외하고서 나는 오롯이 캠퍼스 전도에 집중했다. 벤치에 앉아 있는 사람들에게도 전도했지만, 되도록 다른 일반 동아리에 놀러 가서 전도하기도 했다. 뿐만 아니라 교수님들 방을 돌아다니며 전도하기도 했다. 총장님에게도 전도해야겠다고 생각해서 총장실에도 갔었다. 물론 경비원들에 의해 출입이 막혔다. 그래서 나는 건물 밖으로 나와 잔디가 있는 곳에서 무릎 꿇고 앉았다. 그러고는 총장실이 보이는 그 방을 향해 눈을 뜨고 간절히 기도했다. 이 학교에도 총장님이 예수 믿는 역사가 나타나게 해 달라고 열렬히 기도했던 시절이 있었다.

내가 있을 당시 CCC에는 지도교수가 없었다. 그래서 지도교수를 달라고 계속 기도하면서 교수님들 방을 돌아다니며 전도했다. 그러다가 법정대학으로까지 올라서 각 층마다 노크하고 들어가 복음을 전했다. 물론 안 듣겠다고 하시는 교수님들도 계셨고, 자신은 교회 다니고 있으니 전도하지 않아도 된다고 하시는 교수님들도 몇 분 계셨다. 그런데 어떤 분은 내가 사영리 전하는 것을 끝까지 들어주시고는 갑자기 본인은 교회 다니고 있고, 교회 장로라고 밝히기도 하셨다. 나로서는 조금 민망하기도 했지만 감사한 마음이 더 컸다. 그리고 그분께 CCC 지도 교수님이 되어 달라고 부탁드렸는데, 흔쾌히 수락해 주셨다. 자신도 캠퍼스를 위해 기독교인으로서 늘 뭐라도 하고 싶었었는데, 하나님께서 나를 통해 일하게 하시는 것 같다고 하셨다. 나로서도 평소 계속 기도했던 기도 제목이 응답되는 것 같아서 너무 감사했다. 그리고 교수님과 대화하는 도중에도 마음속으로 하나님께 감사 기도를 드렸다.

이렇게 해서 캠퍼스의 기독교 연합은 조금씩 내부적으로 탄탄한 조직력을 갖춰 갔다. 동시에 기독교 동아리 학생 대표들과 자주 만나 정기적으로 캠퍼스 노방 찬양 시간도 가졌다. 그러면서 수업 있는 학생들은 수업을 들으러 가고, 1교시나 2교시에 공강인 학생들끼리는 전도를 했다. 나도 가끔 1교시나 2교시가 공강일 경우에는 전도를 했다. 그러다 한 사람과 만나 사영리를 전했는데, 그 사람은 우리 캠퍼스 학생 같아 보이지는 않았다. 그냥 직감적으로 그랬다. 그 사람은 나에게 '가정'과 '통일', '남과 북'에 관해 유난히 많은 이야기를 했다. 나는 이미 대충 알고 있었던 이단 공부로 인해, 그가 통일교 사람이라는 것을 눈치챘다. 그리고 그때는 제대로 된 지식이 없었지만, 내가 알고 있던 성경 지식을 총동원해 복음의 진리를 전하려고 애썼다.

어디 그뿐이었겠는가? 여호와의 증인이었던 두 사람들에게는 내가 평소 숙지하고 있던 사영리를 전해 주었고, 한참을 이야기하다가 수업 시간을 놓쳐 버린 적도 있었다. 이러한 과정들을 통해 나는 자연스럽게 기독교 변증에 관해 공부하기 시작했다. 당연히 이단에 대해서도 조금씩 연구하기 시작했다. 당시 '현대종교'에서 발행한 이단 관련 서적들을 재정이 허락

되는 만큼 구매하여 하나씩 읽으며 연구했고, 교회에서 후배들에게 가르치기도 했다. 물론 순원들과 순장들에게도 이단의 위험성에 대해서 아는 만큼 '강의 아닌 강의'를 했다.

이러한 배경들 때문에라도 당시 나로서는 캠퍼스의 기독 동아리들끼리라도 더욱 연합할 수 있기를 원했고, 어찌하든 몇 번만이라도 연합 예배를 드리려고 자꾸 추진했다. 그리고 어느덧 졸업하고 나서 신학을 공부하고, 목사가 된 후에 지금은 그 캠퍼스 기독인 연합회의 지도 목사로서 섬기게 되었다.

그런데 요즘은 옛날 같지 않다. 일단 캠퍼스에 기독교 동아리가 많지도 않지만, 기독교 동아리끼리도 교류가 적다. 자기들 동아리가 우선 성장해야 한다는 일념 때문인지는 모르겠지만 전체 연합보다는 자신들의 모임에 더 집중하려는 경향이 강한 것 같다. 이해를 못 하는 것은 아니지만 아쉬움이 크다. 캠퍼스에 이단·사이비가 들어와서 정식 동아리로 가입하게 되면, 그것은 결국 캠퍼스 전체 학생들에게 위협적인 것이 된다. 우리는 이러한 위험성을 JMS를 통해서 알 수 있다.

그들은 요즘 온라인을 통해서도 아주 교묘하게 접근하여 미혹하고 있다. 그러므로 캠퍼스 선교 단체에서 사역하는 간사님들 및 청년 사역자들, 중학교나 고등학교 학생들을 대상으로 사역하시는 사역자들은 자기만의 사역에만 너무 몰입하기보다는 청년들 및 10대 아이들이 이단·사이비에 대해 기본적으로 분별할 수 있고, 대응할 수 있는 정도의 '성경적 기초 체력'을 높이도록 꾸준한 관심을 가져야 할 것이다. 단지 우리의 모임과 단체에 인원이 늘어나는 것에만 집중하는 '일 중심적인 사역자'의 스타일만을 고집하지 않아야 한다. 지금도 이단·사이비 단체에 빠져서 허우적거리며 그 소중한 젊은 시절을 허비하고 있는 수많은 청년들과 10대 아이들을 위해서라도 지금 우리의 신앙 공동체부터 복음의 진리로 잘 무장되도록 탄탄하게 지도해야 한다. 그 책임은 바로 현장 사역자들에게 있음을 간과할 수 없다.

사역과 학업 & 캠퍼스 연합 사역

Q 1 : 대학에 다니는 청년 그리스도인들이 '사역'과 '학업'을 어떻게 병행하면 좋을까요?

이 주제를 너무 깊이 있게 다루면 다소 방대해질 것 같아 핵심만 간략히 언급하고자 합니다. 저는 위와 같은 질문을 하는 청년 대학생들에게 '사역'이란 과연 무엇인지 다시금 되묻고 싶습니다. "대학생에게 있어 중요한 사역은 '학업'이어야 하지 않을까요?"라고 말입니다.

저의 캠퍼스 시절, 이단과 만나 전도하다가 수업 시간을 빼먹었던 날이 있음을 언급한 것은 비단 수업 빼먹음을 정당화하기 위해 한 말이 아닙니다. 기독교 동아리 회원 정도만 되어도 얼마든지 동아리방에 들러서 가끔 청소도 하고, 후배들을 돌아보며 챙기기도 하고, 간사님에게 음료수라도 한 잔 사 드릴 수 있습니다. 충분히 시간을 잘 조율하면, 캠퍼스 정기 모임에 참여해서 같이 말씀과 찬양과 기도의 시간을 누릴 수 있습니다. 또한 후배들과 함께 소그룹 성경 공부에도 참여할 수도 있습니다. 주님을 너무 사랑하고 영혼을 너무 사랑하여 자신은 세상 것에 대한 모든 욕망을 내려놓았다고 하더라도, 현재 자신에게 주어진 학업과 대학생 본분으로서 감당해야 할 것들을 하지 않고 교회나 선교 단체 활동에만 치우치는 것은 옳지 않습니다.

나중에 기회가 되면, 바빙크의 『개혁교의학 4』에서 다루고 있는 "부르심(소명)"의 내용을 꼭 읽어 보길 권합니다. 하나님은 '종교'를 통해서만 우리에게 소명을 주시는 분이 아니십니다. 하나님은 종교를 비롯해 도덕, 법, 예술, 학문, 가정, 사회, 국가 등 다방면으로 우리를 부르셔서 사용하신다는 점을 기억해야 합니다. 이런 차원에서 바빙크가 말하고 있는 '일반 은총'이야말로 하나님께서 모든 사람에게 차별 없이 베푸시는 은혜인 것입니다.

우리 그리스도인 청년 대학생들이 이러한 원리를 안다면, 이제 어떠한 자세를 취해야 할까요? 캠퍼스에서 기독교 동아리 활동을 열심히 하는 것도 중요하고, 전도, 성경 공부, 말씀과 찬양과 기도의 모임을 가지는 것도 중요합니다. 때로는 방학 때 해외로 나아가 선교 활동을 하는 것도 의미가 있습니다. 하지만 무엇이 우선인가요? 무엇이 본분인가요? 그리스도인 청년 대학생의 본분은 '학업'입니다. 이 부분에 성실하게 최선으로 준비하지 않으면, 일반 은총의 영역에 있어서 분명 학업에 열심히 임했던 자들과의 경쟁에서 밀릴 수밖에 없습니다. 모두가 사역자가 될 수 있나요? 모두가 신학을 할 건가요? 모두가 선교사가 될 수 있나요? 그럴 수 없습니다.

설사 신학을 하고, 선교사가 되고, 간사가 되고자 할지라도 캠퍼스에서 대학생의 본분은 '학업'입니다. 이것은 하나님께서 우리에게 베풀어 주신 일반 은총의 영역입니다. 이 사실을 안다면, 마땅히 지금 자신에게 주어진 본분에 집중하며 최선을 다해야 합니다. 실제로 이단·사이비에 빠지게 되면, 이러한 학생의 본분인 '학업'을 과감히 포기하는 어처구니없는 결과가 초래됩니다. 혹여 그 정도까지는 아니라고 할지라도 교회 사역이나 선교 단체 활동에 너무 열정적으로 집중하다 보면, 비슷한 현상이 초래될 수도 있습니다. 그럴 때는 스스로를 돌아봐야 합니다. 과연 나는 졸업 이후 '무엇을 하며 먹고살 것인지'에 대해, 그리고 '어떠한 가정을 꾸릴 것인지'에 대해 충분한 준비와 대비를 하고 있는지 자문해야 합니다. 어차피 누군가는 그들에게 질문을 던질 것입니다. 간사님과 교회 목사님에게서 신앙생활 잘한다고 인정받는 것도 중요할 수 있습니다. 그러나 우리는 이미 예수 그리스도 안에서 하나님께 의롭다고 인정받은 존재임을 잊지 말아야 합니다. 로마서 5장 9절을 읽어 봅시다.

> 그러면 이제 **우리가 그의 피로 말미암아 의롭다 하심을 받았으니** 더욱 그로 말미암아 진노하심에서 구원을 받을 것이니

그러므로 누군가 여러분에게 신앙을 앞세워, 혹은 하나님에 대한 사랑을 앞세워 희생과 헌신을 계속 강조하면서 여러분의 본분을 등한시하게 한다면, 무언가 이상 징후가 있음을 인지하고 주변분들에게 도움을 요청하길 바랍니다.

Q 2: 캠퍼스의 기독교 동아리들이 굳이 연합해야 할 이유가 있을까요?

에베소서 4장 3절을 읽어 봅시다. "평안의 매는 줄로 성령이 하나 되게 하신 것을 힘써 지키라." 여기에서 "하나 되게 하신 것"은 헬라어 명사로는 '헤노테스(ἑνότης)'입니다. 이 명사는 신약 성경 27권 중 에베소서에만 유일하게 나오는 단어입니다. 그것도 에베소서 4장 3절과 13절에만 나옵니다. 물론 어떤 헬라어 사본 성경에서는 골로새서 3장 14절에 나오는 "온전하게"라고 번역된 헬라어 명사도 '헤노테스(ἑνότης)'라고 기록되었다고 합니다. 다만 현재까지는 우선 참고만 할 뿐입니다.

그렇다면, 바울은 '헤노테스(ἑνότης)'라는 명사를 어떤 의미로 사용한 것일까요? 그것은 바로 '성령 하나님에 의해 이미 조화를 이루고 있는 일치 상태'를 의미한다고 볼 수 있습니다. 또한 "힘써 지키라"라고 번역된 헬라어 동사는 '스푸다존테스 트레인(σπουδάζοντες τηρεῖν)'입니다. 여기에서 '스푸다존테스(σπουδάζοντες)'는 '분사 현재시제 능동태'로서 '계속해서 열심을 내는 상황'을 의미합니다. 그리고 '트레인(τηρεῖν)'은 '부정사 현재 시제 능동태'로서 '계속해

서 보존하고 유지하는 것'을 의미합니다. 그러니까 바울은 4장 1절에서 에베소 교회 이방인 성도들을 향해 현재 시제로 권면하고 있는 것입니다. 그 권면의 내용 중에는 3절의 내용이 있습니다.

그러므로 바울은 에베소 교회 이방인 성도들이 '이미 성령께서 조화를 이루게 한 일치 상태를 변함없이 보존하고 유지할 수 있도록 계속 열심히 임해 줄 것'을 권면하고 있습니다. 물론 아무렇게나 연합을 추구하는 것은 오히려 더 큰 문제를 초래할 수 있습니다. 그렇기에 최소한의 기본적 신앙의 내용에 있어서는 통일성을 공유할 수 있어야 하며, 성경(계시)론, 신론, 인간론, 기독론, 구원론, 교회론, 종말론에 있어서 신학적 하나 됨을 이룰 수 있어야 합니다. 이러한 최소한의 신학적 공감대가 형성되지 않은 채 섣부르게 연합 사역을 추구하는 것은 오히려 분열과 대립, 갈등을 심화시킬 수 있습니다.

캠퍼스에 가입된 기독교 동아리들은 대체로 초교파적입니다. 그 안에서도 여러 교파와 교단들에 소속된 교회를 출석하는 학생들이 있습니다. 물론 각각의 기독교 동아리마다 추구하는 바가 있겠죠. 그러나 이미 기독교 동아리로 모일 때부터 연합에 있어서는 열려 있을 겁니다. 그런데도 마치 개교회주의에 치우친 일부 교회들처럼 캠퍼스의 기독교 동아리들마저도 자신들의 세력을 과시하거나 자기들만의 모임을 고집하겠다고 한다면, 과연 캠퍼스 기독교 동아리의 연합이 제대로 이뤄질 수 있을까요?

어떤 분들은 캠퍼스 기독교 동아리들이 굳이 연합해야 하는지 의문을 제기하기도 합니다. 저는 그러한 의문을 제기하는 분들에게 에베소서 4장 1-3절을 어떻게 해석하고 적용할 것인지 묻고 싶습니다. 특히 3절에서 "성령이 하나 되게 하신 것을 힘써 지키라"라고 한 것이 자신들만의 캠퍼스 기독교 동아리 안에서 적용하는 것인지 묻고 싶습니다. 캠퍼스에 다른 기독교 동아리는 다 없어지고, 이단·사이비가 활개를 치며, 본인들 동아리에 속한 학생들이 미혹되어도 아무런 상관이 없을까요? 만일 상관없다고 한다면, 그 사람은 복음의 사역자라기보다는 자기만의 조직과 단체가 우월하게 성장하기를 바라는 조직 관리자나 경영자에 가깝지 않을까 싶습니다.

　같은 캠퍼스의 기독교 동아리들끼리조차 서로 교류하지 못하고, 서로의 동아리방에 놀러 가거나 인사하지도 못하며, 1년에 몇 번씩 정기 연합 예배조차 드리지 못한다면, 그 캠퍼스를 노리고 있는 이단·사이비들은 그 틈을 비집고 들어가 활개를 치며 여기저기에서 수많은 청년들을 미혹할 것입니다. 마치 캠퍼스를 통해 재미를 보았던 JMS와 같은 이단·사이비 단체처럼 말입니다.

나눔을 위한 질문

오늘날 대학가에 있는 선교 단체들의 상황은 어떠할까요? 각 캠퍼스에 있는 선교 단체들의 연합 사역이 활발하기 위해서는 어떻게 하는 것이 좋을까요? 교회와 선교 단체 간의 활발한 교류와 동역은 가능할까요?

11

안전하지 못한 캠퍼스 기독교 동아리

대한예수교장로회 합신 총회(제98회)에서는 2013년 9월, 인터콥 대표 최바울 씨를 '심각한 이단성이 있어, 참여 금지 및 교류 금지'하기로 결의했다. 이로 인해 인터콥(최바울)은 예장 합신 총회의 '이단 결의'를 취소해 달라고 세상 법정으로 가지고 나가 소송을 제기했다. 참으로 안타까운 일이 아닐 수 없다. 하지만 결과는 1심에서 '각하 처분'이 내려졌고, 2심에서도 1심의 각하 판결을 그대로 인용하여 '기각 결정'이 내려졌다. 이후 인터콥에서는 대법원 상고를 계획했으나 최종 포기함으로써 법원의 판결도 마무리되었다. 이로써 인터콥 선교회는 예장 합신 총회로부터 '이단' 규정이 확정되었다.

사실 내가 캠퍼스에서 CCC 활동을 할 때만 해도 인터콥은 기독교 동아리에 가입하여 연합 사역을 같이 했었다. 물론 가끔, 조금 부담스러운 내용들이 있기는 했었다. 캠퍼스 기독교 동아리마다 순서에 따라 소개할 때면, 인터콥은 언제나 전쟁이나 환경 문제 관련 영상들을 웅장한 배경 음악

서울고등법원에서 열린 2심에서 각하 판결을 받고 나오는 합신 총회 관계자들

과 함께 보여 주었다.

결국, 그들의 의도는 지금 이렇게 가만히 있으면 안 된다는 것이었다. 계속해서 주님께서 곧 오신다고 생각하며 복음을 열심히 전해야 한다는 것이었다. 물론 나도 CCC에 있으면서 계속해서 복음을 전해야 한다는 것을 배웠고 외쳐 왔기에 어느 정도는 공감하려고 했다. 하지만 인터콥에서 소개하는 영상들을 보면, 정말 지금 이렇게 그냥 있어서는 안 될 것처럼 느껴졌다. 연합 예배에서 인터콥이 찬양 인도를 하면, 유독 굉장히 힘차고 웅장하며 비장했다.

졸업해서 취업하고, 연애하고, 결혼하고, 집을 장만하고, 자녀를 낳고, 승진하고, 더 좋은 집으로 이사하는 것들을 고민하는 것은 대단히 저급한 신앙 수준인 듯한 뉘앙스를 느끼게 했다. 결국에는 자신의 모든 것을 내던지고, 주님 오실 날을 예비하며, 복음을 증거하는 삶이 제일 고상하고 가치 있는 것으로 도전하는 듯했다.

나도 나름 열심히 신앙생활 한다고 생각했다. 하지만 인터콥 사람들 앞에서는 무언가 더 특별한 헌신과 열정적인 삶이 있어야만 할 것 같았다. 실제로 내가 알고 지내던 후배 형제는 인터콥에서 지내면서 상당히 달라졌다. 나름의 카리스마도 생겼고, 얼굴 표정부터 달라졌다. 처음 알게 되었던 그 시절의 명랑하고 해맑은 표정은 사라지고, 무언가에 비장한 모습만 보였다. 자신은 앞으로 터키 지역에 가서 복음 전하는 데 집중하겠다는 당찬 포부도 밝혔다. 어디에 취업하고, 어떻게 가정을 꾸리고, 어떻게 경제 활동을 할 것인지에 대해 물어보면 안 될 것 같은 분위기였다. 그런 걸 물어보면 나를 이상한 놈 취급할 것 같았다. 그 형제의 말 속에는 "하나님이 알아서 딱 맞게 채워 주신다"라는 표현이 많았다. 늘 기도하며 기도로 응답받는 삶이야말로 최고의 신앙생활이라고 은연중에 나에게 도전하는 듯했다.

그런데 갑작스럽게 인터콥 선교 단체가 '이단'으로 결의되었다. 사실 인터콥 선교 단체에 대한 이단 관련 이슈는 내가 캠퍼스에 있던 시절부터 소문이 조금씩 돌기는 했었다. 그런데 그곳의 형제자매들을 보면, 이단 피해자처럼 보이지는 않았다. 나름대로 열심이 있었고, 예의도 있었다. 찬양할 때도 대단히 열정적이고 뜨거웠다. 정말 뭐라도 다 내려놓을 것처럼 사는 사람인 듯 느껴졌다. CCC는 너무 느슨한 것 아닌가 하는 생각이 들 정도였다. 사랑방에 모여서 잠깐 기도하고, 밤늦게 치킨이나 피자를 시켜서 야식을 먹는 삶은 주님의 재림을 전혀 의식하지 않는 삶인 것 같았다.

아주 짧은 기간이었지만 인터콥 사람들과 교제하면서 나도 조금은 영향을 받았던 것 같다. 뭔가 주님의 재림을 더 열망하고, 그 기대감을 가지고서 더 열심히 내 욕망과 탐심을 내려놓고 복음 전도에 박차를 가해야 할 것 같았다. 그 이후, 나는 졸업을 하고서 신학을 공부했다. 그리고 목사가 되어 이단 연구를 하면서 인터콥의 문제가 무엇인지를 어느 정도 이해할 수 있었다.

인터콥과 신사도 운동은 별개라고 보기 어렵다. 상당히 밀접하다. 실제로 CCC 동아리에서 활동하던 몇 명의 학생들은 신사도 운동을 추구하는 교회에 속한 사람들에 의해 미혹되기도 했다. 인터콥처럼 정식 기독교 동아리로 가입되었다가도 한순간에 심각한 이단성이 있는 단체로 정죄받는 것에 대해서, 성도들이나 목사님들 중 일부는 궁금증과 의문을 갖기도 한다.

이러한 일들은 앞으로도 얼마든지 발생할 수 있다. 그만큼 현재 캠퍼스에 정식 기독교 동아리로 가입되었다고 해서 무작정 안심할 수가 없다는 뜻이기도 하다. 그리고 정식 기독교 동아리가 아닌데도 마치 정식 기독교 동아리인 것처럼 속인 채 활동하기도 한다. 그래서 더욱 주의가 필요하다. 분별력을 길러야 한다. 가정과 교회에서부터 지속적인 이단 관련 교육을 받으며, 실전 대응력을 키워야 한다. 단지 어떤 단체가 이단이라는 것을 알고 피하는 것만으로도 물론 유익이 있겠지만, 그곳에 속한 자들이 그 단체의 실체를 깨닫고 탈퇴하여 건전한 신앙 공동체로 옮길 수 있도록 거룩한 수고와 섬김을 감당할 자들이 다음 세대에서도 나와야 한다. 그러기 위해서는 캠퍼스 기독교 동아리에서 실제로 사역하는 현장 사역자들인 간사들의 의지와 관심이 중요하다. 선교 단체의 각 지구별 책임자들의 결단과 노력도 중요하다.

해외로 선교사를 파송하는 것은 분명 중요하다. 그러나 지금은 한국 사회를 돌아보아야 한다. 대한민국 캠퍼스의 기독교 영적 지도는 그리 긍정적이지 않다. 교회와 가정에서 10대 시절 열심히 신앙 교육을 받았더라도, 이 아이들이 캠퍼스에 들어가면 어떤 가르침을 받고 누구에게 영향을 받으며 어떤 공동체와 주로 교류를 하는지 파악하기란 쉬운 일이 아니다. 그렇기 때문에 캠퍼스의 기독교 동아리 간사님들의 책임이 막중하다.

결국 캠퍼스 기독교 동아리가 불안전하다는 인식이 확산되면, 각각의 기독교 동아리에도 직격탄을 맞을 것이다. 이런 차원에서라도 캠퍼스 선교 단체 지도부는 해외 선교와 외부적인 행사에만 집중할 것이 아니라, 평소 성경 개관 공부 및 기독교 교리 교육에 신경을 써야 한다. 아울러 정기적으로 이단에 대한 실체를 소개받고, 이단 교리 반증과 이단 피해자를 향한 전도와 상담에도 관심을 가지고서 교육이 진행되도록 애쓸 수 있어야 한다.

목궁Time

인터콥(최바울)

'인터콥'은 '통합, 합동, 고신, 기하성' 등의 교단으로부터 '불건전 단체로서 참여를 자제해야 할 대상'으로 결의된 곳이며, '합신'으로부터는 2022년 총회(107회)에서 '이단'으로 결의된 곳이다.

Q : '인터콥 선교 단체'는 도대체 무엇이 문제인가요?

이 부분을 논하고자 하면 분량이 너무 많아, 예장 '합신 총회 이단 · 사이비 대책 위원회'의 보고서 내용 중 일부를 소개하고자 합니다.

① 인터콥(최바울)은 '베뢰아'와의 연관성을 갖고 있으면서도 그 연관성을 부정한다.

② 인터콥(최바울)은 '신사도 운동'과의 연관성을 갖고 있으면서도 그 연관성을 부정한다.

③ 인터콥(최바울)은 '양태론'의 심각한 문제점을 안고 있으면서도, 인정한 적이 없다.

④ 인터콥(최바울)은 '지역 교회들과의 충돌'을 통해 심각한 어려움을 일으킨다. 왜냐하면 교회의 속성인 보편성, 사도성, 거룩성, 통일성을 갖고 있지 않기 때문이다.

⑤ 인터콥(최바울)은 선교지에서 '다른 선교 기관의 선교사들과의 충돌'을 일으키

고 있다. 왜냐하면, 선교지에서의 보편적 질서를 따르지 않고, 선교 현장에서 '배타적 선교 행위'로 심각한 문제를 일으키기 때문이다.

⑥ 인터콥(최바울)은 한국 교회 여러 교단들이 건전한 선교 단체로 돌이킬 기회를 주기 위해 배려했음에도 불구하고, 반성과 돌이키려는 자세보다는 한국 교회 어떤 교단도 자신들을 이단이라고 한 적이 없다는 걸 토대로 '자신들만의 정당성'을 주장했다.

이러한 이유들 때문에, 예장 합신 총회는 하루 속히 인터콥(최바울)에 대한 이단 결의가 필요했습니다. 그리하여 예장 합신 2022년 9월에 열린 제107회 총회에서 '베뢰아, 신사도 운동 관련, 양태론, 지역 교회와 선교지에서의 충돌' 등의 이유로 인터콥 선교회를 이단으로 결의했습니다. 하지만 같은 해 12월, 인터콥 선교회는 자신들을 이단으로 규정한 예장 합신 총회(107회, 9월)의 이단 결의 내용에 '절차상 문제'와 '내용상 문제'가 있으니 취소해 달라는 소장을 서울중앙지법에 제기했습니다(2022가 합569400).

그들이 주장하는 '절차상 하자'는 '소명의 기회가 주어지지 않았다'라는 뜻이며, '내용상 하자'는 예장 합신 총회 이단·사이비 대책위원회 위원장 유영권 목사가 작성한 보고서에 허위 사실이 적시되어 있다는 것이었습니다. 그러나 1심을 심리했던 서울중앙지방법원 제30민사부(재판장 정찬우, 안성민, 박진옥, 정혜원)는 2022년 11월 14일 원고 재단법인 '전문인 국제선교단'(대표이사 최한우) 일명 인터콥 선교회의 청구를 각하했습니다. 1심 재판부는 "원고(인터콥)는 '인터콥 선교회가 이단임을 확인'한 (예장 합신 총회의) 결의가 무효라는 취지의 소를 청구했지만, 이 결의는 원고의 사법상 권리나 법률상 지위에 영향이 있다고 볼 수 없음으로 사건의 소송을 기각한다"라고 판시한 것입니다.

물론 인터콥(최바울)은 1심 판결에 불복하고, 항소를 제기했습니다. 그러나 2024년 2월 23일 오후 2시, 서울 서초동에서 열린 2심 재판에서 서울고등법원 제15민사부(재판장 윤강열, 재판관 정현경, 송영복)는 인터콥 측이 제기한 항소를 기각하고 원심 판결을 유지했습니다. 2심 재판부는 "이 사건의 결의는 종교적인 방법으로 선언한 것일 뿐, 원고(인터콥)는 자신이 피고 교단 내에서 누리는 어떠한 지위나 권리가 있음을 증명하지 못했다"라고 하면서 "1심 판결은 정당하며 원고의 항소는 이유가 없어 기각한다"라고 판시했습니다. 이후 인터콥(최바울)은 대법원에 상고하지 않았고, 예장 합신 총회로부터 이단으로 규정된 단체임이 확정되었습니다.

앞으로 한국 교회와 캠퍼스 선교 단체 연합회에서는 청년 대학생들이나 중·고등부 청소년들이 인터콥에서 주관하는 집회나 기관에 참여하지 않도록 잘 지도해 주어야 합니다. 동시에 앞으로 지속적으로 교회에서나 캠퍼스 선교 단체 모임에서는 신사도 운동에 대한 위험성이 얼마나 심각한지에 대해 특강을 비롯해서 일정 기간 집중 교육을 이어 갈 수 있도록 마음을 모아 주면 좋겠습니다.

 나눔을 위한 질문

대학에 진학한 후, 교회 청년들이 '인터콥'과 같은 신사도 운동에 영향을 받아 기존에 출석하던 교회를 무단이탈하는 상황에서 우리는 어떤 대안을 가질 수 있을까요?

12
군대 교회 안으로까지 들어온 김기동의 CBA 사상

1997년 CCC 여름 수련회는 강원도 고성에서 있었다. 지금의 CCC 여름 수련회에서는 텐트를 치지 않지만, 그때만 해도 텐트를 직접 쳐야만 했다. 비가 내리거나 바람까지 불면 더 큰일이었기에 텐트를 더 잘 쳐야만 했다. 게다가 이 당시 나는 대표 순장을 마무리하는 시점이었다. 그렇기에 다른 텐트들, 특히 자매들의 텐트들이 어떠한지 일일이 확인해야 했고, 혹여라도 문제가 생기면 내가 직접 가서 도와주든지, 아니면 다른 형제들을 시켜서라도 해결해야 했다. 그리고 이번 여름 수련회를 기점으로 나는 군대에 입대해야 했다.

나는 강원도 춘천 102보충대로 들어갔다. 그리고 12사단을 거쳐 강원도 양구에 위치한 포병 관측 부대로 배치되었다. 이곳은 21사 대대 안에 있었다. 그래서 주일에 교회당 가는 것도 21사에 속한 대대 사람들과 같이 갔다. 솔직히 나는 대대 군종을 하고 싶어서 기도했었다. 뭔가 거룩한 목적 때문이 아니었다. 대대 군종이 되면, 부대 생활을 하지 않고 교회에만 머물 수 있을 거라고 생각했기 때문이다. 하지만 나는 30㎏이나 나가는 방차통을 메고서 야전 가설을 해야 하는 1711(야전가설병) 보직을 받았다.

약간의 변명이기는 하지만, 나는 군대 시절 그 야전 가설 보직을 맡으면서 손톱에 무좀이 생겼다. 지금도 오른쪽 검지 손톱에는 절반 정도의 손톱 무좀이 있다. 유난히 손으로 하는 작업이 많았던 데다가 상병 2호봉 때까지 후임이 없어서 맨날 내가 '쫄따구'로 살아야 했다. 그러니 여유롭게 손을 관리하거나 쉴 틈이 별로 없었다. 그런 상황에서 나는 대대 군종이나 연대 군종이라도 되게 해 달라고 얼마나 기도했었는지 모른다. 하지만 하나님은 나를 그냥 이 부대에서 상병 때까지 후임 한 명 없이 계속 쫄따구로 지내게 하셨다.

내가 속한 소대는 세 명의 분대장이 있었다. 그곳의 분대장들은 내가 이병으로 자대 배치받을 당시 모두 상병으로 진급한 지 얼마 안 되었다. 내 군 생활이 꼬였음을 직감했다. 이게 무슨 말인지 군대 생활을 하신 분들은 잘 알 것이다. 그나마 나의 즐거움은 주일마다 교회당에 가서 예배드리고 조금 쉬다 오는 것이 전부였다. 한 달에 한 번 정도는 군부대 밖에 있는 민간인 교회당으로 갈 수 있었는데, 그곳에 가면 젊은 자매들도 볼 수 있고 맛있는 것도 먹을 수 있었다. 그것이 얼마나 큰 기쁨이었는지 모른다. 그래서 나는 한 달에 한 번 부대 밖 민간인 교회로 가는 것에 근거하여 앞으로 남은 군 생활을 버텨 냈다.

결혼하고서 시간이 조금 흐른 뒤에 나는 아내와 함께 그곳 양구를 드라이브 한 적이 있다. 제대할 때만 해도 다시는 강원도 양구 쪽으로 오지 않겠노라 결심했었는데, 시간이 흐르고 아내와 한번 가 보고 싶어져 시간을 내어 가 봤다. 놀랍게도 거의 변한 것이 없었다. 군부대 앞을 지날 때는 속도를 줄이며 천천히 그곳 광경들을 바라보며 지나갔다. 그때도 가장 눈에 들어왔던 곳이 교회당이었다.

당시 그 교회 대대 군종은 나름 신실해 보였다. 나에게 초코파이도 더 쥐어 주고, 일부러 나만 좀 더 늦게 부대에 복귀하게끔 해주기도 했다. 예배당에 앉아 기타도 치고 찬양도 부르면서, 민간인으로서 교회 생활하던 때를 떠올리며 잠시 추억에 젖곤 했다. 대대 군종은 대개 사무실에서 무언가를 열심히 일하고 있었다. 일하면서 설교를 듣곤 했는데, 처음 듣는 목소리였고, 처음 듣는 설교 내용이었다. 테이프 속의 그 목사님은 다소 까랑까랑하게 설교하셨다. 몇 번 오다가다 들으면서 그냥 단순한 설교라고만 생각했다. 다만 가끔 '귀신', '질병' 관련한 단어들이 귀에 쏙쏙 들어오기는 했지만, 이러한 표현들은 기존의 목사님들도 설교할 때 다 말씀하시는 것으로만 생각했다. 그런데 그 대대 군종은 나에게 먼저 자신이 다니던 교회와 담임 목사님의 성함까지 아주 자랑스럽게 알려 주었다. 그곳은 바로 '성락교회', 그곳의 담임 목사는 바로 '김기동 목사'였다.

사실 나는 캠퍼스에서 CCC 대표 순장으로 활동하면서 '현대종교'에 몇 번 이단 특강을 요청한 적이 있었다. 그리고 그때마다 들어 두었던 내용들 중 하나가 바로 '성락교회'였고, '김기동 목사'였다. 정확히 어떤 점이 문제인지까지는 몰랐지만 일단 '이단 교회'라는 것은 알고 있었다. 내가 만일 이처럼 미리 이단 특강을 예방 교육 차원에서 여러 번 들어 두지 않았더라면 어떠했을까? 여러 권의 이단 연구 관련 서적들을 읽어 보지 않았다면 어떠했을까? 아마 나도 그 대대 군종에 의해 성락교회 김기동 목사의 설교를 지속적으로 들었을지 모른다. 어쩌면 군 제대 이후에 그곳으로 출석하면서 귀신론 사상에 미혹되었을지도 모른다. 그리고 지금은 베뢰아 사상을 전파하고 강의하며 책을 쓰고 있지 않을까 하는 우스꽝스러운 상상과 함께 헛웃음을 지어 본다.

김기동[베뢰아 아카데미, CBA, 세계 베뢰아교회 연맹(세베연)]

'김기동'은 '통합, 합동, 고신, 기침' 등의 교단으로부터 '이단성이 있다', '예의 주시해야 한다', 혹은 '이단'으로 결의된 인물이다.

Q: 김기동의 사상은 무엇이 문제인가요?

김기동의 사상에서 문제가 되는 가장 대표적인 내용은 바로 '마귀론 및 귀신론 사상'입니다. 이 부분에 대해서만 너무 집중적으로 다루다 보면 그것의 배경에 관한 교육도 많이 필요하게 되어 그것을 논하기에 지면상으로 한계가 있습니다. 그래서 저는 과거 김기동이 속해 있던 '기독교한국침례회'에서 연구 발표한 내용들을 토대로 김기동 사상의 문제점들을 소개하고자 합니다.

① 성경관

우선 김기동은 자신의 체험을 지나치게 강조했습니다. 따라서 그는 성경의 권위를 약화시키거나 소홀히 하는 경향이 강했습니다. 자신이 그동안 축사했던 경험들과 귀신들이 실토했던 말들을 종합해서 '마귀론 신학'을 주장할 뿐, 성경에 근거한 설명은 빈약했습니다. 또한 "예수님께서 이 땅에 오신 목적은 오직 사탄 박멸이다"라는 측면에만 집중함으로써 그보다 훨씬 더 중요한 '구원', '교회', '하나님 나라'에 관한 내용은 소홀하게 다루고 있습니다. 더 나아가 그는 "성경이라는 좁은 테두리를 벗어나야 한다"라고 가르쳤습니다. '오직 성경만이 그리스도인 신앙과 실천의 최고 권위'임을 믿으며 신앙을 고백하는 보편 교회 성도들의 입장과는 달랐습니다. 뿐만 아니라 66권 성경의 완전성(계 22:18)에서도 이탈됨으로써, 그는 오직 자신이 경험한 개인적 체험만을 중요하게 여기고, 그것을 66권 성경의 권위 위에 두려는 위험한 시도를 했습니다.

② 성령론

김기동은 삼위일체 중 한 분이신 '성령'과 피조물인 '천사'를 혼돈했습니다. 특히 그는 1988년에 출간한 『성서적 신학적 현상적 마귀론』에서 구약에 나오는 '하나님의 신'을 모두 '천사'라고 주장할 정도로 성경에 대한 이해가 너무 형편없었습니다.[42] 신천지의 수준과 다를 바 없었죠.

③ 창조론

김기동은 '이중 아담론'을 주장했습니다. 그는 "아담 이전에 이미 하나님께서 창조하신 이 땅에 수많은 사람들이 있었는데, 그중 아담은 하나님에게서 선택받았을 정도로 대단한 인물이었다"라고 주장합니다.[43] 뿐만 아니라 "하나님께서 인간을 창조하신 것은 타락한 사탄 마귀를 멸망시키고 정죄하기 위한 수단이었다"라고 주장합니다. 즉 이 세상은 하나님께서 사탄을 형벌하기 위해 만든 장소라는 것입니다.[44] 도대체 김기동은 어떤 성경을 읽었던 걸까요? 자기만의 환타지 소설 세계 속에 갇혀 있다고밖에는 설명할 길이 없을 것 같습니다.

이처럼 김기동은 창세기 1장에 나오는 '세상'이 본래 '형벌의 장소'가 아니었

---

42 김기동, 『성서적 신학적 현상적 마귀론』 (서울: 베뢰아, 1988), 70.
43 위의 책, 84-85.
44 김기동, 『하나님의 의도』 (서울: 베뢰아, 1989), 29; 『신앙문답정신』, 8; 『성서적 신학적 현상적 마귀론』 4, 74.

고, 하나님께서 인류를 위해 지으신 후 '보시기에 좋으셨다'라고 말씀하신 '축복의 땅'이었다는 가장 기본적인 성경 지식조차 부정하고 있습니다. 이처럼 성경에 대한 기본적인 지식과 이해가 결핍되어 있으니 자꾸만 자신의 현실 속에서 경험한 것들을 신비한 것으로 포장하여 강조했던 것이라 여겨집니다.

④ 악령론

김기동은 성경의 내용을 근거하기보다는 온전히 자신의 체험을 바탕으로 '악령'을 가르쳤습니다. 뿐만 아니라 '불신자의 사후 존재'가 곧 '귀신'이라는 등 무속 신앙을 끌어들여 자신만의 '마귀론'을 정립했습니다.[45] 그러나 '사람(불신자)의 영'이 죽어서 '귀신'이 되어 세상을 떠돈다는 김 씨의 주장은 매우 무속적이며, 정령 숭배적 사상을 반영한 미신입니다. 전혀 성경의 가르침이라고 볼 수 없습니다.

성경의 가르침은 무엇일까요? 신자는 죽으면, 육체는 땅에 묻히고 영혼은 낙원으로 가서 주님께서 재림하실 그날을 기다립니다. 그리고 불신자는 죽으면, 육체는 땅에 묻히고 영혼은 음부로 들어가 주님께서 재림하실 그날을 기다립니다. 그리고 주님께서 재림하신 이후 심판의 날에, 신자의 영혼은 생명의 부활로 변화하여 몸과 함께 영원한 하나님 나라에 거할 것입니다. 또한 불신자의 영혼은 심판의 부활로 변화하여 몸과 함께 영원한 불지옥에 거할 것입니다. 이러한 사실은 성경의 '나사로와 부자 이야기'를 통해 분명하게 확인할 수 있으며(눅 16:19-26), 십자가 우편의 강도에게 약속하신 예수님의 말씀을 통해서도 확인할 수 있습니다(눅 23:43).

---

45 김기동, 『성서적 신학적 현상적 마귀론』, 179.

⑤ 천사론

김기동은 '천사'가 지금까지 타락되는 과정에 있다고 주장합니다. 특히 1985년에 출간한 『마귀론 (상)』에서 그는 "하나님께서 성도를 도우라고 보내신 천사라 할지라도 만일 성도가 잘못하면, 얼마든지 변질되어 미혹의 영이 될 수 있다"라고 가르칩니다.[46] 그러나 이것은 성경의 가르침이 아닙니다.

뿐만 아니라 김 씨는, '성도와 함께하는 미혹의 영인 천사'는 성도가 죽고 나면 그다음부터 '불신자들을 찾아 미혹하는 영'으로서 괴롭힌다고 주장합니다. 그렇게 변화된 천사는 없어지지 않는다는 것입니다.[47] 또한 김 씨는 1988년에 출간한 『성서적 신학적 현상적 마귀론』에서 "신자가 자꾸 혈기를 내면 천사는 변화하여 더 많은 천사를 얻기 전까지 신자에게 계속 붙어 있는다"라는 내용으로도 가르쳤습니다.[48] 그가 주장한 것 중에 성경에 근거한 것은 거의 찾아볼 수 없습니다. 대부분 개인의 일방적 주장에 불과하며, 자신의 주관적 체험에 바탕을 두었을 뿐입니다.

이처럼 김기동의 마귀론 사상들은 굳이 일일이 다 찾아서 정통 신학에 근거한 바른 설명을 제시할 가치조차 없을 정도로 매우 형편없습니다. 어디 그뿐인가요? 그가 주장하는 발언 중에는 보편 상식적인 품격과 예절 이하의 저속한 내용들이 많습니다. 예를 들면, 그는 거울을 보다가 자신에게 들린 귀신이 있으면 내쫓아야 한다고 말합니다. 또한 귀신을 효력 있게 쫓아내기 위해서는 '욕 잘하는 은사'를 받아야 한다고 말합니다. 이러한 위험한 내용들 때문에 당시 기독교한국침례회(총회장: 유광성 목사) 총회는 이미 1988년 8월 29일에 김기동의 사상을 비롯하여 그를 추종하는 모든 집단을 이단으로 규정했습니다.

그러나 한국 교회가 1972년부터 본격적으로 활동했던 김기동의 실체를 정

---

46 김기동, 『마귀론 (상)』 (서울: 베뢰아, 1985), 141.
47 위의 책, 142.
48 김기동, 『성서적 신학적 현상적 마귀론』, 141.

확히 확인하고 역사 가운데 공적 차원에서 '이단'으로 규정하는 데까지 걸린 시간은 어느 정도였을까요? 무려 15년이나 걸렸습니다. 너무도 오랜 세월이 걸렸죠. 물론 이단 결의에 관한 문제는 신중하게 판단하고 결정해야 합니다. 하지만 아무리 신중하게 판단하고 결정해야 한다고 하더라도, 15년이나 걸린 점은 교회사적 관점에서의 '비판'을 피하기 어렵습니다. 문제는 이러한 답보적 행태는 오늘날에도 여전히 존재하고 있다는 것입니다.

'이단' 문제와 관련된 대상이 '규모'가 크거나 '영향력'이 있는 경우, 한국 교회 각 교단에서는 서로 눈치를 보며 이단 규정에 대한 책임을 차일피일 미뤄서는 안 됩니다. 과거 이단 연구 1세대라고 할 수 있는 탁명환 소장님을 잊어서는 안 됩니다. 그분은 목회자도 아니었고, 교수도 아니었고, 박사도 아니었습니다. 평범한 기자 출신입니다. 그럼에도 불구하고 이단·사이비에 무관심하거나 무지했던 목회자들을 일깨우는 데 일조하셨습니다. 그분의 죽음은 단순한 한 사람의 희생으로 끝나지 않았습니다. 그 이후 여기저기에서 이단·사이비에 관해 관심을 가지고서 묵묵히 연구하시며, 다양한 피해자들 및 피해 가족들을 만나 상담하는 이단 전문가분들이 생겨나기 시작했습니다. 이로 인해 이단·사이비 집단에 빠졌던 사람들 중에서 극히 일부 소수이기는 하나 탈퇴자들이 생겨나기 시작했습니다. 그리고 그 탈퇴자들 중 일부는 이단을 연구하고 상담하는 이단 전문가의 길을 가신 분들도 있으십니다.

한국 교회가 20세기 후반에 발생한 김기동의 사상에 대해 15년간 뜸을 들이며, 이단 규정을 미뤄 오는 동안 한국 교회의 수많은 목회자들과 신학생들 및 일반 성도들은 김기동의 이단 사상인 '마귀론 및 귀신론'에 미혹되었습니다. 그 피해는 표면적인 것보다 내면적인 차원에서 더욱 심각했습니다. 과거 성락교회와 CBA를 비롯한 김기동의 귀신론 사상에 대해 이단 논란이 있을 때, CBA 대표였던 김동렬 목사는 신사도 운동의 대표 인물인 '피터 와그너'조차 자신들의 입장을 극찬하고 있었다는 점을 언급했습니다(월간 『교회와 신앙』

1994년 6월호). 아마 이러한 언급을 한 것은 '이처럼 세계적인 교회성장학 교수도 자신들을 지지하는데, 왜 자꾸 한국 교회 일부에서 자신들을 이단으로 몰아 가느냐?'라는 식의 항변 같은 뉘앙스로 보입니다.

하지만 이것은 '신사도 운동'과 김기동의 '귀신론' 사상이 밀접한 연관성을 가지고 있음을 드러내는 것과 다를 바 없습니다. '지역 귀신론'에 근거한 '영적 도해 사상'으로 인해 '피터 와그너' 교수는 풀러 신학교에서 제명당했습니다. 그런데도 그는 인터콥과 같은 선교 단체에 영향을 끼쳤습니다. 학자들은 이러한 '영적 도해에 의한 귀신론'을 '신 귀신론'이라고도 부릅니다.

'신사도 개혁 운동(NAR/New Apostolic Reformation Movement)'은 교회성장학자 '피터 와그너'가 정의한 교회 성장 이론입니다. 그는 1998년 미국 콜로라도 스프링스에 '와그너 리더쉽 연구소(WLI)'를 설립했고, 자신이 대표로 있는 '국제 추수 선교회(GHM)'에서 12명의 사도 의회를 구성했습니다. 그러고는 다른 사람들을 '사도'로 임명하는 등 새로운 사도의 출현을 선포했습니다. 그는 "새 술은 새 부대에"라는 슬로건 아래 "약 1600년 동안 교회의 직분 체제가 비성경적이었다. 신사도 운동은 새 술로서 21세기에는 신사도 운동이 1517년 루터와 칼뱅에 의해 일어난 종교개혁보다 더 큰 개혁 운동이다"라고 선언하고 2001년을 '제2의 사도 시대'가 개막되었다고 주장했습니다.

신사도 운동의 주도적 인물들은 자신들이 자칭 '사도와 선지자'라고 선언합니다. 결국 그들은 자기들이 하고 있는 '예언'과 '계시' 행위가 성경과 동일한 권위를 갖는다고 주장하는 것입니다. 피터 와그너는 에베소서 4장 11-12절의 내용을 근거로 '사도'를 임명했습니다. 결국 그는 성경을 부분적으로 해석하여 '사도'를 일종의 '은사'로 생각하도록 만들었습니다. 그러나 지금 이 시대에 초대 교회와 같은 사도가 있어야 할 필요는 없습니다. 제2의 사도 시대를 만들 수도 없습니다. 이 시대에 사도가 있다면, 오늘날에도 얼마든지 하나님으로부터 직접 계시와 음성이 가능하다는 것이고, 66권 성경의 권위 그 이상의 것들이 생길 수밖에 없습니다. 이러한 신사도 운동 안에도 김기동이 주장한 '귀신론'이 들어 있습니다. 그리하여 한국 교회 일부 교단에서는 '신사도 운동'을 '이단, 불건전하여 참여 금지 대상'으로 규정했습니다.

김기동이 죽은 이후, 성락교회는 그의 아들 김성현 목사를 주축으로 유지되고 있습니다. 과연 앞으로 성락교회가 고(故) 김기동 목사의 영향에서 벗어나 기독교 정통 신학을 제대로 계승해 갈 수 있을지 깊은 의문과 염려가 있음은 부정하기 어렵습니다. 만일 표면적으로는 벗어난 듯하나 내면적으로는 여전히 베뢰아 귀신론 사상을 유지하고 있다면, 이것은 오히려 더 심각한 피해를 초래할 것입니다.

 나눔을 위한 질문

군대 가는 청년들과 군 제대 이후 청년들에게 교회는 어떠한 신앙 교육을 제공해야 할까요? 여러분은 '귀신'에 관해 어떤 생각을 갖고 있나요?

13
군대 선임을 통해 구원파로 빠진 교회 후배

나는 고등학교 3학년 때, 친구를 통해 예수 그리스도를 나의 구원자로 영접했다. 5월부터는 친구를 따라서 본격적으로 교회 생활을 했다. 물론 나로서는 엄청난 결단을 해야 했다. 당시 나는 일요일 저녁이 되면 MBC에서 방영한 예능 프로를 보는 게 큰 즐거움이었다. 그 프로그램은 바로 "일요일 일요일 밤에"였다.

내가 친구를 통해 출석했던 교회는 당시 성남 '산성동 골목(지금은 철거됨)'에 위치했던 곳인데, 우리 집에서 도보로 5분 정도밖에 안 걸릴 만큼 매우 가까웠다. 그래서 얼마든지 TV 시청을 하다가 갈 수도 있었다. 그런데 당시 나는 교회 예배당에 있던 드럼에 꽂혀 버렸다. 당시, 교회 누나 및 형들과 동생들과 또래 친구들은 끊임없이 드럼 연습을 하는 내 모습을 보며 '의지의 한국인'이라는 별명을 붙여 주었다. 그 정도로 나는 드럼을 잘 치고 싶어서 매우 열심히 연습했다. 어느 정도 실력이 생긴 이후에는 눈감고도 '실로암' 같은 빠른 찬양곡을 연주할 만큼 실력이 발전했다. 그때 교회 형이 주축이 되어 만든 찬양단은 '엘피스 찬양단'을 만들었는데, 시간이 흘러 나중에 신학을 공부하면서 '엘피스(ἐλπίς)'의 뜻이 '소망'임을 알게 되었다.

대학에 들어가서는 CCC라는 선교 단체에서 활동했기에, 주일에 교회에 와서도 틈나는 대로 고등학교 후배들과 함께〈새 생활 시리즈〉교재를 가지고서 성경 공부를 했다. 저녁 예배가 7시쯤 시작했기에 저녁 먹을 6시 전까지는 시간이 있었다. 그래서 오후 2시쯤부터 성경 공부를 하고, 밖으로 나가 '사영리'를 가지고 노방 전도를 했다. 이토록 열정적이었던 후배들은 대학 진학 이후에도 각자 그곳의 CCC 동아리에 가입했다. 참으로 열심히 했던 것 같다. 그리고 나는 졸업 때부터 교회를 옮겨서 수원대 근처의 예장 합동에 속한 조그만 교회에서 출석하며 그곳의 중등부 아이들을 지도했다. 그러면서 성남의 그 모교회에서 함께 신앙생활 했던 후배들의 소식을 전혀 들을 길이 없었다.

한참 세월이 지난 다음, 나는 그 후배 중 하나가 강원도에서 지낸다는 것을 알게 되었다. 2009년도부터 교회 개척을 준비하면서, 나는 2년 넘는 시간 동안 사례비를 한 푼도 받지 못한 채 교회를 개척하며 사역을 이어나갔다. 물론 그 이전에도 미자립 교회를 위주로 섬겼다. 오직 성경 연구에 더 몰입하려는 목적 때문이었다. 그렇다 보니 모아 둔 재정이 거의 없었다. 다행히 기독지혜사 출판사에서 출간하는『카리스 주석』의 원어 집필 위원으로 일하면서 원고비를 조금 받았다. 하지만 그 돈도 대부분 교회 청년들을 위해 간식이나 책값 등 다양한 명목으로 지출했다. 결혼할 때가 되어 보니, 모아 놓은 돈이 없어 CCC 커뮤니티 간사로 사역하면서 재정

후원 요청을 하기 시작했다. 강원도에서 지낸다는 그 고등학교 후배를 만나려는 이유도 사실은 재정 후원 요청 때문이었다.

정말 오랜만에 강원도 춘천에서 그 후배를 만났다. 그 형제도 나를 반갑게 맞이해 주었다. 형제는 나에게 닭갈비를 사주었고, 나는 후식으로 커피를 샀다. 그리고 이런저런 이야기를 하다가, 나는 순간 너무 깜짝 놀라 당황스러웠다. 이 친구가 '구원파 이요한 목사'의 교회에서 신앙생활 하고 있다는 것이 아닌가! 분명 대학교에서 CCC 활동도 했고, 교회 생활도 열심히 했고, 그러다 장교로 군 생활을 했다고 하는데, 하필 군대 선임 장교를 통해 구원파에 미혹되다니…. 그 형제 말에 의하면, 군대 장교로 지내면서 나름 힘들고 외로웠을 때, 군대 선임 장교가 자신에게 친절하게 대해 주면서 나중에는 같이 성경 공부를 하자고 하길래 별 거부감 없이 참여하기 시작했다고 한다. 그곳이 바로 '구원파 이요한 목사' 계열이었던 것이다. 결국 그 형제는 군 제대 이후에도 강원도를 벗어나지 않고, 그 교회에 출석하면서, 그곳에서 소개받은 자매와 결혼하여 한 아내의 남편이자 두 아이의 아빠로서 나름 재미나게 지낸다고 했다.

당시 나로서는 그 형제가 참으로 안타까웠으면서 동시에 도전이 되었다. 안타까웠던 것은, 교회를 통해 평소 그 형제가 바른 교육과 지도를 받았다면 좋았을 텐데 하는 점이다. 내가 같이 교회 생활을 했을 때만 해도 분명 그 형제는 성경을 열심히 배우고자 애썼는데 말이다. 그러나 거짓된 교리에 미혹되었는데도 불구하고, 형제는 자신의 그 신념을 따라 강원도에서 결혼도 하고 그곳에서 가정을 꾸리며 나름대로의 기쁨과 즐거움을 누리며 살고 있었다. 이 점이 나에게 큰 도전이 되었다. 왜냐하면 오늘날 한국 교회 청년들과 젊은 성도들의 가정은 대개 참된 진리를 알고 성경에 대한 바른 교육을 받고 있는데도, 그 말씀에 근거한 순종의 깊이가 너무나도 얕기 때문이다. 과연 우리의 가정과 교회에서는 '바르게 아는 것'을 중요하게 생각하는 것만큼이나 삶 속에서 넉넉함을 가지고서, 배려하고 인내하며 양보하려는 섬김의 모습이 있는가?

이러한 질문을 생각하니 오히려 이단·사이비에 빠진 자들의 헌신과 충성도에 도전이 되기도 한다. 물론 그들은 잘못된 교리와 거짓된 믿음에 근거하여 과도한 희생과 충성을 드러낼 수밖에 없다. 그러나 바르게 잘 믿고 배우며 알아 간다고 해서, 삶의 실천은 가볍게 여겨도 되는가? 당연히 그렇지 않다. 오히려 정통 교회에서 신앙생활 하는 성도들부터 성경에 대해 좀 더 바르고 깊이 있게 알아 가야 하지만, 동시에 좀 더 품어 주고 존중하며 먼저 양보하고 나누려 하는 넉넉한 모습을 드러내는 것에 도전받을 수 있기를 소망해 본다. 그럴 때 비로소 이단에서 탈퇴한 자들이 다시금 돌아와 자연스럽게 적응해 갈 수 있다.

'성경적 복음'의 의미

Q 1 : 성경이 말하는 '죄'란 무엇인가요?

우선 성경을 먼저 살펴봅시다. 우선 창세기 3장 4절과 5절을 읽어 볼 필요가 있습니다.

> 뱀이 여자에게 이르되 너희가 결코 죽지 아니하리라 너희가 그것을 먹는 날에
> 는 너희 눈이 밝아져 하나님과 같이 되어 선악을 알 줄 하나님이 아심이니라 (창
> 3:4–5)

사탄은 뱀을 통해 하와에게 거짓된 내용을 속삭였는데, 아주 확신에 찬 내용으로 단호하게 선언했습니다. 인간과 하나님을 갈라놓으려고 시도한 것입니다. 여기서 우리가 주목해야 할 게 있습니다. 당시 사탄은 하와에게 직접 선악과를 주지 않았다는 것입니다. 사탄은 하와가 직접 먹도록 자극했습니다. 다른 무엇이 아닌 오직 '언어(말)'를 통해서 자극했을 뿐입니다.

사탄이 사용한 언어의 기술은 매우 '논리적'이고 '합리적'이었으며, 게다가 아주 '희망적'이었습니다. 인간의 입장에서 듣기 좋은 내용이 무엇인지 정확히 파악하고서 그 부분을 집중 공략했습니다. 그 첫 번째 내용이 바로 '선악과를 먹어도, 결코 죽지 아니한다'라는 것이었습니다. 이는 하나님의 명령(창 2:16–

17)이 잘못되었다고 말하는 것입니다. 사람이 먹을 수 있는 것을 하나님이 괜히 명령하여 못 먹게 겁을 주셨을 뿐이라는 것이죠. 이는 마치 인간을 대단히 위하는 것 같은 표현입니다.

그렇다면, 정말 사탄이 의도한 것처럼 '하나님의 명령'(창 2:16–17)은 잘못된 것일까요? 하나님은 아담과 하와에게 이미 상당히 많은 특혜를 허락하셨습니다.[49] 결코 작은 특혜가 아닙니다. 영원토록 누려도 다 누리지 못할 엄청난 특권이요 축복입니다. 아담 이후의 모든 인류가 두고두고 먹어도 결코 질리지 않을 정도의 엄청난 열매들이라고 볼 수 있습니다.[50]

그 엄청난 열매들을 인간이 얼마든지 마음대로 먹을 수 있도록 허락하셨습니다. 이러한 특혜를 인간이 누리도록 하는 것은 천지를 창조하신 전능하신 하나님에게서 전혀 어렵지 않은 일임을 간과하지 않아야 합니다.

그러나 하나님은 무작정 모든 것을 허용하시는 분이 아니십니다. 분명한 규칙과 기준을 정해 두시는 분이십니다. 즉, 그분은 단 하나의 '절대적 금지 명령'을 내리셨습니다.[51] 창세기 2장 16–17절에 기록된 하나님의 명령에서 우리가 주목해야 할 사실은 무엇일까요? '하나님은 명령하시는 분이시고, 인간은 명령받아야 하는 존재'라는 사실입니다. 여기에는 어떠한 타협점도 없습니다. 하나님께서, 하나님 스스로 정하신 시간에, 하나님 마음대로, '드디어, 마침내, 태초에' 천지를 창조하신 것에 대해서 인간은 그 이유를 물을 수도 없고, 다 알 수도 없습니다.

마찬가지로 창세기 2장 16–17절의 명령에 대해서도 인간은 아무런 권한이 없습니다. 하나님은 명령하시는 분이시고, 인간은 명령받아야 하는 존재라

---

49 창 2:16. "여호와 하나님이 그 사람에게 명하여 이르시되 동산 각종 나무의 열매는 네가 임의로 먹되"

50 인류의 타락 이후 지구상에 존재하는 과일, 식물, 어류 및 동물 등의 다양한 생명체 중에서도, 아직까지 발견하지 못한 것들이 많다. 그렇다면, 타락 이전의 상태에서 하나님께서 마음껏 먹으라고 하신 "동산 각종 나무의 열매"(창 2:16)는 얼마나 무한했을지 생각해 보라.

51 창 2:17. "선악을 알게 하는 나무의 열매는 먹지 말라 네가 먹는 날에는 반드시 죽으리라 하시니라"

는 사실만 있습니다. 어떤 인간도 "왜?", "어째서?"라고 물으며 하나님께 따질 수 없습니다. 하나님의 설득과 납득이 우선하여 이 명령을 따르는 것이 아닙니다. 하나님은 인간과 타협이나 거래를 하시는 분이 아니십니다. 그럼에도 불구하고 하나님께 하지 말아야 할 '불필요한 질문'을 던진 자가 나타납니다. 그가 바로 뱀의 모습으로 나타난 사탄입니다. 창세기 3장으로 가 봅시다.

1절에서 사탄은 하나님의 절대적 명령에 대해서 "왜?", "어째서?", "과연 그래야 하는가?"와 같은 뉘앙스의 의심스러운 질문을 인간에게 던집니다. 그것도 하나님의 명령(창 2:16-17)을 직접 받은 아담에게 던진 것이 아니라, 아담의 아내인 하와에게 슬그머니 접근하여 속삭이듯 질문합니다.[52] 게다가 사탄의 질문은 하나님의 명령을 은근슬쩍 바꿔 버렸습니다. 이는 창세기 2장 16절과 3장 1절을 비교해 보면 알 수 있습니다. 분명 하나님은 "동산 각종 나무의 열매는 네가 임의로 먹되"라고 말씀하셨습니다(창 2:16). 그런데 사탄은 "참으로 너희에게 동산 모든 나무의 열매를 먹지 말라 하시더냐"(창 3:1)라고 '변형된 질문'을 던진 것입니다.

이에 대한 하와의 답변은 어떠했나요? 하와 역시 자기 멋대로 하나님의 명령을 해석했습니다.[53] 한글 성경에서의 "너희가 죽을까 하노라"(פֶּן־תְּמֻתוּן, 펜-테무툰)는 어떤 의미일까요? "너희가 죽을까 하노라"는 "너희가 죽을 수도 있으니, 안 죽고 싶으면"이라는 의미입니다. 하와 스스로 결국 하나님의 절대 명령을 상당히 약화시키고 말았습니다(창 2:17). 사실 하나님은 선악을 알게 하는 나무의 열매에 접근 자체를 하지 말라고 명령하셨습니다. 이 나무의 열매 자체에 절대 눈길을 돌리지 말라고 하신 것입니다. 그러나 하와의 답변은

---

52 창 3:1. "뱀이 여자에게 물어 이르되 하나님이 참으로 너희에게 동산 모든 나무의 열매를 먹지 말라 하시더냐"

53 창 3:2-3. "여자가 뱀에게 말하되 동산 나무의 열매를 우리가 먹을 수 있으나 동산 중앙에 있는 나무의 열매는 하나님의 말씀에 너희는 먹지도 말고 만지지도 말라 너희가 죽을까 하노라 하셨느니라"

왠지 그 나무에 접근해도 되는 듯한 뉘앙스가 보입니다.

더욱 놀라운 사실은 무엇인가요? 뱀의 답변이 매우 단호하다는 것입니다.[54] 여기서 우리가 주목해야 할 부분은 바로 "선악을 알 줄"입니다. 이 부분이 한글 성경에서는 '하나님과 같이 된 이후'의 현상인 듯 생각하기 쉽습니다. 그러나 이 내용은 하나님에 대한 수식으로 보는 것이 좀 더 맥락상 자연스럽습니다. 무슨 말이냐면, "선악을 알 줄"(יֹדְעֵי טוֹב וָרָע, 요드에 토브 봐라아)의 표현은 '선이 무엇이고 악이 무엇인지 언제나 변함없이 알고 계시는 판단 주권자의 실체'를 의미하는 것이라 볼 수 있다는 것입니다. 그러므로 이 내용은 맥락적으로 보면 '하나님에 대한 수식 설명'입니다. 다시 말해 사탄은 '피조물에 불과한 인간이 선악을 알게 하는 나무의 열매를 하나님의 명령(창 2:16–17)을 어기고 먹으면, 선과 악을 완벽하게 판단하시는 판단 주권자이신 하나님과 동등하게 될 수 있다'라고 하면서 하와에게 아주 자연스러운 거짓말로 미혹하고 있으며, 또한 아주 단호하게 선언하고 있는 것입니다. 그러나 이러한 사탄의 자연스러운 거짓말의 미혹은 하나님의 진노를 일으키게 하는 '(원)죄악'의 내용입니다.

사탄의 아주 집요한 계략과 설득의 핵심은 바로 '피조물인 인간도 창조주 하나님과 동등하게 될 수 있다'라는 교만과 욕심(탐욕)을 인간에게 불어넣는 것이었습니다. 그러나 그 교만과 욕심 자체가 바로 하나님께는 '진노와 저주의 대상이 되는 (원)죄악'인 것입니다. 왜냐하면, 하나님은 거룩하신 분이시기 때문입니다. 하나님께서 거룩하시다는 것은 어떤 의미죠? '그 어떠한 피조 대상과도 동등하게 취급받는 것 자체를 역겨워하시고, 싫어하시며, 진노하시는 속성'을 의미한다고 볼 수 있습니다. 어느 정도로 역겨워하시고 진노하시냐

---

54 창 3:4–5. "뱀이 여자에게 이르되 너희가 결코 죽지 아니하리라 너희가 그것을 먹는 날에는 너희 눈이 밝아져 하나님과 같이 되어 선악을 알 줄 하나님이 아심이니라"

면, 창세기 1장에서 인간을 하나님의 형상으로 창조하실 만큼 그토록 신중을 기하셨고 극찬하셨음에도 불구하고, 하나님의 진노와 저주의 대상으로 단호하게 끊어 버리실 정도입니다(창 2:17).

그러므로 피조물인 인간이 거룩하신 하나님과 동등해지려고 하는 욕심을 갖는 것 자체가 거룩하신 하나님께는 절대 용납될 수 없는 것입니다. 아무리 하나님께서 하나님의 형상대로 창조하시고 사랑하시는 인간일지라도, 인간은 피조물입니다. 그런데 감히 피조물인 인간이 '늘 변함없이 완벽하게 선과 악의 기준을 규정하고 판단하고 결정하시는 하나님'과 동등하려는 욕심과 기대감을 가진다면, 거룩하신 하나님의 관점에서는 그것 자체가 '판단 주권에 대한 월권 행위'이자 '우주적 패륜 행위'와 다를 바 없습니다. 그럼에도 불구하고 사탄은 아주 자연스럽게 거짓된 속삭임을 통해 엄청난 죄악을 저지르도록 하와를 부추겼습니다(창 3:5). 결국 이 죄악으로 인해 거룩하신 하나님은 진노와 저주를 쏟아 내셨습니다. 하나님께서 스스로 거두시지 않고서는 이제 피할 방법이 없는 것입니다.

하나님의 진노와 저주가 얼마나 무서운 것인지를 이해하려면, 인간 근본의 공포감을 살펴보면 됩니다. 말을 잘 못하는 어린 아기들도 무서움을 본능적으로 느낍니다. 굉장히 넓고 큰 공간에 아무도 없이 나 혼자 있다고 생각해 보세요. 아무것도 보이지 않는 어둡고 캄캄한 상황에 혼자 있으면, 아이들뿐만 아니라 어른들도 공포감을 느끼기 마련입니다. 이렇듯 하나님의 진노와 저주는 결코 막연한 게 아닙니다. 매우 실제적이고 매우 공포스러우며 매우 두려운 것입니다. 삼위일체 하나님의 권세는 인간의 이성적이고 합리적인 논리에서 예측 가능한 정도가 아님을 기억해야 합니다. 그래서 하나님은 아담을 통해 이미 경고하셨습니다(창 2:16-17).

하지만 하와는 사탄의 거짓된 속삭임을 듣고 미혹되었습니다(창 3:6). 분명 에덴동산에는 엄청나게 많은 다양한 열매들이 있었습니다. 그 모든 것을 질리도록 먹어도 결코 질리지 않을 만한 것들이었습니다. 그런데도 그녀는 사탄에게 미혹되어 '금지된 것에 대한 극도의 호기심(탐욕)'을 보였습니다. 우리는 여기서 인간의 욕심이 얼마나 강한 것인지를 주목해야 합니다. 하나님께서 베풀어 주신 수많은 열매들보다 자신이 소유하지 못한 유일한 것에 더 큰 관심과 미련과 집착을 보이는 것이 바로 '사탄에게 미혹된 우리 인간의 타락한 속성'입니다. 이러한 인간의 전적으로 부패한 속성은 아담 이후의 모든 인류에게서 계속해서 나타납니다. 이로써 인류의 역사는 아담과 하와의 타락 이후, 율법이 있기 전부터 이미 하나님의 진노와 저주 아래에 놓일 수밖에 없게 된 것입니다(갈 3:22; 롬 1:18; 3:9).

Q 2: 성경이 말하는 '구원'이란 무엇인가요?

사실 질문의 내용은 간단해 보이지만, 이에 대한 답변은 조직신학 차원에서 '구원론' 전체를 다뤄야 할 만큼 방대한 내용입니다. 우선 먼저 기억해야 할 것이 있는데, 정통 기독교에서 말하는 '구원'은 삼위일체 하나님의 관점에서 보아야 한다는 것입니다. 다르게 말하자면, 인간의 죄에 대한 진노와 저주를 멈추시고 용서하시며 사랑하시는 하나님의 속성을 전제한다는 것입니다. 다시 말해, '예수 그리스도 안에서 값없이 주시는 하나님의 사랑'을 담고 있는 것이 바로 성경이 말하는 '구원'이라는 것입니다. 이러한 차원에서 우리는 앞의 "Q. 1"을 통해 성경이 말하는 '원죄'가 얼마나 무거운 것인지를 잘 이해해야 합니다. 이러한 맥락을 이해해야 우리는 성경이 말하는 구원의 의미를 좀 더 분명하게 알 수 있습니다.

창세기 2장 17절의 내용대로라면, 타락한 인류는 에덴동산에서의 범죄 이후 분명 곧바로 '꼴까닥' 하고 죽을 것 같았습니다. 그러나 그들은 곧바로 죽지 않았습니다. 따라서 창세기 2장 17절의 죽음은 '생물학적 차원'의 죽음이 아니라 '하나님과 인간 사이에 완벽하게 발생하는 영적인 단절'을 의미합니다.

인간의 범죄로 인해 발생한 인간의 영적인 죽음은 참으로 비참합니다. 얼마나 비참하고 처참한지를 우리는 창세기 3장 7절부터 시작해 요한계시록에 나오는 다양한 사건들을 통해서 확인할 수 있습니다. 즉, 우리는 에덴동산에서의 범죄 이후 전적으로 타락하여 비참한 상태에 있는 인간의 모습을 '주님 오실 그날까지 현존하는 세상의 악한 모습'(갈 1:4; 벧전 1:18)이라고 이해할 수 있습니다.

인류의 타락 이후, 세상은 더 이상 하나님이 보시기에 좋았던 그런 상태가 아닙니다. '불법'이 대물림되며 더욱 팽배해지고 있습니다. 이것은 '가계 저주론'과 무관합니다. 다만, 현행 대다수의 범죄들과 성인이 되어서 문제를 일으키는 경우는 어린 시절 가정 공동체 안에서의 성장 과정과 깊은 관련성을 가집니다. 어린 시절 아이들은 부모나 어른들의 행동들과 표정과 말투를 통해 상당한 영향을 받기 때문입니다. 그 시절 자극받은 것들은 어른이 되어서도 습관적으로 튀어나올 수 있다는 것입니다. 그래서 일반 은총의 영역 가운데 어린 시절부터 보다 건강하게 성장할 수 있도록 해야 할 중요성을 간과하지 않아야 합니다. 사실 인간의 힘으로는 도저히 이 악한 세상의 현존성에서부터 벗어날 길이 없습니다.

그렇다면, 아담과 하와의 범죄 이후 가장 먼저 발생한 타락의 **'첫 번째 현상'**은 무엇일까요? 그것은 바로 **'정체성의 혼란'**입니다(창 3:7). 하나님은 하나님의 형상과 모양대로 남자와 여자를 창조하셨습니다(창 1:26-27). '흙'을 사용하여 사람을 창조하셨죠(창 2:7). 여자를 창조하실 때는 '아담의 갈비뼈'를 가지고서 창조하셨고요(창 2:22). 어찌 보면, 썩 대단한 창조 재료가 아닙니다. '쇠'나 '구리'도 아니고, 지구상에 있지 아니한 '어떤 특별한 재료'도 아니었습니다. 인간의 관점에서는 아주 평범할 것 같은 '흙'을 가지고서 사람을 창조하실 정도로 하나님은 참으로 전능하십니다.

성경에는 '흙으로 창조된 인간'을 하나님께서 하나님의 형상대로 창조하셨다고 분명히 기록되어 있습니다(창 1:27; 2:7). 인간이 흙으로 창조되어 숨을 쉬고 살아가는 것만으로도 대단한데, 하나님은 그 흙으로 창조된 인간을 하나님의 형상대로 창조하셨다고 합니다. 그리고 그렇게 창조하신 인간을 향해 하나님은 극찬하셨습니다(창 1:31). 이때 당시 인간이 옷을 입었나요? 아니요. 창세기 3장 7절을 통해서 알 수 있듯이, 타락 이후 인간이 무화과나무 잎을 엮어서 치마를 삼기 전까지 아담과 하와는 창조된 이후 '나체'(올누드)로 살았습니다. 그런데도 하나님은 그런 상태를 향해 극찬하셨습니다(창 1:31). 이것은 분명 성삼위 하나님의 절대적 기준의 평가입니다. 과한 것도 없고 부족한 것도 없는 '완벽함 그 자체'의 판단입니다.

하지만 지금 인류는 에덴동산에서의 범죄로 인해 모든 면에서 타락했습니다. 여기에서 '타락'이란 어떤 의미일까요? 무엇보다 '하나님으로부터 버려진 비참한 상태'를 의미합니다. 하나님의 보호를 전혀 받지 못한 채, 하나님과 완전히 단절된 상태인 것이죠. 에덴동산에서의 범죄 이후, 인간은 결코 하나님의 그 어떤 생각이나 음성도 자유롭게 읽어 낼 수 없었고 교류할 수도 없었습니다.

그렇다면, 아담과 하와의 범죄 이후 발생한 타락의 **두 번째 현상**은 무엇일까요? 그것은 바로 하나님을 향한, 정체성의 혼란으로 인한 **원초적 두려움과 고독**입니다(창 3:10). 물론 문자적으로 10절의 내용은 아담만의 대답입니다. 그러나 크게 보면, 결국 아담과 하와 모두의 반응으로 보아도 큰 무리가 없습니다. 아담과 하와가 자기 몸이 벌거벗겨졌다는 사실로 인해 두려워졌다는 것은 무엇을 의미할까요? 더 이상 하나님의 절대적 평가를 신뢰하지 않겠다는 '정면 도전(반박)'의 의미라고 여겨집니다. 하지만 타락한 인간은 표면적으로는 하나님의 절대적 평가를 반박할지라도 궁극적으로는 '자기 정체성의 혼란'만 가중될 뿐입니다(창 3:7). 이것이 하나님 앞에서 범죄 한 아담과 하와가 완

전히 타락(부패)하여 나타난 두 번째 현상이라고 볼 수 있습니다.[55]

결국 타락한 인간은 겉으로는 자기가 하나님처럼 '자기중심으로 판단'하는 것 같지만 실제로는 하나님의 진노와 저주 아래에서 '왜곡된 판단'을 행할 수밖에 없습니다(창 3:22; 요 3:36; 롬 1:18). 이러한 상태로 타락한 인류가 영원히

---

[55] 이 원초적 두려움과 고독에서 벗어날 수 있는 인간은 하나도 없다. 모든 인간이 하나님의 진노와 저주 아래에 놓여 있기 때문이다. 하나님은 천지를 창조하신 분이시다(창 1:1). 하나님은 지금도 계속해서 만물을 붙들고 보존하시는 분이시다(요 1:2–3; 히 1:2–3). 그런 하나님 앞에 인간은 에덴동산에서의 타락 이후 계속해서 하나님의 진노와 저주 아래에 놓여 있다. 여기서 인간은 원초적 두려움과 고독으로 정체성의 혼란만 반복할 뿐이다. 어느 누구도 이러한 하나님의 저주의 굴레에서 벗어날 수 없다. 비록 다양한 쾌락들을 추구할지라도, 일시적인 즐거움과 위로를 얻을 뿐이다. 그래서 더 큰 쾌락들, 그보다 더 자극적인 쾌락들을 추구하고자 한다. 이것이 곧 중독의 현상이다. 어느 인간도 하나님의 저주 아래에 놓여 있어 벗어날 수 없는데도, 여전히 인간은 자신의 노력으로 원초적인 두려움과 고독을 해결해 보고자 다양한 쾌락들을 추구하는데, 그러다 보면 중독의 괴로움만 더 증가될 뿐이다. 그런데 하나님은 먼저 죄인 된 우리 인간을 용서해 주시겠다는 것이다. 이 특권을 받은 자가 바로 '하나님의 철저한 작정 속에서(막 1:1; 갈 4:4) 이뤄진 예수 그리스도의 오심을 통해 하나님이 주시는 믿음으로 성령을 통해 하나님의 아들이 된 예수 믿는 성도들'이라는 것이다.

한 인간이 자기 친구 중 어느 한 사람을 너무 미워하여 어느 날 바다로 같이 가서 있을 때, 아무도 없는 상황을 확인하고 은밀히 그 미운 친구를 물속에 빠뜨려 죽이려고 했음을 가정해 보자. 그리고 그 미운 친구가 물속에 빠져 죽은 줄만 알고 그 사람은 재빨리 도망을 쳤다. 그렇게 10년, 20년을 보냈다고 가정해 보자. 과연 그 시간 동안 그는 어떻게 지냈을까? 당연히 마음 편하게 지내기는 어려웠을 것이다. 두려움과 고독 속에서 스스로 고립될 수밖에 없었을 것이다. 자기가 죽였다고 생각한 그 친구와 비슷한 사람을 지나칠 때면 소스라치게 놀랐을 것이다. 그런데 죽었다고 생각한 그 친구가 10년 뒤, 또는 20년 뒤에 그 사람 앞에 나타난다면, 어떨까? 온몸이 경직되는 충격을 받을 것이다. 그런데 그 친구가 자신을 향해서 '나는 너를 이미 용서했다'라고 한다면, 어떨까? 지금껏 자신의 마음을 짓눌렀던 죄책감과 두려움과 고독 속에서 완전히 자유로워질 것이다.

사람이 이 세상을 살아가면서 얼마나 많은 잘못을 저지르는지 모른다. 그런데 그냥 자기 혼자서 저지르는 실수나 잘못이야 혼자서 해결하면 그만이겠지만, 상대방을 향해서 저지르는 실수나 잘못일 경우에는 그 상대방의 이해와 용서가 없으면 자유로울 수가 없다. 그런데 내가 생각하기에도 도저히 용서해 주지 않을 것 같고, 이해해 주지 않을 것 같은 내 잘못에 대해서 상대방이 나를 흔쾌히 이해해 주고 용서해 주겠다고 한다면, 어떨까? 미안함과 후회스러움이야 남아 있겠지만 그럼에도 한결 마음이 편해지고 자유로워질 것이다. 뭔가 숨통이 트이는 느낌일 것이다. 특히, 그 상대방이 나보다 모든 면에서 있어서 더 권력이 있고, 강한 존재일수록 그 상대방의 용서와 이해는 나를 더욱 자유롭게 할 것이다.

그런데 하나님은 천지를 창조하신 분이시고, 지금도 만물을 붙들고 계시는 분이시다. 그런 절대적 권세자이자 유일하신 성삼위 하나님께서 하나님의 진노와 저주 아래에 놓여 있는 인류의 비참함 속에서 유독 나를 용서해 주시겠다는 것은 참으로 엄청난 특권이다. 용서받을 만한 근거가 나에게 0.1%라도 있어서가 아니다. 그저 하나님 마음(뜻)대로 나를 반드시 용서해 주신다는 것이다. 이것은 정말 엄청난 자유이고 특권이다. 그런데 단순히 용서만 하시는 것이 아니라 하나님과의 관계 자체에 놀라운 변화가 생기게 하셨다. 나를 하나님의 아들 삼아 주신다는 것이다. 이런 엄청난 특권을 누리는 자가 바로 우리 성도들 한 사람, 한 사람이라고 바울은 말한다.

"때가 차매 하나님이 그 아들을 보내사 여자에게서 나게 하시고 율법 아래에 나게 하신 것은 율법 아래에 있는 자들을 속량하시고 우리로 아들의 명분을 얻게 하려 하심이라"(갈 4:4–5).

생명을 보존하며 살아간다면, 이미 그 자체가 지옥이고 불행이며 비참한 삶입니다. 이런 차원에서 하나님은 인간의 육체적 생명을 제한시키셨습니다(창 3:22-24).

이것은 창세기 2장 17절의 엄중한 하나님의 선포에 대한 일차적 성취이기도 하지만, 또 다른 차원에서는 타락한 인간을 향한 하나님의 배려이기도 합니다. 그러나 그보다 더 중요한 하나님의 사랑의 배려가 인간의 힘으로 도저히 빠져나올 수 없는 현존하는 악한 세상 속에서, 하나님의 진노와 저주 가운데서 해방되어 하나님의 뜻대로 예수 그리스도를 통해 하나님 나라에 속한 완전한 자유를 누릴 수 있는 길을 마련해 주신 것입니다(갈 1:4). 이것이 구약에서부터 신약에 이르기까지 계속해서 반복되고 강조되고 있는 말씀입니다. 우리는 그것을 하나님의 주권적 섭리와 뜻 가운데서 선포되고 성취된 '은혜 언약'이라고 말합니다(창 3:15; 갈 1:4). 그리고 이것이 바로 우리 구원받은 성도가 누리는 엄청난 특권인 복음의 내용입니다.

한편, 에덴동산에서의 범죄로 인해 타락(부패)한 아담과 하와 이후 모든 인류에게서 나타나는 전적 타락(부패)의 **세 번째 현상**은 무엇일까요? 하나님과의 절대적 대립과 사탄과의 영적인 원수 관계로 인한, 그리고 **개인의 육체적인 차원과 인간끼리의 갈등(대립)으로 인한 '괴로움(고통)'**입니다(창 3:15-17).

에덴동산에서의 범죄 이후, 모든 인류는 일차적으로 '하나님의 진노와 저주 아래에서 하나님으로부터 단절된 상태'에 놓여 있습니다(롬 1:18). 하나님과 대립적 관계를 가질 수밖에 없습니다. 물론 인간이든 사탄이든 하나님을 향해 대등한 반항을 할 수 있다는 의미는 결코 아닙니다. 그럴 능력도 없습니다. 에덴동산에서의 범죄 이후, 인간은 하나님이 손 내밀지 않는 한 더 이상 하나님께로 나아갈 수가 없다는 의미입니다(롬 3:23). 여기서부터 인간은 '원초적 고독'과 '원초적 두려움'을 느낄 뿐만 아니라 '원초적 괴로움'에서 자유로울 수가 없습니다. 근본적으로 소망이 없는 비참하고 불행한 인생일 수밖에 없다는 것입니다. 게다가 '사탄과도 영적인 원수(대립) 관계'를 가지게 되었습니다(창 3:15). 이 말은 인간이 사탄과 지금도 대등하게 싸운다는 의미가 아닙니다. 인간과 사탄은 도저히 공존할 수 없는 관계라는 의미입니다. 여기서 끝이 아닙니다.

완전히 타락(부패)한 모든 인류는 하나님과도 절대적 대립을 이루지만 사탄과의 원수 관계 속에서도 하나님께서 구원의 은혜를 베푸시기 전까지는 하나님께서 허용하시는 가운데 사탄(마귀)의 영향력이 미치고 있는 세상 속에서 끊임없이 하나님을 진노케 하는 죄악 된 삶을 저지르며 비참하게 살아갈 수밖에 없습니다(요 8:34; 롬 6:17, 20; 엡 2:2). 그러한 모습은 인간관계 속에서도 드러납니다. 그것이 바로 '인간끼리의 대립(갈등)으로 인한 괴로움(고통)'입니다.

가장 **대표적인 실례**가 바로 아담과 하와의 가정 안에서부터 발생했습니다. **'부부간의 대립'**이 발생한다는 것이죠. 죄로 인해 타락한 아담과 하와는 서로 책임을 회피합니다. 아담은 하와에게, 하와는 뱀에게 책임을 떠넘기며 자신의 잘못을 피해 가고자 합니다(창 3:11-13). 뿐만 아니라 아내는 남편의 위치를 쟁취하려고 합니다.[56] 여기에서 "원하고"라고 번역된 히브리어 원형 동사(תְּשׁוּקָה, 테슈카)는 구약 성경에서 총 세 번만 나오는 아주 희귀한 동사입니다(창 3:16; 4:7; 아 7:10). 특히 창세기에서 두 번 나오는데, 3장 16절에서의 의미가 정확히 어떤 뜻인지를 알기 위해서는 4장 7절을 살펴보면 됩니다. 4장 7절 후반부에는 "죄가 너(가인)를 원한다"라고 나오는데, 이것은 결국 죄가 가인을 정복하고 지배하길 원한다는 뜻입니다. (물론 가인 입장에서는 죄에 정복당하지 않고, 죄를 이기고 물리치고 짓눌러야 합니다.) 따라서 우리는 창세기 3장 16절에서의 "원하고"가 어떤 의미인지를 좀 더 명확하게 이해할 수 있습니다. 아내가 남편을 정복하고자 하고, 지배하려고 하며, 남편의 위치까지 차지하려고 한다

---

[56] 창 3:16. "너는 남편을 원하고"

는 것이죠. 이것이 바로 에덴동산에서의 범죄 이후 부부 사이에서 발생할 수밖에 없는 타락의 현상입니다.

그러나 타락한 인류 속에서 남편의 위치를 쟁취하려고, 지배하려고, 정복하려고 시도하는 아내는 어떻게 된다는 것입니까? 남편에게 다스림을 받게 됩니다(창 3:16). 여기에서 "다스릴 것이니라"로 번역된 히브리어 원형 동사(מָשַׁל, 마샬)의 뜻은 바로 '물리적 힘을 활용하여 쟁취하고, 통치하는 것'을 의미합니다. 결국 아내는 남편을 정복하려고 하고, 지배하려고 하며, 남편의 위치까지 차지하려고 시도하지만, 남편으로부터 여러 면에서 정복당하고, 통치받으며, 짓밟히는 처참한 결과를 맞이한다는 것입니다(창 3:16).

그러므로 복음을 받아들여 새롭게 회복된 그리스도인 아내는 기본적으로 성령의 도우심 가운데 하나님께서 세워 주신 남편의 권위를 인정해야 하고 따라야 합니다(엡 5:18, 21-24). 베드로는 이러한 모습을 가리켜 그리스도인 아내들이 가지는 '진정한 아름다움'이라고까지 표현했습니다(벧전 3:4-6).

그렇다면, 과연 복음 앞에서 살아가는 '여성다운 여성'은 어떤 사람을 말하는 것이겠습니까? 복음 앞에 선 '여성다운 여성'이란 일차적으로 하나님의 창조 질서에 따라 '생명의 잉태와 양육에 대한 지속적인 사모함과 실제적인 책임성'을 가진 존재임을 말합니다(창 3:16). 따라서 복음 앞에 선 '여성다운 여성'은 복음 앞에 선 '한 남성'을 만나 교회의 치리(보호)하에 하나님과 여러 신자들 앞에서 부부 됨을 사모하며, 하나님의 창조 질서를 따라 남편의 존재를 존중합니다(엡 5:22-24).

이를 위해서는 교회의 치리(보호)하에서 이뤄지는 결혼 예식을 중요한 신앙 고백으로 여겨야 합니다. 그리고 결혼 이전에는 교회와 부모의 보호와 가르침 가운데서 하나님께서 만나게 하실 복음 앞에 바로 선 '한 남성'을 기다려야 합니다. 조급할 필요가 없습니다. 또한 앞으로 만나게 될 그 남편 될 사람의 씨를 받아 생명의 잉태를 온전히 감당할 수 있도록 육체적, 인격적, 경제적, 신앙적 영역에서 성실히 준비해야 합니다. 아울러 그러한 결혼의 현실을 맞이한 이후부터는 그 결혼 이후의 삶을 통해 하나님 나라를 드러내기 위해서 남편과의 협력과 교회의 지도하에 지속적인 책임을 갖도록 애써야 합니다.

이처럼 복음 앞에서 '여성다움'이란 '생명의 잉태와 양육에 대한 지속적인 사모함과 책임성'을 의미한다고 말할 수 있습니다. 하나님의 창조 질서 가운데서의 여성스러움은 단순히 '외모'만으로 규정지을 수 없습니다. 물론 여성으로서 가져야 하는 육체적 외모는 중요합니다. 그러나 그것은 그 자체로 의미가 있는 것이 아니라 '생명의 잉태를 사모하고 준비하는 책임 있는 자세'와 연결될 때 가치가 있습니다.

이러한 여성스러움의 가치는 자녀를 출산한 여성뿐만 아니라, 유산을 경험했거나 난임 및 불임의 상태에 있는 여성들에게도 동일합니다. 자녀를 출산한 여성은 그 자녀를 잉태케 하신 하나님 앞에서 그 자녀를 하나님께서 주신 선물임을 인정하며, 잘 양육하려는 사모함과 책임성을 가져야 합니다. 유산을 경험했거나 불임 및 난임의 상태에 있는 여성은 비록 자녀가 없다고 할지라도 얼마든지 자신을 통해 하나님께서 생명을 잉태케 하실 수 있음을 생각해야 합니다. 동시에 더 이상 생명 잉태의 기회가 없을지라도 '어머니의 심정'으로서 얼마든지 주위의 다음 세대를 지도하거나 가르칠 수 있으며, 자녀를 양육하는 부부들을 응원하고 지지하는 삶을 살아갈 수 있습니다. 이러한 자세를 가진 여성이야말로 '복음 앞에 선 여성다운 여성'이라고 말할 수 있겠습니다.

그렇다면, 복음 앞에서 살아가는 남성 신자로서 가져야 할 '남성다운 남성'이란 어떤 의미일까요? 복음 앞에 선 '남성다운 남성'이란 일차적으로 하나님의 창조 질서에 따라 맞이하게 될 '한 아내를 평생에 걸쳐 사랑하며, 보호하겠다는 지속적인 사모함과 실제적인 책임성'의 존재라고 말할 수 있습니다(창 3:17; 엡 5:25). 따라서 복음 앞에서 살아가는 '남성 신자'는 복음 앞에서 바로 살아가는 '한 여성 신자'를 만나 교회의 치리하에 하나님과 여러 신자들 앞에서 부부 됨을 사모하며, 하나님의 창조 질서에 따라 아내를 헌신적으로 사랑하고 보호합니다(엡 5:25).

이를 위해서는 교회의 치리하에서 이뤄지는 결혼 예식을 중요한 신앙 고백으로 여겨야 합니다. 그리고 결혼 이전에는 교회와 부모의 보호와 가르침 가운데서 하나님께서 만나게 하실 복음 앞에 선 '한 여성'을 기다려야 합니다. 조급해서는 안 됩니다. 또한 자신과 결혼을 통해 아내 될 그 여성이 누구일는지 모르지만 늘 준비하고 있어야 하며, 두 사람 사이에서 태어나게 될 그 생명을 통해 하나님 나라를 온전히 드러낼 수 있기를 기대해야 하면서 육체적, 인격적, 경제적, 신앙적 영역에서 성실히 준비해야 합니다. 아울러 그러한 결혼의 현실을 맞이한 이후부터는 그 결혼 이후의 삶을 통해 하나님 나라를 드러내기 위해서 아내와의 협력과 교회의 지도하에 지속적인 책임을 갖도록 애써야 합니다.

이처럼 복음 앞에 바로 선 '남성다움'이란 '한 아내를 평생에 걸쳐 사랑하고 보호하겠다는 지속적인 사모함과 실제적인 책임성'을 의미한다고 말할 수 있습니다. 물론 세상의 기준에서 볼 때는 한심스럽고 답답한 모습일 수도 있겠죠. 그러나 그것은 하나님께서 기뻐하시는 모습입니다. 하나님의 창조 질서 가운데서의 남성스러움은 단순히 '외모'만으로 규정지을 수 없습니다. 물론 남성으로서 가져야 하는 육체적 외모는 중요합니다. 그러나 그것은 그 자체로 의미가 있는 것이 아니라 '생명을 잉태하는 아내와 그 생명에 대한 실제적인 책임의 자세'와 연결될 때 가치가 있습니다. 이러한 남성스러움은 나이가 적든, 많든 상관없이 모든 남성 신자들에게 적용되어야 합니다. 자녀를 출산한 여성의 남편은 그 자녀를 잉태케 하신 하나님 앞에서 그 자녀를 하나님께서 주신 선물임을 인정하려는 자세를 견지해야 하며, 자녀를 향해서는 '아버지의 심정'을 가지고, 아내를 향해서는 '가장의 마음'을 가지고 자녀와 아내를 잘 보호하고 양육하며 책임지고자 애써야 합니다. 이러한 자세를 가진 남성이야말로 복음 앞에 바로 선 '남성다운 남성'이라고 말할 수 있겠습니다.

결국 복음 앞에 바로 선 '남성의 남성스러움'과 복음 앞에 바로 선 '여성의 여성스러움'은 '책임'이 전제되어야 한다. 어떤 책임일까요? '육체적, 인격적, 경제적, 신앙적 책임'입니다.[57] 이러한 책임감을 가진 남성 신자와 여성 신자가 부부로 만나서 하나님 나라를 드러내고자 진정한 남성스러움과 여성스러움을 드러내려고 애쓰는 가정이 바로 복음 앞에 바로 선 신자의 가정이라고 말할 수 있는 것입니다.

하지만 복음이 없는 완전히 타락(부패)한 가정 속에서는 그러한 '신앙적 아름다움(남성다움과 여성다움)'을 도저히 찾아볼 수 없습니다. 에덴동산에서의 범죄 이후 완전히 타락(부패)한 인류 가운데 있는 모든 가정은 기본적으로 '대립(갈등)으로 인한 고통(괴로움)'이 끊이질 않습니다. 그로 인한 현상 중 가장 대표적인 것이 바로 '별거 및 이혼'입니다. 이외에도 '부부간의 대화 단절', '부모와 자녀 간의 불화' 등등으로 퍼져 갑니다. 결국 타락한 인류의 모든 가정에서부터 모든 불법과 비참함들이 계속해서 발생할 수밖에 없는 것입니다.

그래서 이 세상은 '주님 오실 그날까지 현존하는 철옹성'(갈 1:4)일 수밖에 없습니다. 베드로의 표현대로, 주님 오실 그날까지 현존하는 철옹성 같은 이 세상은 일차적으로 각 가정에서부터 알게 모르게 다양한 방식으로 모든 불법이 끊임없이 대물림되어 총체적으로 완악할 수밖에 없습니다(벧전 1:18). 하나님의 진노와 저주를 주님 오실 그날에 도저히 피할 수 없을 만큼 말입니다. 완전히 타락(부패)한 인류는 아담 이후의 모든 가정에서부터 시작되어 퍼져 가는 '모든 불법 계승'으로 인해 점점 더 완악해지는 이 세상으로부터 빠져나올 길이 없습니다.

또한 인간끼리의 대립(갈등)으로 인한 고통(괴로움)의 **또 다른 실례**는 한 가

---

[57] 창 2:24. "이러므로 남자가 부모를 떠나 그의 아내와 합하여 둘이 한 몸을 이룰지로다"

정 안에 있는 '**형제끼리의 대립**'을 통해서도 확인할 수 있습니다(창 4:8). 참으로 놀라운 것은 '최초의 살인이 한 가정 안에서 자란 형제 사이에서 발생했다'는 것인데, 이는 완전히 타락(부패)한 인류에게 있어서 너무나도 큰 고통이자 괴로움일 수밖에 없습니다. 이후 인류 역사 속에서 살인은 한 가정에서만이 아니라 사회 전체 속에서 다양한 사건을 통해 끊이지 않고 발생하고 있으며, 발생할 것입니다. 주님 오실 그날까지 말입니다.

피조물인 인간이 감히 모든 것을 완벽하게 판단하실 수 있는 성삼위 하나님의 판단 주권을 가지려는 교만과 탐욕을 드러낸 결과, 완전히 타락(부패)한 인류는 이처럼 참으로 감당하기 힘들 정도로 '영적 비참함의 고통'을 가정에서부터 경험해야만 했습니다. 타락 이전에는 도저히 상상할 수도 없는 최악의 고통을 끊임없이 직면해야만 했죠. 이것이 바로 모든 불법이 각 가정에서부터 대물림되어 총체적으로 완악해지는 현존하는 '세상의 비참한 모습'입니다(갈 1:4; 벧전 1:18). 이러한 비참한 세상에서 빠져나와 하나님 나라의 권세 안으로 들어가는 길은 오직 하나님께서 베푸시는 구원의 은혜뿐입니다. 이것이 바로 하나님의 뜻이며, 그러한 하나님의 뜻을 성경은 '복음'이라고 말하고 있습니다.

한편, 완전히 타락(부패)한 아담과 하와의 세 번째 현상인 '괴로움(고통)'은 '**개인의 육체적 고통**'에서도 발생합니다. 우선 여성은 '출산의 고통'이 극심합니다(창 3:16). 반면 남성의 괴로움은 무엇일까요? '노동의 고통', 즉 '저주받은 땅에서 노동을 해야만 먹고 살 수 있는 고통'입니다(창 3:17). 게다가 오늘날에는 가정의 생계를 남편들만이 아니라 아내들까지 나서서 동참하고 있습니다. 마치 애굽의 정부가 이스라엘 민족의 대(代)를 끊어 내기 위해 더욱 힘든 일로 혹사시켰던 것과 같이 이 땅의 수많은 가정들이 극심한 노동으로 인해 괴로워하며 신음하고 있습니다(출 1:9-14).

이외에도 타락한 인류는 '**수많은 육체적 질병**'으로 인해 극심한 괴로움과 고통을 겪기도 합니다. 이 육체적 질병들에서 누구도 자유로울 수 없습니다. 왜냐하면 육체적 죽음이라고 하는 하나님의 저주는 모든 사람에게 운명처럼 놓여 있기 때문입니다(약 1:15). 그 이후에는 '하나님의 최종 심판'뿐입니다(요 5:29; 벧전 4:5).[58] 물론 인류 역사 속에는 '죽음'이라는 것을 문학적으로나 철학적인 차원에서 고상하게 표현하고 해석하는 경우도 있습니다. 그러나 기본적으로 인간은 죽음 앞에서 무력합니다. 죽음 앞에서 두렵고, 죽음 앞에서 괴로우며 고통스럽습니다. 성자 하나님이신 예수님도 십자가의 죽음 앞에서 육체적 차원의 두려움과 고통이 얼마나 큰지를 겟세마네 기도를 하시면서 표현하신 적이 있습니다(막 14:32-36). 그만큼 인간의 육체는 하나님의 주권적 섭리하에서 주어지는 죽음을 전제하기에 개인적 결단이나 다짐, 또는 어떤 노력과 의지와는 달리 죽음 앞에서는 누구나 비참하고 무력하며 한없이 연약합니다(막 14:38; 고후 12:7).

그렇다면, '죽음을 전제하는 육체'를 가지고 있으면서 자신이 원하는 대로 모든 것이 성취될 수 없는 '현실적 한계성'을 직면하는 인류가 반응할 수 있는 것은 과연 무엇일까요? 고작 자존심이 상해서 화를 내거나 분노하는 정도입니다. 혹은 깊은 절망 속에서 슬피 우는 것뿐입니다. '자존심 상해하며 분노하는 대표적인 모습'이 아마도 '가인의 모습'이지 않을까 싶습니다(창 4:5). 그러나 분노 속에서 인간은 자기가 하나님인 양 착각하며, 상대를 향해 자기 분노를 뿜어냅니다. 그러한 인간의 분노 가운데 가장 최악의 표현이 바로 '살인'입니다(창 4:8).

한편, '절망 속에서 슬피 우는 자'의 대표적인 모습은 베드로의 모습이라고 여겨집니다(고전 14:72). 물론 베드로는 예수님의 제자입니다. 그러나 예수님의 제자라고 하더라도 인간의 의지와 결심으로 도저히 어찌할 수 없는 육체적 한계 앞에서는 한없이 무기력한 상태로 절망할 수밖에 없습니다. 그러니 완전

---

58 사도신경. "저리로서 산 자와 죽은 자를 심판하러 오시리라"

히 타락(부패)한 인류 역사 속의 세상 사람들은 더없이 절망 속의 고통을 겪을 수밖에 없습니다.

이처럼 아담과 하와의 범죄 이후 완전히 타락(부패)한 모든 인류 역사는 하나님의 진노와 저주 가운데서 벗어날 수 없습니다(요 3:36). 인간의 관점에서 볼 때, 이 세상은 결코 무너지지 않을 것 같은 철옹성같이 느껴질 수밖에 없습니다. 어떤 인간도 타락한 인류 역사 속에서 철옹성같이 건재해 보이는 이 세상을 바꿀 수 없습니다. 어떠한 개혁과 노력으로도 바뀌지 않습니다. 아울러 모든 불법이 각 가정에서부터 비롯되어 끊임없이 대물림되고, 인류 역사 속에서 확장되어 가는 이 세상의 굴레에서 빠져나갈 수 있는 사람 또한 아무도 없습니다. 그래서 그나마 나름대로 가지고 있는 인간의 생각과 의지와 양심을 가지고서 이 세상을 직시하면, 이 세상을 살아갈 희망을 얻을 수 없습니다. 절망뿐입니다. 아무런 기대도 없습니다. 후회와 두려움, 불안뿐입니다. 인간의 힘으로 이 세상의 굴레에서 벗어나 진정한 기쁨과 행복을 추구하고 다양한 시도를 하면 할수록, 인간이 경험하는 최종적인 것은 '허무함'뿐입니다(전 1:2-4, 9). 이것이 바로 완전히 타락(부패)한 인류가 주님 오실 그날까지만 현존하는 이 세상에서 경험하는 '영적 비참함'의 모습입니다.

그러한 인류의 영적 비참함에 대한 가장 대표적인 모습을 성경은 가인의 후손인 '라멕의 집안'을 통해서 보여 주고 있습니다. 재미난 것은 표면적으로 드러나는 라멕의 집안은 마치 하나도 부족한 것이 없어 보인다는 것입니다. 모든 것을 다 가진 것 같고, 하나님이 없어도 자기들 나름의 가치관을 주장하면서 충분히 만족하고 행복한 듯 보인다는 것이죠(창 4:17-24). 지금도 타락한 인류의 역사 속에는 이러한 '라멕의 집안'과 같은 모습을 누리고 있는 자들이 있습니다. 또한 여전히 많은 이들이 은연중에, 또는 대놓고서 이러한 가인의 후손인 '라멕의 집안'을 부러워하고 따라 하고자 다양한 방법들을 통해 애씁니다. 물론 결국에는 '허무함'뿐인데도 말입니다(전 1:2-4, 9). 그러다 결국 죽음에 직면한 인간은 하나님의 최종 심판을 피할 수 없습니다. 영원한 고통(계 20:14-15) 속에서 살아갈 수밖에 없습니다.

그러나 하나님은 이러한 '라멕의 집안'과 같은 가인 후손의 계보와는 전혀 다른 계보를 이어 갈 수 있도록 길을 제시해 주십니다. 그 길의 근거는 하나님께서 제시하신 구원의 길입니다. 놀랍게도 하나님은 에덴동산에서의 범죄 이후, 완전히 타락(부패)한 인류 역사 초장기에 그 구원의 길을 이미 약속해 주셨습니다(창 3:15). 그 구원의 약속에 대한 핵심이 바로 '예수 그리스도'이십니다. 하나님은 하나님께서 부르시고자 하시는 자들을 부르셔서, 예수 그리스도를 통해 도저히 빠져나올 수 없는 현존하는 세상의 굴레를 벗어나게 하심으로써, 영원한 하나님 나라를 상속받는 하나님의 아들 된 신분으로서의 특권을 주고자 하셨습니다. 바울은 그것을 '하나님의 뜻'이라고 표현했습니다(갈 1:4).

이처럼 하나님의 뜻에 따라 하나님의 아들 된 신분으로서 영원한 하나님 나라의 권세를 상속받은 자들이 바로 '그리스도인들'입니다(갈 3:26-29). 바울은 그들을 '하나님의 교회'라고까지 지칭합니다(고전 1:2). 이러한 은혜의 내용들이 바로 '복음'입니다. 그리고 그 복음은 성경 66권을 통해 다양한 방식으로 드러나고 있습니다. 하나님께서 부르신 하나님의 자녀 된 성도들은 바로 이 복음을 듣고 믿습니다(요 10:26-29). 이것이 바로 '복음을 통해서 나타나는 구원의 능력'입니다(롬 1:16-17).

그렇기 때문에 이 복음의 능력을 통해 하나님께서 주시는 믿음으로 말미암아 성령 가운데서 예수 그리스도를 믿어 하나님의 자녀 된 성도들은 하나님의 진노로 저주받았던 자신의 영적 비참함을 인지하며, 회개의 반응을 보일 수밖에 없습니다. 또한 하나님 앞에서 구원의 은혜에 대한 깊은 감사를 고백하며, 하나님을 찬양할 수밖에 없습니다.

그렇다면, 구원받은 성도는 그저 자기 구원의 은혜에 대해서 회개와 감사만 있어야 하나요? 구원받은 이후부터 그저 자족하며, 하나님 나라만 바라보고,

주님 오실 날만 소망하면서 구원의 기쁨만 되새기면 되는 것일까요? 결코 그렇지 않습니다. 구원받은 자로서 이 땅에서 살아가야 할 '삶의 과정'이 있습니다. 그것을 '성화'라고 합니다. 아울러 구원받은 하나님의 자녀는 결코 혼자서 독자적으로 살아갈 수 없습니다. 그래서 하나님은 아담에게서부터 시작된 교회 공동체(마 1:1-17; 눅 3:23-38; 갈 3:26-29)를 예수 그리스도 안에서 세우셨고(마 16:18-19; 18:18), 모든 언약 백성을 질서 가운데 몸 된 교회 공동체의 일원으로서 성령의 도우심 가운데 함께 자라 가도록 하시는 것입니다(고전 1:2; 12:11-27; 엡 2:19-22; 4:1-5).

기독교 신자의 모든 선행은 하나님의 기준에 적합할 만한 것이 못 되며, 인간의 노력으로만 할 수 있는 것이 아닙니다. 전적으로 성령의 도우심 가운데서 비롯됩니다. 독불장군처럼 혼자서만 신앙생활 하는 것은 성경에서 말하는 신앙생활이 아닙니다. 하나님께서는 교회를 허락하셨습니다. 바울은 한 개인을 교회라고 말하기보다는 구원받은 자의 무리를 가리켜 교회라고 명확히 밝히고 있습니다(고전 1:2).

그래서 하나님의 뜻 가운데서 복음을 통해 구원받은 모든 성도는 구원받은 이후의 삶, 즉 성화의 과정 동안 성령의 도우심 가운데 주님의 몸 된 교회 공동체를 통해서 적용받을 수밖에 없습니다. 물론 가정을 비롯한 일상 영역 속으로 확대 적용해 가야 하지만 말입니다.

 나눔을 위한 질문

과연 나는 성경에서 말하는 '죄'에 관해, '구원'에 관해 주위 사람들에게 잘 설명할 수 있을까요? 성경적 '복음'에 관한 내용을 지속적으로 정립하기 위해 교회 차원에서 어떤 대안을 마련할 수 있을까요?

PART 4

이단 사역은
목회의 부담이 아니라
활로가 된다

14
원어 성경과 이단 연구

고등학교 3학년 4월 이후, 하나님의 은혜로 예수님을 믿게 된 나는 교회에 본격적으로 출석했다. 예배당에 들어가면서 내 눈에 가장 크게 눈에 띈 것은 '드럼'이었다. 그때부터 정말 틈나는 대로 드럼을 배웠고 부지런히 연습했다. 토요일에는 학교 수업이 일찍 끝났다. 토요일이 제일 신났다. 빨리 드럼을 치고 싶었기 때문이다. 한때는 킥복싱 체육관에 가서 킥 연습하는 것보다 복싱하는 것이 즐거웠었다면, 예수님을 믿고 나서부터는 토요일마다 곧장 집이 아닌 교회 예배당에 가서 드럼 연습하는 것이 더 설레었다.

꽤 오랜 시간 연습하면서 실력이 쌓이니 드디어 주일 저녁 예배 때, 교회 찬양단에 들어가 드럼을 치는 기쁨을 누렸던 시절도 있었다. 기타 연습도 같이 꾸준히 하면서 나중에는 교회 찬양 리더까지 했다. 물론 지금은 기타나 드럼을 안 만진 지가 어느덧 20년이 넘었다. 최근에도 기타를 한번 연주해 보려고 했었는데, 확실히 감이 떨어진 것을 느꼈다.

예수 믿고 나서 내 인생에 변화된 또 하나의 루틴은 '성경 읽기'였다. 대학생 시절에는 버스를 주로 많이 타고 다녔고, 시간적 여유가 있었기에 평일에 성경을 많이 읽었다. 성경을 읽다 보니 내 마음에 뭔가 감동이 되는 것 같은 구절들이 있었다. 그냥 지나칠 수가 없어서 언제부턴가 볼펜을 사서 줄을 그으며 읽었다. 어떤 구절들은 따로 메모장을 사서 메모하면서 읽기도 했고, 메모장에 적혀 있는 구절들을 암송하기도 했다. 가장 대표적인 구절이 사도행전 20장 24절이다. 개역 한글로 암송했기에 개역 개정으로 바뀐 이후에도 자꾸 개역 한글로 암송했던 게 떠오른다.

나의 달려갈 길과 주 예수께 받은 사명 곧 하나님의 은혜의 복음 증거하는 일을 마치려 함에는 나의 생명을 조금도 귀한 것으로 여기지 아니하노라 (행 20:24, 개역 한글)

캠퍼스 시절에는 다른 성경 구절들도 참 많이 외웠었다. 그 암송한 성경 구절들만 가지고도 설교를 할 수 있을 정도였다. 어느 정도 자신감이 생기면서 나는 캠퍼스 후배들에게나 새롭게 옮겨 간 교회 중학생들에게도 성경 말씀에 근거하여 설교하는 것을 거침없이 했다. 신학도 모르고 성경의 전체적 맥락도 몰랐지만, 내 마음에 큰 감동과 울림이 있는 것들을 중심으로 성경 구절들을 언급했다. 설교하는 나도 힘차고 열정적으로 전달했고, 내 설교를 들었던 후배들이나 교회 학생들도 졸지 않고 집중했다. 그때 나는 여러 가지 성경 본문 중 출애굽기 20장 5절에 나오는 "여호와 너의 하나님은 질투하는 하나님인즉"이라는 내용을 학생들에게 설명한 적이 있다. 당시 나는 열변을 토하듯 설교했다.

나: 여러분, 보통 여성이 질투가 많나요? 남성이 질투가 많나요?

청중: 여성요.

나: 그렇죠. 그런데 여성처럼 질투가 많으신 분이 누구라고 성경에 나오죠?

청중: 하나님.

나: 맞아요. 여기 5절 중반에 보면, "나 여호와 너의 하나님은 질투하는 하나님인
즉"이라고 나오죠. 그러니 여호와 하나님께서 질투심이 많은 걸 알았다면, 여
호와 하나님의 질투심이 더 강할까요? 여성들의 질투심이 더 강할까요?

청중: 하하하하하. 하나님이요.

나: 그렇지요. 하나님의 질투심이 훨씬 강해요. 만일 지금 여러분 중에 혹시라도
여성이 질투심이 더 강하다고 생각하는 사람이 있다면, 그건 여러분이 여학생
들에게 잘못한 게 많아서 그럴 겁니다.

청중: 하하하하하.

나 : 오늘 이 시간부터 여러분은 여호와 하나님이 여성들과 비교할 수 없을 만큼
질투심이 많은 걸 잊으시면 안 됩니다. 여학생들은 질투하면 그냥 삐지는 것
으로 끝나지만 하나님은 여학생의 질투 그 이상으로 질투하시는 분이세요.
과연 어느 정도로 질투하실까요? 바로 여러분 집안의 3대나 4대까지 책망하
실 정도로 질투하시는 분임을 잊지 않길 바랍니다.

청중: 아멘.

그런데 나중에 신학을 하고 원어 성경을 살펴보면서, 출애굽기 20장 5

절의 '질투'의 의미가 내가 생각했던 것과 다름을 확인하고서 큰 충격을 받았다. 여기에 대한 해설은 뒤에 '목궁 Time'에서 소개하겠다.

신학교에서 원어의 중요성을 알기 시작하면서부터 나는 원어 공부에 집중했다. 게다가 학교도 1년 휴학하고, 원어 공부에 더 집중했다. 사람들 앞에서 설교하는 것도 당분간은 자제해야겠다는 심각한 고민을 했다. 실제로 거의 설교하지 않았다. 보통 신대원에서 공부하면 전도사 시절부터 여러 교회에 면접 서류를 넣고, 어떤 부서든 맡아서 열심히 전도도 하고 학생들에게 설교도 하면서 가르치려고 한다. 물론 그렇게 해야 담임 목사님에게서 목회와 관련한 여러 가지 것들을 배울 수 있는 것이 사실이다. 그런데 나는 그 모든 것을 중지했다. 그리고 한글 성경부터 다시 읽었다. 동시에 원어 성경과 비교하면서 본래의 의미가 무엇인지를 다시금 정립하는 시간을 가졌다.

그런 와중에 나는 '여호와의 증인'도 만나고, '하나님의 교회'도 만났다. 때로는 지하철을 타고 가면서 환승해야 할 때가 있는데, 특히 2호선 잠실역에서 8호선으로 갈아탈 때 유난히 증산도 사람들을 많이 보았다. 그들이 포교하는 모습을 보면, 나는 가던 길을 멈추고 그들에게 다가갔다. 그리고 그들이 포교하지 못하도록 했다. 그리고 나와 진리를 이야기하자고 하면서, 10분이고 30분이고 그 자리에 서서 이야기한 적도 여러 번 있었다. 그러한 상황 속에서 나는 자연스럽게 '원어 성경 연구'에서 '이단 연구'를 하게 되었다.

2009년 교회 개척을 준비하기 전까지, 나는 한 교회에서 먹고 자며 지냈던 총각 강도사의 삶을 살았다. 물론 전도사로서 사역도 했었다. 그러다 강도사 고시를 붙었지만, 계속 그 작은 교회를 섬겼다. 그 시절 나는 경제 수입이 없었기에 주석 출간 작업에 참여하여 원어 연구 분야를 집필했고, 거기에서 나오는 원고료를 가지고서 생활했었다. 그 돈을 가지고서 청년 들에게 맛있는 것도 사 주고, 책값도 주곤 했었다.

나는 전도사 시절부터 강도사가 되어서까지 그 작은 교회 예배당에 딸 린 작은 방에 머물렀다. 꽤 오랜 시간 그렇게 지냈다. 어떤 날은 누군가 문 을 열고 "계세요?"라고 했다. 그중에는 구걸하러 온 사람도 있었고, 가끔 은 '여호와의 증인' 몇 사람이 찾아오기도 했다. 그때 그분들과 가장 많이 대화했던 본문이 요한복음 1장 1-3절이었다.

사실 그 이전에도 여호와의 증인분들과는 성경 이야기를 많이 나누었 다. 정말 전도하고 싶어서였다. 그들과 대화하면서 가장 많이 들었던 생 각은 그들이 삼위일체 하나님을 인정하지 않는다는 것이었다. 그리고 그 들은 예수님을 하나님과 동등하게 설명하지 않았다. 그러면서도 구원은 인간의 노력으로 얻을 수 있는 것이 아니라고 말했다. '하느님의 깊은 친 절'을 통해 받는다고 설명했다. 그들이 나에게 보여 줬던 성경은 '신세계 역'(The New World Translation, NWT)이었는데, 무엇보다 그들은 예수님을 '하느님의 첫 번째 창조물', '여호와께서 직접 창조하신 유일한 분', '하느님 의 대변자 역할'을 하는 존재로 가르쳤다.

나는 어떻게 하면 저들을 다시 예수 믿게 할 수 있을까를 고민했고, 그 러면서 정말 자연스럽게 원어 성경 연구와 함께 이단에도 관심을 가지며 하나씩 연구해 가기 시작했다. 어떤 분들은 나에게 이단 사역에 달란트가 있어서 그렇다고 하셨는데, 글쎄 그건 잘 모르겠다. 또 어떤 분들은 내가 이단 사역을 비전으로 삼고 있었는지 묻기도 했다. 이 물음에도 전혀 아니었다고 말하고 싶다. 이단 사역에 달란트가 있어서도 아니고, 이단 사역을 비전으로 삼아서는 더더욱 아니었다. 정말 내 생활 속에, 내 주변에 이단·사이비에 빠진 분들이 너무 자주 보였기 때문이었다. 참으로 신기할 정도로 내 인생 속에 이단·사이비는 늘 가까이에 있었다. 게다가 신학을 하고 원어 성경을 연구해 가면서, 또 여러 청년들을 만나 성경 공부를 인도하고 신앙 상담을 하면서, 이단·사이비가 생각보다 우리 주변에 아주 밀접하게 파고들어 와 있음을 인지했던 것이다. 그래서 이단 연구 및 이단 상담은 내게 선택의 문제가 아니라 필수이자 책임이었다. 다른 사역자들에게는 모르겠지만 최소한 나에게는 그렇게 다가왔다. 이러한 생각을 가지고서 조직신학을 공부하고, 교회사를 공부했다. 심지어 설교를 하거나 성경 교육을 하거나 외부 집회에 초청받아 특강이나 설교를 하더라도 항상 이단이라는 주제만큼은 분량의 많고 적음은 차이가 있더라도 반드시 언급했다.

그냥 교리 교육을 하거나 조직신학을 가르치는 것도 물론 유익할 것이다. 그런데 이단 교리들과 비교하면서 먼저 이단들이 주로 사용하는 용어들이나 주장들부터 언급하며 비교 분석 차원에서 정통 교리를 반증하듯 가르쳐 준다면 훨씬 더 많은 유익이 있을 거라 생각한다. 교인 수의 증가 여부를 떠나 사역자 자신부터 깊은 성장과 성숙이 있을 것이다.

교회 개척을 하시는 분들은 '타의 반 자의 반'으로라도 다양한 전도 방식에 관해 관심을 가질 수밖에 없다. 아주 유명한 대형 교회로부터 분립되는 개척 교회라든지, 본인 이름만으로도 충분히 영향력이 있는 목사라면, 얼마든지 교회 개척을 조금 더 수월하게 진행할 수 있을 것이다. 그러나 대다수의 젊은 사역자들은 교회 개척에 있어서 엄청난 부담을 가질 수밖에 없어 나름대로 고민하며 다양한 방식으로 전도를 시도하곤 하는데, 나는 감히 한 가지를 제안하고 싶다. '이단 전도'에 관해서도 관심을 가져 보라. 지금 이단·사이비에 빠진 인구가 어림잡아도 150만에서 200만 명에 가깝다는 것이 전문가들의 일반적 견해이다. 앞으로 더 많은 피해자가 나올 것으로 예상하고 있다. 결코 즐거운 예상은 아니다. 이런 시점에서 오늘날 다음 세대를 생각하며 대비해야 하는 기존 교회들부터 더 나아가 신학생들이나 젊은 사역자들까지, '이단 전도'에 관해서 진지하게 고민하며 '이단 연구'를 시작해 보길 권한다.

목궁 Time

'원어 성경 연구'의 필요성

Q 1 : 출애굽기 20장 5절에서 '질투'는 여성의 질투심과 같은 건가요?

한글 성경으로 번역된 "질투하는"이라는 표현은 히브리어 동사 '카나(קנא)' 의 형용사 형태인 '칸나(קנא)'를 번역한 표현입니다. 물론 형용사인 '칸나(קנא)' 의 동사 '카나(קנא)'가 가장 먼저 나오는 곳은 '창세기'입니다. 여기서는 '사람에 게' 적용되고 있는 표현이며, 기본적인 뜻은 '시기하다'입니다(창 26:14; 30:1; 37:11). 그러나 출애굽기 20장 5절에 기록된 히브리어 형용사 '칸나(קנא)'는 신 명기와 동일하게 '하나님께만' 적용됩니다(출 34:14; 신 4:24; 5:9; 6:15). 이것은 무엇을 의미할까요?

히브리어 형용사 '칸나(קנא)'를 하나님과 관련지어 번역할 때는 단순히 '인간 적인 시기, 질투'로 번역할 수 없습니다. 오히려 하나님의 속성 중 일부를 반 영합니다. 기본적인 의미는 '반드시 관철하시는', '결코 포기를 모르시는', '결 정하신 그 목표점에 반드시 도달하시는', '의지력과 추진력이 절대 유일하게 강력하신' 등으로 번역할 수 있습니다. 즉, 5절과 6절에 대한 문맥적 흐름을 보자면, '하나님은 심판하시고자 결정하신 자들을 향해서는 반드시 심판하시 고, 은혜 베푸시고자 결정하신 자들을 향해서는 반드시 책임지시고 은혜를 베 풀어 주신다'라는 의미로 이해할 수 있습니다. 그러므로 출애굽기 20장 5절에 기록된 히브리어 형용사 '칸나(קנא)'는 '질투하는'이라고 번역할 것이 아니라 하나님의 속성을 반영하는 차원에서 '계획하신 그 목표에 대해서 반드시 추진하시고, 반드시 성취하시는'이라고 번역하는 것이 자연스럽습니다.

하나님은 두 가지 방식으로 반드시 하나님의 뜻을 성취하시는데, 그중에 하나는 '심판의 방식'이고, 다른 하나는 '은혜의 방식'입니다. 이 두 가지 방식을 통해 하나님은 자신이 계획하신 그 목표를 반드시 성취하신다는 의미가 바로 '질투하시는 하나님'이 가진 의미입니다.

하나님은 출애굽기 20장 4-6절을 통해 표면적으로는 '제2계명을 불순종하는 이스라엘 자손에게는 반드시 심판하실 것이고, 제2계명에 순종하는 이스라엘 자손에게는 반드시 은혜를 베푸실 것이다'라고 말씀하셨습니다. 그러나 하나님의 그 끝까지 관철시키시는 질투하심(열심)은 궁극적으로 '예수 그리스도의 성육신과 공생애이며, 십자가의 죽으심과 부활하심'을 통해 성취됩니다. 이것은 곧 예수 그리스도의 십자가를 부정하는 자들에 대해서는 심판하시고, 믿는 자들에 대해서는 은혜를 베푸시는 것으로 귀결됩니다. 다시 말해서, 예수 그리스도의 십자가의 삶과 그분의 가르침을 믿음으로 받지 않는 자에게는 결국 하나님의 심판만 있을 뿐이며, 믿음으로 받아 순종하려는 자에게는 하나님의 은혜만 있다는 것입니다. 이것이야말로 하나님의 질투하심의 궁극적 목적입니다.

결론적으로 출애굽기 20장 4-6절을 통해서 우리는, 성도 각 개인과 각 가정에 저주를 비롯한 어떤 복은 마치 기계를 타고 떠돌아다닌다거나 유전될 수 있는 것이 아니라는 사실을 기억해야 합니다. 복과 저주는 사람의 유전을 통해서 흐를 수 있는 것이 아니라 하나님의 직접적이고 주권적인 영역에서 비롯되는 것이기 때문입니다. 더 나아가 사람에게 있어서 진짜 저주는 하나님의 은혜 가운데 예수 그리스도를 믿지 못하는 것이며, 참된 축복은 하나님의 은혜 가운데 믿음으로 말미암아 예수 그리스도를 믿게 된 것임을 기억해야 합니다.

Q 2 : 요한계시록 1장 7절의 "볼지어다 그가 구름을 타고 오시리라"라는 말씀은 '재림'을 뜻하나요?

아닙니다. 요한계시록 1장 7절의 '구름 타고 오시는 예수님'은 다니엘 7장 13절에 대한 성취로서, '승천하셔서 성부 하나님을 향해 오고 계시는 예수님'을 묘사합니다. 이단·사이비 집단은 자신들이 믿고 따르는 '교주'를 '보혜사'로 제시하기 위해서 그 교주를 '예수님과 같은 존재'로 주장하는데, 예수님의 행적들을 자신들의 교주도 행할 수 있다고 주장하고 싶기 때문입니다. 그래서 그들은 자신들의 교주가 '구름 타고 오신 재림 예수'라고까지 주장합니다. 그리고 출애굽기 19장 9절을 인용하며 '모세에게 구름 타고 오신 하나님'이 곧 '영'이라고 주장했습니다.

> 여호와께서 모세에게 이르시되 내가 **빽빽한 구름 가운데서 네게 임함**은 내가 너
> 와 말하는 것을 백성들이 듣게 하며 또한 너를 영영히 믿게 하려 함이니라 모세가
> 백성의 말을 여호와께 아뢰었으므로(출 19:9)

그런데 출애굽기 19장 9절을 아무리 읽어 봐도 '모세에게 구름 타고 오신 하나님이 영'이라는 해석은 전혀 성경에 근거한 해석이 아닙니다. 아울러 그들은 마태복음 17장 5절을 인용하며 '초림 때 구름 속에서 소리를 내시며 구름 타고 오신 하나님이 영'이라고 주장하기도 합니다.

> 말할 때에 **홀연히 빛난 구름**이 그들을 덮으며 **구름 속에서 소리가 나서** 이르시되
> 이는 내 사랑하는 아들이요 내 기뻐하는 자니 너희는 그의 말을 들으라 하시는지
> 라(마 17:5)

그러나 마태복음 17장 5절을 아무리 읽어 봐도 '예수님의 초림 때에 구름

타고 오신 하나님이 영'이라는 해석은 전혀 성경에 근거한 해석이 아닙니다. 또한 이단 · 사이비 집단이 자주 인용하는 마태복음 24장 26-31절도 살펴봅시다. 그들은 이 본문을 앞세워 재림 때 구름 타고 오시는 예수님이 천사와 함께 오셔서 번개같이 역사하신다고 주장하기 때문입니다.

> 그러면 사람들이 너희에게 말하되 보라 그리스도가 광야에 있다 하여도 나가지 말고 보라 골방에 있다 하여도 믿지 말라. **번개가 동편에서 나서 서편까지 번쩍임 같이** 인자의 임함도 그러하리라. 주검이 있는 곳에는 독수리들이 모일 것이니라. 그날 환난 후에 즉시 해가 어두워지며 달이 빛을 내지 아니하며 별들이 하늘에서 떨어지며 하늘의 권능들이 흔들리리라. 그때에 인자의 징조가 하늘에서 보이겠고 그때에 땅의 모든 족속들이 통곡하며 그들이 **인자가 구름을 타고 능력과 큰 영광으로 오는 것**을 보리라. 그가 큰 나팔소리와 함께 천사들을 보내리니 그들이 그의 택하신 자들을 하늘 이 끝에서 저 끝까지 사방에서 모으리라(마 24:26-31)

이 단락 또한 아무리 읽어 봐도 '재림 때 구름 타고 오시는 예수님이 천사와 함께 번개처럼 역사하시면서 영으로 오신다'라고 해석할 수 없습니다. 게다가 이단 · 사이비 집단은 이사야 19장 1절을 근거로 하나님은 빠른 구름을 타고서 예수님 안에 계신다고 주장하기도 합니다.

> 애굽에 관한 경고라 보라 **여호와께서 빠른 구름을 타고 애굽에 임하시리니** 애굽의 우상들이 그 앞에서 떨겠고 애굽인의 마음이 그 속에서 녹으리로다(사 19:1)

이 내용 역시 아무리 읽어도 하나님께서 빠른 구름을 타고 예수님 안에 계신다고 볼 수가 없습니다. 그런데도 이단 · 사이비 집단은 이사야 19장 1절의 내용을 '하나님의 영이 초림 예수님께 임하신 사건'이라고 주장합니다.

결국 이렇게 억지스러운 거짓 주장들을 강조하는 그들의 궁극적인 목적은 무엇일까요? '오늘날에도 예수님의 영이 자칭 대언의 목자인 보혜사 교주에게 왔다'라는 궤변적 논리를 합리화하기 위함입니다. 따라서 '재림 주'를 보는 것은 곧 '대언의 목자'인 자신들의 교주를 보는 것과 동일한 의미가 됩니다. 뿐만 아니라 요한계시록 1장 7절의 '애곡하는 모든 족속'은 자신들의 교주가 한때 몸담았던 '첫 장막의 성도들'이라는 주장까지 자연스럽게 연결할 수 있게 되는 것입니다.

이쯤에서 우리는 거짓 교리를 너무나도 자연스럽고 교묘하게 가르치며 주장하는 이단 · 사이비 집단을 향해 두 가지 질문을 던질 필요가 있습니다. 우선 우리가 그들에게 던질 첫 번째 질문은 "성경에서 '구름'을 '영'이라고 직접적으로 표현한 구절이 어디 있는가?"입니다. 당연히 성경에는 직접적으로 표현한 구절이 없습니다. 왜냐하면 '구름'은 '영'이 아니기 때문입니다. '구름'이야말로 '비유적 표현'입니다. 주로 '하나님의 영광스러운 신적 임재'를 나타내는 표현으로 사용되었고, 특히 유대 묵시 문헌에서 '구름'은 신적 운반체를 상징했습니다. 그러므로 '구름을 탔다'라는 것은 곧 '하나님께서 신적 영광 가운데 임하신다'라는 것을 의미합니다. 성경은 이러한 영광의 임재가 구름으로 가려져 가시적으로 볼 수 없도록 나타났다고 묘사했습니다. 왜냐하면 하나님을 직접 보면 살아남을 자가 없기 때문입니다(출 19:21). 또한 이단 · 사이비 집단이 주장하는 것처럼 '구름'을 '영'이라고 주장한다면, 성경 해석에 있어서 모순적 충돌을 직면하게 될 것입니다. 예레미야애가 2장 1절을 읽어 봅시다.

> 슬프다 주께서 어찌 그리 진노하사 딸 시온을 **구름**으로 덮으셨는가 이스라엘의 아름다움을 하늘에서 땅에 던지셨음이여 그의 진노의 날에 그의 발판을 기억하지 아니하셨도다(애 2:1)

만일 "구름"은 곧 '영'이라는 공식으로 성경을 해석하게 된다면, 여기 1절의 "구름"도 '영'이라고 봐야 합니다. 그러면 주께서 진노하셔서 딸 시온을 '영으로 덮으신 것'이라고 해석해야 하고, 그러면 "구름"은 '하나님의 진노의 표현'이 됩니다. 이게 말이 되나요? 당연히 모순적 충돌에 봉착합니다. 애가 2장 1절에서의 "구름"은 비유적 표현으로서 '저주'를 의미합니다. 이번에는 예레미야애가 3장 44절을 읽어 봅시다.

주께서 **구름**으로 자신을 가리사 기도가 상달되지 못하게 하시고(애 3:44)

여기에서 '구름'이 만일 '영'이라면, 주께서 자신을 가리시기 위해서 '영'이라는 '구름'을 사용하셨다는 것이 됩니다. 이게 말이 되나요? 당연히 억지가 될 수밖에 없습니다. 예레미야애가 3장 44절에서의 "구름"은 하나님을 가리고 기도를 가로막는 '장애물'을 의미하는 비유적 표현입니다. 호세아 6장 4절도 읽어 봅시다.

에브라임아 내가 네게 어떻게 하랴 유다야 내가 네게 어떻게 하랴 너희의 인애가
아침 **구름**이나 쉬 없어지는 이슬 같도다(호 6:4)

여기서 "아침 구름"이 '영'이라면, '아침 영'이 따로 있고, '점심때나 저녁때의 영'이 따로 있는 것이라고 해석해야 하나요? 아울러 피조물에 불과한 에브라임의 인애가 너무 부족하다는 것이 곧 '아침 영'과 같다는 의미라는 것으로 봐야 할까요? 어이가 없습니다. 호세아 6장 4절의 "구름"은 '사라지는 이슬' 같은 것을 의미합니다. 스바냐 1장 15절도 읽어 봅시다.

그날은 분노의 날이요 환난과 고통의 날이요 황폐와 패망의 날이요 캄캄하고 어

두운 날이요 **구름**과 흑암의 날이요(습 1:15)

여기에서도 "구름"이 '영'이라면, '영'은 결코 좋은 의미가 아닌 것이 됩니다. 다시 말해서, 요한계시록 1장 7절의 "구름"이 '영'이라면, 더더욱 '예수님의 재림'과는 아무런 상관이 없는 의미가 되는 것입니다. 사실 스바냐 1장 15절의 "구름"은 '하나님의 심판'을 상징합니다.

우리가 이단·사이비 집단에 속한 사람들에게 던질 두 번째 질문은 "구름 탄 것을 예수님의 영이 임한 것으로 보는 것이 맞는가?"입니다. 당연히 잘못된 해석입니다. 그런데도 그들이 만일 '예수님의 영이 임한 것'을 '구름을 탄 것'이라고 주장한다면, 에베소서 1장 17절을 읽고 알려 주도록 합시다. 왜냐하면, 그들의 그러한 주장은 결국 '예수 그리스도를 믿는 성도들은 모두 구름 탄 자들'이라는 결론에 이르도록 만들기 때문입니다. 에베소서 1장 17절을 읽어 봅시다.

우리 주 예수 그리스도의 하나님, 영광의 아버지께서 **지혜와 계시의 영을 너희에게** 주사 하나님을 알게 하시고(엡 1:17)

여기서 바울은 하나님께서 "지혜와 계시의 영"을 누구에게 주셨다고 말하고 있습니까? 한글 성경만 잘 읽어도 "너희에게"라는 표현이 '2인칭 복수'라는 것은 충분히 알 수 있습니다. 그러므로 "지혜와 계시의 영"을 오직 '한 사람인 대언의 목자'만 받았다고 주장하는 이단·사이비 집단의 주장은 성경과 상관없는 궤변이며 거짓임을 분명히 확인할 수 있습니다. 에베소서 1장 17절의 "계시의 영"은 삼위 하나님의 한 위격이신 '성령'을 의미합니다. '예수님의 영'인 것이죠(행 16:6-7). 물론 어떤 이단은 '구름'을 '영'이 아닌 '육체'라고 주장하기도 합니다. 이러한 주장을 위해 사용하는 성경 근거 구절은 히브리서 12장 1

절입니다.

> 이러므로 우리에게 **구름같이 둘러싼 허다한 증인들**이 있으니 모든 무거운 것과
> 얽매이기 쉬운 죄를 벗어 버리고 인내로써 우리 앞에 당한 경주를 하며(히 12:1)

"구름"을 '육체'라고 주장하는 이단·사이비 집단에 속한 사람들은 "구름같이 둘러싼 허다한 증인들"은 곧 사람을 의미하는 것이기에, "구름"을 '사람의 육체'라고 주장합니다. 유다서 12절도 읽어 봅시다.

> 그들은 기탄없이 너희와 함께 먹으니 너희의 애찬에 암초요 자기 몸만 기르는 목
> 자요 바람에 불려 가는 물 없는 **구름**이요 죽고 또 죽어 뿌리까지 뽑힌 열매 없는
> 가을 나무요(유 12)

여기에서 "구름"을 '육체'라고 주장하는 이단·사이비 집단은 "목자"가 곧 "구름"이기에 "구름"은 곧 '육체'라고 가르칩니다. 정말 구름이 육체라면, 출애굽 때 이스라엘 백성이 만난 출애굽기 13장 21절의 "구름 기둥"은 '사람 기둥'일까요? 그들의 주장대로라면, '육체들로 쌓인 인간 기둥'이 될 수 있다는 뜻 아닐까요? 출애굽기 13장 21절을 읽어 봅시다.

> 여호와께서 그들 앞에서 가시며 낮에는 **구름 기둥**으로 그들의 길을 인도하시고
> 밤에는 불기둥을 그들에게 비추사 낮이나 밤이나 진행하게 하시니(출 13:21)

이번에는 마태복음 17장 5절을 읽어 봅시다.

> 말할 때에 홀연히 **빛난 구름**이 그들을 덮으며 **구름** 속에서 소리가 나서 이르시되

이는 내 사랑하는 아들이요 내 기뻐하는 자니 너희는 그의 말을 들으라 하시는지
라(마 17:5)

만일 그들의 거짓 주장대로라면, 마태복음 17장 5절에 나오는 "빛난 구름"
에서 "구름"도 '사람'이니 '빛나는 사람이 제자들을 덮었다'라고 해석해야 할까
요? 또한 "구름 속에서 소리가 나서"라는 표현도 '사람 속에서 소리가 난 것'
이라고 해석해야 하나요? 참으로 궤변이 아닐 수 없습니다. 그렇다면, 요한계
시록 1장 7절의 '구름 타고 오시는 예수님'을 어떻게 해석해야 할까요? 우선
요한계시록 1장 7절을 다시 읽어 봅시다.

볼지어다 **그가 구름을 타고 오시리라** 각 사람의 눈이 그를 보겠고 그를 찌른 자들
도 볼 것이요 땅에 있는 모든 족속이 그로 말미암아 애곡하리니 그러하리라 아멘
(계 1:7)

일단 여기서 우리가 먼저 짚고 넘어가야 할 것이 있습니다. 한글 성경에 번
역된 "구름을 타고 오시리라"에서 '오시리라'로 번역된 헬라어 동사(ἔρχεται, 에
르케타이)는 헬라어 문법상 원형 동사(ἔρχομαι, 에르코마이)의 '직설법 현재 중간
태 또는 수동태'의 의미를 가지고 있습니다. 아울러 "구름을 타고"라고 번역된
헬라어 전치사구인 'μετὰ τῶν νεφελῶν(메타 톤 네펠론)'은 '그 구름과 함께'라고
번역할 수 있습니다. 종합하자면, 한글 성경에 번역된 "구름을 타고 오시리
라"는 '그 구름과 함께 계속 오고 있는 상황' 또는 '그 구름과 함께 계속 도착되
고 있는 상황'을 의미합니다. 좀 더 구체적으로 말해, '그 구름과 함께 계속해
서 하나님께로 오고 있는 상황'을 의미하는 것이죠. 이것을 조금 다르게 표현
하자면, 예수님의 '재림'이 아니라 다니엘 7장 13절에 대한 성취로서, '승천'을
의미한다는 것입니다. 다니엘 7장 13절을 읽어 봅시다.

내가 또 밤 환상 중에 보니 인자 같은 이가 **하늘 구름을 타고 와서** 옛적부터 항상

계신 이에게 나아가 그 앞으로 인도되매(단 7:13)

다니엘 7장 13절의 예언처럼, 성자 하나님은 부활하신 후 실제로 승천하셔서 '옛적부터 항상 계신 이' 되시는 성부 하나님을 향해 '오고 계시는 승천의 상황'을 역동적으로 표현하고 있습니다. 이것이 바로 요한계시록 1장 7절의 "볼지어다 그가 구름을 타고 오시리라"의 의미입니다.

나눔을 위한 질문

성경을 바르게 읽기 위해서, 개인적으로나 교회 차원에서 보완해야 할 교육(학습)들이 있다면 무엇이 있을까요? 이단을 경계하고 대처하기 위해서는 우리 교회가 지속적으로 무엇을 준비하고 어떻게 대비해야 할까요?

15

신천지에 들어간 엄마의 탈퇴를 도우려다
지금은 사모가 된 자매

여러 목사님이 나에게 가끔 물어보는 것 중의 하나가 바로 '교회 개척'이다. 나는 교회 개척을 계획하지 않았었다. 물론 '교회 개척'을 할 수도 있겠다는 생각은 있었지만, 솔직히 나는 청빙을 생각했었다. 그렇지 않으면 우선 유학을 가는 것도 하나의 방법일 수 있겠다고 생각했었다. 나와 엇비슷한 시기에 신학 공부를 하신 분들은 아마 내 고민과 크게 다르지 않았을 것이다.

물론 신대원 들어올 때부터 선교사나 특정 기관에서 특수 목회나 기관 사역을 하기로 작정하신 분들은 신대원 졸업 이후 다시 그곳으로 돌아가서 사역하기도 하신다. 그러나 나는 교회 목회에 마음이 있었다. 다만 청빙으로 갈 것인지, 개척으로 갈 것인지에 대한 고민을 했다. 아니면 우회적으로 신학 석사(Th.M.) 과정을 국내에서 더 진행할지, 해외로 유학을 갈지 고민하기도 했었는데, 그러던 중에 정말 생각지도 못한 상황 속에서

2009년부터 교회 개척 준비 과정을 맞이하게 되었다. 그때 나는 34세의 총각 강도사였다. 무슨 배짱으로 교회 개척에 뛰어들었는지, 지금 생각해 보면 참 놀라울 뿐이다. 개척 이후 조금씩 헌금이 모였지만, 나는 3년 정도 사례비를 전혀 받지 않았다. 대신 자체적으로 경제 활동을 조금 하고, 여기저기서 후원받은 것을 가지고 살았다. 당연히 재정을 제대로 모을 수가 없었다. 결혼은 꿈도 꾸지 못했다. 진짜 이러다 그냥 총각 강도사로 끝나는 건가 싶은 염려도 있었다.

솔직히 어느 누가 나와 결혼하려고 했겠는가? 교회를 개척했다고 해서 엄청나게 많은 인원이 모인 것도 아니었고, 대부분 청년들로서, 기존 교회와 목사에 대한 불만과 상처가 있는 성도들이었다. 다들 자기 밥그릇 챙기느라 교회와 목회자의 입장을 고려할 여유가 없었다. 그냥 오합지졸 그 자체였다. 이런 상황 속에서도 매 주일 꾸역꾸역 성경 강해 설교를 진행했다. 오후에도 성경 개관을 비롯해 다양한 주제로 신앙 교육을 이어 갔다. 점심은 각자 도시락을 싸 와서 먹었다. 이 부분에 대해서도 얼마나 불만이 많았는지 모른다. 그래도 그냥 묵묵히 이어 갔다.

총각 강도사 때는 어머니께서 음식을 준비해 주셨다. 버스를 타고 다니며, 도시락 가방에 성경을 비롯해 설교 준비 노트를 담은 가방을 들고서 왔다갔다 했다. 특히 집에 갈 때는 빈 도시락에 숟가락이 덜거덕거려서 버스를 타거나 전철을 탈 때 조금 창피하기도 했었다. 그래도 어쩔 도리가 없었다. 주일에 일찍 예배당에 도착하면, 예배 준비를 위해 책상과 의자부터 세팅해야 했다. 당시 예배당은 4층 건물 중 2층의 한 공간을 빌려 쓰고 있었다. 그렇다 보니 4층에 위치한 의자들을 2층으로 가지고 내려와야 했다. 그렇게 몇 번을 오르락내리락 하면서 의자와 책상을 배열하다 보면, 와이셔츠 겨드랑이 쪽에서부터 땀이 나기 시작했다. 어느 정도 정리되었다 싶을 때, 성도들이 한두 명씩 오기 시작했다. 그들의 얼굴을 보면 기뻐야 하는데 솔직히 좀 화가 났었다. 예배 시간이 다 되어 가는데도 늦게 오는 청년들의 모습이 못마땅했던 것이다. 나 혼자 고생하면서 '내가 왜 이래야 하나' 싶은 '현타(현실 자각 타임)'의 상황을 직면할 때도 있었다.

이런 식으로 매 주일을 지내다 보니 어느새 결혼은 나와는 점점 멀어질 수도 있겠다는 부정적인 생각이 강하게 들었다. 소개팅을 통해 몇 번 자매를 만나 보기도 했지만, 결국 나의 교회 개척 상황을 듣고 나면 제대로 연애로 이어지기가 어려웠다. 나를 마음에 들어 했던 자매들도 가끔은 있었다. 하지만 내 여러 가지 미숙함 때문인지 결혼을 향한 만남으로 지속되지는 못했다. 이런저런 상황들이 겹치면서 어느덧 내 나이도 36세가 되었다.

그러던 중에 나에게 헬라어와 히브리어를 배웠던 형제님으로부터 연락이 왔다. 그분의 성씨는 '한' 씨다. (앞으로 '한 형제님'이라고 부르겠다.) '한 형제님'은 이름만 대면 충분히 다 아는 대형 교회에 출석했다. 그 교회에서 청년부 성경 공부 소그룹 리더를 맡기도 했었다. 그런데 그 소그룹에 속한 청년 자매 중 하나가 '한 형제님'에게 도움을 요청했다는 것이다. 자기 어머니가 신천지에 빠졌는데 어찌할 바를 모르겠다는 것이었다. 그 자매님은 어머니가 영적 기둥과 같은 분이라고 했다. 왜냐하면 그분이 가족을 모두 전도했기 때문이다. 어린 시절부터 신앙의 영향을 어머니에게서 가장 많이 받았고, 성년이 되어서도 신앙적으로 어머니에게 늘 의존했다고 말했다. 언제나 가정의 신앙을 잘 이끌어 준 엄마가 어느 날 신천지에 빠진 것을 알고서 너무나 큰 충격을 받았고, 한순간에 신앙적으로 의지할 대상이 사라진 느낌이었다고 했다. 자신과 여동생 및 아빠는 열심히 돈을 벌고, 주로 밖에서 활동했기에 우선 자기 자신부터가 괜히 죄송스러웠다고 했다. 엄마가 집안일도 하고, 신앙적으로도 이끌어 주셨기에 엄마를 너무 신경 쓰지 못했던 것 같아 무엇보다 맏딸로서 미안하고 죄송스러운 마음이 크다고 했다. 그래서 어떻게든 신천지에서 나오게 하고 싶었단다. 그런데 방법을 전혀 몰랐고, 상담소로 가서 문의하려고 해도 비용 문제뿐만 아니라 상담소까지 데리고 가는 것 자체가 어려웠다고 하는 것이 아닌가.

그러자 그 '한 형제님'이 그 자매에게 나를 소개했다는 것이다. 그 자매의 성씨는 '홍' 씨였다. (앞으로 '홍 자매님'이라고 부르겠다.) '한 형제님'은 '홍 자매님'에게 나를 다소 거창하게 소개했던 것 같다. 내가 '원어 성경 연구도 많이 했고, 실력도 있으며, 평소에는 이단 연구도 하는 분'이고, '현재 수원 쪽에서 교회를 개척해 목회까지 하고 있는 강도사'라고 소개했다는 것이다.

'한 형제님'으로부터 이런 상황을 전해 들은 나는 솔직히 고민했었다. 왜냐하면 당시에는 신천지에 관한 연구를 지금처럼 깊이 있게 정리하지 못했었기 때문이다. 그냥 신천지 사람들을 몇 번 만나 보고 대화하면서 이들이 상당히 심각한 자들이라는 인식만 있었을 뿐이었다. 어떻게 상담하고, 어떻게 탈퇴시켜야 할지, 어떻게 교리를 반증해야 할지에 대해 아는 것이 거의 없던 시절이었다. 그런데도 나는 '한 형제님'의 연락을 받고, 일단 무작정 '홍 자매님'의 어머님이 탈퇴할 수 있도록 돕겠다고 말했다.

그 즈음 나는 청주에 있는 순복음 교회에 주일 오후 청년 헌신 예배 설교를 초청받아서 주일 오전 예배 후 서둘러 청주에 내려갔다. 거기서 설교를 하며 기도를 부탁했다. 한 청년 자매의 엄마가 신천지에 빠져서 조만간 그분을 만나러 갈 텐데 하나님께서 도우시기를 기도해 달라고 말이다. 그만큼 나도 굉장히 긴장되었나 보다.

그분을 만나서 막상 무얼 말해야 할지 고민되었다. 어떤 내용부터 시작해야 할지 솔직히 막막했다. 걱정 반 긴장 반, 당일 전날 밤 나는 요한계시록을 여러 번 다시 읽었다. 성경 주석들도 여러 권 뒤져서 살펴보았다. 조직신학 책도 일부러 꺼내서 다시 읽어 보았다. 그런데도 괜히 불안했고 염려되었다. 혹여라도 내일 만나서 대화를 나눌 때, '내가 말이 막혀서 꼬이면 어쩌나?' 하는 걱정이 머리에서 떠나질 않았다. 그럴 경우, 나는 완전히 망신당하는 꼴이 될 테니까. 신천지에 빠진 그 어머니 앞에서뿐만 아니라 그분의 가족들 앞에서도 창피를 당하는 것이 될 테니까. 그래서 더더욱 긴장되었던 것 같다.

드디어 당일, 나는 '한 형제님'과 함께 '홍 자매님'의 어머님을 만나러 갔다. 막상 전철역 출구를 나와서 보니 그분 옆에는 '홍 자매님'의 아버님도 계셨다. 그런데 정작 '홍 자매님'은 보이질 않았다. 아버님의 말씀을 들으니 하필 그날 그 자매에게 바쁜 일이 있다고 했다. 우리는 '홍 자매님'의 아버님께서 잘 아시는 지인분의 건물 안으로 올라갔다. 사무실 같은 공간 안에 들어가서 나와 '한 형제님'은 나란히 의자에 앉았다. 책상이 꽤 길었다. '홍 자매님'의 어머님과 아버님은 건너편에 앉으셨다.

어머님은 내 눈을 쳐다보지 않으시고 고개를 숙이고 계셨다. 표정은 약간 무표정한 듯했다. 우리는 주로 아버님과 대화했다. 내가 기도를 하면서 오늘의 만남을 시작했다. 기도가 끝나면서 아버님은 큰 목소리로 "아멘"이라고 반응하셨으나, 어머님은 아무런 소리도 내지 않으셨다. 나 또한 어머님을 굳이 쳐다보지는 않았다. 그러고 나서 성경에 대한 기본적인 내용을 아버님의 얼굴을 쳐다보면서 설명드렸다. 그런 다음 요한계시록을 펼쳐 보자고 말했다. 물론 곧바로 요한계시록을 들어가지는 않았고, 요한계시록 전체의 개관을 설명했다. 어머님은 듣는 둥 마는 둥 하는 표정으로 앉아 계셨고, 아버님은 오히려 아주 적극적으로 들으셨다. 심지어 고개를 끄덕이면서 뭔가 하나라도 더 받아 적으시려고 메모까지 하셨다. 이것이 두 분과의 1차 만남이었다.

그 이후 우리는 2차 만남을 가졌다. 장소는 두 분의 둘째 따님의 집이었다. 둘째 따님은 먼저 결혼해서 이미 100일 가까이 된 아들도 있었다. 둘째 따님 집은 서울 서대문 쪽에 위치한 아파트였다. 층수는 1층. 두 번째 만남인데도 나는 긴장이 되었다. 아마 아버님께서 어머님에게 오늘의 두 번째 만남에 대해 따로 이야기하지 않으셨던 모양이었다. 어머님은 굉장히 화를 내시면서 문 앞에서 우리가 드리는 인사조차 받지 않으시고는 즉시 밖으로 도망치듯 나가 버리셨다. 아버님은 우리에게 신경 쓰지 말라는 듯 말씀하시고는 우리를 집 안으로 들이셨다. 안에 들어가니 아무도 보이지 않았다.

아버님은 소파에 앉으셨고, 우리는 거실 바닥에 앉았다. 조금 시간이 지나니 작은 방에서 둘째 따님이 나오셨다. 아기 모유 수유 이후 잠을 재우고서 방금 나오신 것이라고 했다. 그분도 같이 거실에 앉았다. 이런저런 이야기를 하는 중에 누군가 문을 여는 소리가 들렸다. 어머님이 들어오시는 줄 알았는데, 한 명의 남성과 한 명의 여성이 같이 들어왔다. '한 형제님'은 그 여성이 바로 '홍 자매님'이라고 알려 주었다. 얼른 일어나 인사했다. 옆에 있던 남성은 '홍 자매님'의 남자 친구인 줄 알았는데, 알고 보니 둘째 따님의 남편이었다. 두 사람이 퇴근하면서 서로 집 앞에서 만나 같이 들어온 것이다.

일단 상황이 좀 애매했다. 신천지에 빠진 어머님 당사자가 안 계시니 신앙 상담이나 교리 반증을 진행할 수 없었다. 대신 아버님과 '홍 자매님'께, 그리고 둘째 따님 부부에게 앞으로 어떻게 대응하면 좋을지 이것저것 말씀드렸다. 그랬더니 '홍 자매님'은 자신에게 요한계시록 관련 자료를 주면 자신이 공부해서 엄마에게 신천지에 대한 잘못된 내용을 잘 설명해 보겠다고 했다. 그 부분도 충분히 가능할 수 있다고 생각해서 '홍 자매님'의 연락처와 이메일 주소를 받았다.

어느덧 저녁 식사 시간이 되었다. 두 자매님이 식사를 준비하셨다. 아마 조금 전까지 어머님이 가족 저녁 식사 준비를 어느 정도 해두신 모양이었다. 그런데 갑자기 어머님이 나가 버리셨으니 두 따님이 마저 준비한 모양이었다. 우리는 그냥 일어서려고 했다. 저녁은 가족끼리 드시라고 했다. 하지만 '홍 자매님'은 여기까지 오셨는데, 그래도 식사는 하고 가라고 하셔서 계속 거절하기 어려워 '한 형제님'과 나는 일단 같이 저녁을 먹고 가기로 했다.

저녁을 먹는데, 첫째 따님인 그 '홍 자매님'이 생선을 친절하게 발라 주셨다. 순간 리브가가 급히 물동이를 어깨에서 내려 아브라함의 늙은 종 엘리에셀에게 물을 마시게 할 뿐만 아니라 그의 낙타를 위해서도 물을 길어 배불리 마시게 했던 장면이 떠올랐다(창 24:16-19). 너무 감사했다. 하필이면 그 '홍 자매님'은 내가 볼 때 왼쪽 얼굴이 보이게끔 앉으셨다. 왼쪽 옆 모습을 보았는데, 눈이 참 예쁘셨다. 나는 쌍꺼풀이 없는데 '홍 자매님'은 쌍꺼풀이 있었다. 순간 '내가 지금 무슨 생각을 하는 건가?' 하는 생각이 들었다. 아무튼 그렇게 극진한 대접을 받으며 저녁도 먹고 다과까지 하고서 자리에서 일어났다. 떠나기 전에, 아까 이것저것 당부했던 내용들을 한 번 더 반복해서 말씀드렸다. 그리고 문을 나서려고 하는데, '홍 자매님'이 100일도 안 된 자기 조카까지 안고 나와서 나에게 인사를 시키셨다. 솔직히 총각인지라 아기에게 뭘 어떻게 인사해야 할지 잘 몰라 어색한 모습으로 대충 인사하고서 나왔다.

이후 나는 '홍 자매님'께 메일로 요한계시록 자료들을 하나씩 보내 주었다. 그리고 내가 당부한 미션들을 어떻게 하고 있는지 중간 점검도 했다. 그 과정에서 놀랍게도 어머님은 신천지 분들과 연락을 끊을 수 있게 되었다. 물론 '홍 자매님'의 아버님 역할이 컸다. 당부했던 여러 가지를 아주 단호하게 실천해 주셨다. 아버님의 결단력이 없었다면 쉽지 않았을 것이다. 사실 이단 상담을 통해 회심 및 탈퇴하는 분들의 경우를 보면, 가족들의 집중적인 관심과 사랑의 수고, 과감한 결단력과 실천이 뒤따른다. 이것은 아마 대다수 이단 상담 전문가들도 공감하는 생각일 것이다. 아울러 '홍 자매님'의 어머님은 둘째 따님의 부탁으로 매일 손주를 돌봐주셔야만 했었다. 이렇게 환경적으로 어머님이 신천지에 집중할 수 없게 되고 가족들의 집중적인 관심과 보호 덕분에, 어머님은 결국 신천지에서 나오셨다.

그러면서 '홍 자매님'에게는 계속해서 요한계시록 자료들뿐만 아니라 신천지 관련 자료들을 보내 주었고, 계속해서 점검했다. 이 과정을 통해 나 또한 신천지에 관해 좀 더 집중적인 공부를 할 수 있었다. 그리고 감사하게도 어머님이 신천지에 더 이상 갈 수 없는 상황이 되면서, '홍 자매님'도 요한계시록에 대해 좀 더 공부하고 싶어 하는 마음을 가졌다. 여러 번 메일로 연락도 주고받고, 나중에는 휴대폰 연락처로도 연락을 주고받으면서, 요한계시록에 대해 더 알려 주기 위해 직접 만나기까지 했다.

2011년 4월 17일 토요일. 사실, 이날은 단순히 이단 상담을 위한 만남이었다기보다는 홍 자매님과의 교제를 위한 만남이었다. 내 입장에서는 그랬다. 물론 사역을 위한 만남이었기에 다른 감정을 가지면 안 된다고 생각해서 더욱 조심했다. 나에게는 잊을 수 없는 날이다. 하지만 그동안 '홍 자매님'과 조금씩 편하게 연락을 주고받으며, 생각지 못했던 인생 이야기를 나누게 되었다. 그 과정에서 의외로 서로 생각이 조금 통하는 게 있음을 발견했다. 게다가 '홍 자매님'의 여러 가지 성장 배경 속의 어려움과 고민들도 듣게 되면서 단순히 공감하는 차원을 넘어 이성적인 감정이 들기 시작했다. 사실, '홍 자매님'에 대한 첫인상이 좋았다. 이런 상황에서 양재 시민의 숲에서 처음 '데이트 아닌 데이트 같은 만남'을 가졌다. 그 주변을 계속 걷고 또 걸으며 대화를 나누었다. '홍 자매님'은 보통 분은 아닌 것 같았다. 특히 일반 은총 영역에 있어서 다방면으로 여러 깊이 있는 소양을 지니고 있었다.

점심 식사를 할 때가 되었기에 마침 부대찌개 집이 보여 그곳에서 점심을 먹었다. 그때도 '홍 자매님'은 나에게 먼저 한 접시를 덜어 주었다. 그렇게 서로 담소를 나누면서 맛있게 먹었다. 이후 우리는 다시 산책하듯 걸었다. 꽤 오랜만의 데이트였다. 물론 내 생각일 뿐이었다. 이후 우리는 핸드폰으로도 연락을 주고받았다. 그러면서 어느 날 밤 문자를 하나 보냈다. "○○ 씨라고 불러도 될까요?" 그것은 일종의 내 고백인 셈이었다. 혹시라도 새벽에 문자가 올까 싶어 잠을 자다가 몇 번을 깼는지 모른다. 다음 날 오전 중에 분명 문자가 오기는 했다. 그런데 지금 생각해 보니 기억이 나지를 않는다. 어쨌든 내가 기대했던 답변은 아니었다.

이후 조심스럽게 서로 연락도 하고 대화도 하면서, 우리는 서서히 연인 관계로 발전했다. 물론 서로의 입장과 형편들이 있어서 티격태격하기도 했지만, 1년 동안의 연애 끝에 우리는 2012년 6월 2일에 결혼을 하게 되었다. 이 과정들을 옆에서 지켜본 여동생이 '두 사람이 만약 결혼을 하게 되면, 이것은 분명 하나님께서 중매해 주신 결혼'이라고 했었는데, 정말 결혼을 하게 되었다. 사실 우리는 결혼 준비 과정에서 두 번 정도 헤어졌었다. 그럼에도 현재의 아내가 된 '홍 자매'는 나와의 결혼에 있어서 많은 양보를 해주었다. 서울에서 태어나서 자란 아내가 용인으로까지 내려오기란 쉬운 일이 아니었기 때문이다. 게다가 개척 교회 강도사였던 나는 경제적으로 준비된 게 거의 없었다. 나와 결혼하는 순간부터 그녀는 개척 교회 사모가 되는 상황이었다. 어느 누가 이를 좋아하랴. 그럼에도 그녀는 나를 믿고, 나와 결혼해 주었다. 오직 나만 바라보고 열악한 환경의 개척 교회 사모로서의 삶을 살게 된 것이다.

어느덧 10년이 넘는 시간이 흘렀다. 참으로 고맙고 감사할 뿐이다. 참으로 놀라운 하나님의 섭리이다. 결혼 이후, 가끔 아내가 나에게 하는 말이 있다.

"당신 목사 만들어 준 게 나야. 그러니까 나한테 제일 잘해야 돼."

처음에는 이 말이 그렇게 듣기 싫었다. 하나님께서 우리를 만나게 하신 것인데, 뭔 헛소리인가 생각했다. 사람이 너무 교만한 거 아닌가 싶기도 했다. 물론 시간이 지나면서, 하나님께서 이 자매를 나에게 선물로 보내 주신 게 확실하다는 것을 여러 번 느끼며 감사한 적이 있다. 지금도 마찬가지이고, 앞으로도 변함없다. 무엇보다 제일 감사한 점은, 신천지를 몸소 (어머니를 통해) 겪어서 그런지는 모르겠지만, 늘 내 설교에 집중한다는 것이다. 오후 신앙 교육 시간에 하는 교리 교육 시간에도 가장 집중하고 은혜 받으며, 진정성 있는 피드백을 해주는 사람이 바로 아내이다. 성경 연구에 있어서나 이단 관련 연구 및 상담에 있어서나 이제는 누구보다 나를 가장 신뢰해 주고 지지해 주는 평생의 반려자요 동역자가 되었다.

'이단 사역' 하면 힘들다고들 생각한다. 물론 외롭고 힘들 때도 있다. 억울하고 답답할 때도 있다. 누구 하나 제대로 관심 가져 주지 않는다. 심지어 같은 동료 목사님들조차 별 관심이 없다. 공감하지 못한다. 이단 문제에 관해 이야기를 꺼내기만 하면 너무 예민한 것 아니냐고 오해하는 분들도 있고, 이보다 더 중요한 목회 문제도 있다고 하면서 이단 문제는 그냥 뒷전으로 여기는 분들도 있다. 하지만 내 경우는 다르다. 좋은 실력의 이단 전문가 시절이 아니었음에도 나는 목회자로서 당연히 도와야 한다는 당위성을 가지고서 이단 피해자의 요청에 도움을 주려고 했다. 모르면 더 알아 가면 되고, 배우면 되는 것이라 생각했다. 연구가 부족하면 연구를 더 하면 되는 것이었다. 실력보다 중요한 것은 이단에 빠진 피해 당사자 혹은 피해 가족들의 그 고민과 아픔에 대해 공감하려는 마음이 있어야 한다는 것이다. 이러한 주님의 마음, 긍휼함과 안타까움 없이 단지 분노나 혈기만을 앞세워서는 이단 사역의 길을 걸어가기란 쉽지 않다.

이단 문제는 선택 사항이 아니다. 탁지일 교수님을 비롯해 여러 이단 전문가들이 언급하고 있듯이 이단 문제는 교리적 문제를 넘어 이제는 사회적 차원의 문제이기도 하다. 다시 말해 이단·사이비는 우리의 평범한 일상과 우리가 그토록 소중하게 여기는 교회 공동체 안으로까지 깊이 파고들어 위협하고 있다. 대형 교회나 소위 유명한 교회에 출석한다고 해서, 이름 좀 알려진 목사님의 설교를 듣는다고 해서 안주할 수 있는 일이 아니다. 실제적인 교리 반증에 대해 어느 정도까지는 공부하며 대비해야 한다. 물론 교리 교육과 함께 66권 성경에 대한 진지한 관심과 성경 읽기에 대한 꾸준한 노력이 뒷받침되어야 한다.

이단 사역 전문가

Q : 이단 사역을 일차적으로 신학교에서부터 배워야 하지 않나요?

이 질문은 사실 의견이 갈리는 내용입니다. 물론 저는 신학교에서 이단 분야를 공부하는 게 좋다고 생각합니다. 물론 박사 학위를 가진 교수님들이 가르치는 조직신학 강의도 필요하지요. 하지만 이단 사역은 단지 책상에서 연구하는 것만으로는 어렵습니다. 현장에 대한 이해가 없이는 '종이호랑이'와 같은 이단 강의에 그칠 수밖에 없습니다. 그래서 현장 사역을 하시는 이단 상담 전문가 및 이단 전문가들을 통한 강의가 함께 이루어지면 좋을 거라고 생각합니다.

여기서 '현장에 대한 이해'라는 부분은 실제 이단 피해자들에 대한 공감과 이해를 전제하는 것입니다. 그들과 만나 이야기도 해 보고 상담도 해 보는 것이죠. 거짓 교리들에 세뇌된 사람들은 여러 가지 접근 방식들을 통해 마음을 열게 하고, 그들이 알고 있는 거짓 교리들이 왜 잘못된 것인지 핵심적인 것부터 반증해 주는 오랜 과정이 있어야 합니다. 그러기 위해서는 현장에 대한 이해가 필수적입니다. 그래서 박사 학위 교수들의 이단 강의만으로는 한계가 있을 수밖에 없습니다. 그렇다고 그분의 학문적인 깊이와 강의가 필요 없다는 말은 결코 아닙니다. 반드시 필요합니다. 학문적인 검증과 연구 절차 과정들이 있어야만 한국 교회가 공신력 있는 근거로 삼을 수 있으며, 한 개인의 주장에서 그치지 않고 잘 계승되어 갈 수 있기 때문입니다.

 나눔을 위한 질문

이단 전문가 양성을 위해 교회 차원에서, 또는 교단 및 신학교 차원에서 무엇을 준비해야 할까요? 앞으로 이단 전문가들과 지역 교회들은 어떤 연계를 할 수 할까요?

16
목회도 바쁜데 굳이 이단 문제까지?

| 생 활 속 사 례 |

코로나19 감염자가 국내에서도 발생했다. 특히 대구의 신천지를 통해 전국적으로 확산된 1차 대유행을 기점으로, 많은 교회들이 예배당에 모여 예배를 드리지 못하는 상황에 처하고 말았다. 이 때문에 나는 이단과 관련한 다양한 거짓 교리들을 매주 하나씩 소개하고 교리를 반증하는 내용으로 주일 공예배 설교를 진행했다. 또 합신 총회 이단사이비대책위원회(이대위) 위원장으로서 초창기부터 활발하게 활동하셨던 박형택 목사님을 통해 배웠던 이단·사이비의 단골 메뉴들을 20개 넘게 일일이 다시 정리하면서 성도들에게 전달했다. 뿐만 아니라 주일 오후 신앙 교육 시간에는 이단 계보의 역사를 살펴보면서 현재 한국 사회에 존재하는 이단들은 어떤 뿌리에서 비롯되었는지를 가르쳤다. 사실 나로서는 너무 유익하고 좋았다. 매번 파편적으로 제보가 들어올 때나 상담이 발생할 때 찾아보았던 자료들을 한꺼번에 일목요연하게 정리할 수 있는 기회가 되었다. 언젠가 한 번은 정리해야겠다고 했던 숙제를 코로나 기간에 해결할 수 있었다.

그런데 성도들의 반응은 조금 달랐다. 물론 예상치 못했던 이단 교리들이나 이단 계보들을 배우면서 이단을 좀 더 자신있게 대처할 수 있을 것 같다고 반응하는 분들도 계셨다. 하지만 어떤 분들은 '굳이 왜 이렇게 이단에 관해서만 공부해야 하나요?'라고 물음을 제기하기도 하셨다. 처음에는 조금 서운했었다. 그러나 한편으로는 이해가 되었다. 그분들은 지금까지 살면서 이단과 관련한 어떤 사건이나 경우도 경험해 보지 않았기 때문이다. 그래서 이단·사이비 피해를 그저 뉴스에서나 나올 법한 것처럼 생각했던 것이다. 순간 고민이 되었다. 성도들이 재미없어하는 주제이고, 별로 관심 갖지도 않는데 계속 이단 관련 주제들을 설교하고, 이단 계보에 대해 다뤄야 하는 것인가, 머리가 매우 복잡했다.

그러던 중에 성도들 가운데 신혼부부였던 '박 선생' 가정에서 피드백이 왔다. TV를 보고 있는데 '백백교'가 나왔다는 것이다. 그런데 아내분이 남편분에게 "어? 오빠, 저거 저번에 교회에서 배웠던 이단 아니야? 진짜 저런 이단이 있었구나. 무섭네"라고 했다는 것이다. 그뿐만이 아니었다. 수학 공부방을 운영하는 성도가 있는데, (편하게 나는 '황 선생'이라고 부른다.) 그 성도는 앞으로 공부방을 조금 더 넓혀 학원으로 시스템을 바꿔서 운영하려는 계획을 하고 있었다. 거기에 어떤 프로그램을 접목할지 오랜 시간 찾아보는 중에 자기가 보기에 나름 괜찮다고 여겼던 영역을 발견했다고 했다. 그래서 심지어 주일 공예배를 마친 후에 부부는 함께 곧바로 인천으로 갔다. 그런데 그날은 날이 좋아서 일부 성도들은 예배당 근처로 나가 벚꽃 구경도 하고 왔다. 저녁으로 같이 고기도 구워 먹었다. 그쯤 되어서 인천에 간 '황 선생' 부부도 도착했다. 그들은 인천에 가서 직접 프로그램 관계자를 만나 여러 가지 대화를 나누고, 교재도 받아왔다고 했다. 두 사람은 나름대로 괜찮게 여기고, 앞으로 학원 운영을 할 때 바로 도입하고자 했다. 가맹비를 몇백만 원 내야 했지만 한 학기 대학원 등록금 정도로 생각하고 가급적 빠른 시일 내에 계약하려고 했다. 나는 두 사람이 본인들 사업을 위해서 계획하고 관계자와 직접 만나서 경험한 것으로 판단한 것이니 그 결정을 존중했다. 그래서 별 대수롭지 않게 생각하며, 앞으로 수학학원 운영에 새로운 변화가 올 것에 대한 기대감만을 가지고 있었다.

그리고 바로 그 주 화요일에 우리 가족은 의도치 않게 '황 선생' 집에 들러서 같이 저녁을 먹었다. 그리고 커피 한잔하고 있는데, 저번에 이야기했던

그 교재를 '황 선생'의 아내 성도님이 보여 주셔서 살펴보았다. 그 교재는 총 '네 권'으로 되어 있었다. 그런데 네 권의 교재를 아무리 살펴봐도 수학 학원과는 아무런 관련이 없어 보였다. 네 권의 책들은 모두 '명상'과 관련 있었다.

요즘 요가나 명상, 마음 수련을 통해 사람들의 뇌 운동을 훈련하면서 결국에는 영지주의 사상에 물들게 하는 일들이 심심치 않게 일어나고 있다. 학습과 직접적으로 관련이 없는 여러 가지 내용들을 짜깁기해서 가르치는 '가짜 학습법'들이 활개를 치고 있다. '황 선생' 부부는 바로 그러한 '가짜 학습법'에 속아서 하마터면 가맹비도 비싸게 내고, 매달 교재 사용 비용도 낼 뻔했다. 감사하게도 계약서를 쓰지 않고, 가맹비도 보내지 않았기에 무사히 일이 마무리되었다.

사실 '황 선생'의 아내는 아이들 진로를 위해 과거에 아이들을 기독교 대안학교에 보내려고 했었다. 하필 거기도 기독교 대안학교 간판을 내걸었지만 실상은 불건전한 신학을 가르치던 곳이었다. 그때는 그래도 평소 늘 이단 교육을 해 왔던 나에게 한번 물어봐서 별 어려움을 겪지 않을 수 있었다. 아이들을 그곳에 보내지 않고 일반 공교육 학교에 다니게 했었다. 그때도 '황 선생'의 아내는 가슴이 철렁 내려앉았었다고 했는데, 이번에도 비슷한 상황을 겪으니 '황 선생' 부부는 매우 당혹스러워했다. 자신과 남편이 모두 인천에 있는 그 사무실에 가서 교육에 관한 정보를 들었고 교재도 받아 왔었는데, 자신들은 아무런 분별을 하지 못했다는 것이 큰 충격이었다.

사실 내 아내가 나보다 먼저 이 교재를 보았었는데 뭔가 이상하게 여겨져 나에게 한번 꼭 살펴보면 좋을 것 같다고 했었다. 평소 귀에 딱지가 앉을 만큼 이단의 위험성과 분별에 대해 들어 왔기에 뭔가 이상한 낌새를 느껐던 것이다. 그게 아니었으면, 나도 살펴보지 않았을 것이다. 주위 여러 이단 전문가들에게 문의하지도 않았을 것이다. 그랬으면 그냥 몇백만 원의 가맹비를 비롯해, 매달 불필요한 지출을 해야만 했을 것이다. 아이들에게 이상한 내용을 가르쳤을 것이다.

이 상황을 겪으며 '황 선생'의 아내는 다시 한번 교회의 신앙적 보호의 중요성을 인지했다. 이단 교육의 실제적 가치와 필요성에 대해서 자기 삶속에서 몸소 깨달은 것이다. 신혼부부였던 '박 선생' 부부와 '황 선생' 부부는 평소 그토록 지겹게 들었던 이단의 실체와 위험성에 대해 목사인 나를 통해 듣고 배우면서, 어느덧 일상에서 뭔가 조금이라도 이상한 것 같으면 확인하려는 자세를 가지게 되었다. 무엇보다 이단 예방이나 분별에 대한 교육의 중요성에 동의하고 있고, 나를 신뢰하며 따라 주는 든든한 동역자가 되었다. 참으로 감사했다.

그냥 성도들이 재미있어하는 주제들만 다루고, 교인들이 더 많이 모여들게 할 수 있는 그런 방식만을 좀 더 매력적으로 포장해서 가르칠 수도 있었다. 그러나 나는 아무리 생각해도 가장 실제적인 신앙 교육 중 하나가 '이단 교리 반증'과 '이단 계보 교육'이라고 보았다. 이단 전문가 양성을 위해서만 교육할 게 아니라는 것이다. 구원받은 성도라면, 마땅히 모두 기본적인 소양 차원에서 알아야 하며 배워야 한다. 단지 교리 분별 차원에서 날카롭게 지적하고 분석하는 목적만을 위해서가 아니라, 그들을 안타깝게 생각하고 긍휼의 마음으로 다가가기 위한 의도에서 더 많은 교회들이 더 많은 성도들 및 청년들과 함께 '이단 상담 및 이단 교리 반증'에 대해 보다 잘 준비해 갈 수 있기를 권면한다.

목궁 Time

이단 규정 기준

Q 1 : 이단 · 사이비란 대체 무엇인가요?

한국기독교이단연구학회(KCHRS)는 이단대책위원회가 있는 교단 중심으로 통일된 적용을 할 수 있도록 하기 위한 '규정 용어'를 다음과 같이 소개하고 있습니다. 이것은 현재 '10개 교단 이단 규정 용어'로서 통일하기로 결의한 내용입니다.

- **이단**: 반교회적, 반성경적인 것이 분명하게 드러난 '단체'나 '사람' 또는 '주장'을 의미한다. 다시 말해 정통 신학에 근거하여 판단할 때, 성경을 왜곡하거나 그 왜곡된 성경 해석에 근거하여 교리를 가르치는 '단체'나 '사람'이나 '주장'을 모두 이단이라고 규정한다는 것이다.
- **이단성**: 이단적 요소를 충분히 가지고 있지만 수정 의지를 보이거나 연구 및 조사가 더 필요한 경우, 또는 문제 제기된 부분에 있어서 수정과 반성의 의사를 적극적으로 표명하는 '단체'나 '사람' 또는 '주장'에 적용된다. 물론 이 부분은 교단의 상황에 맞춰서 소정의 기간을 정할 수 있다.
- **사이비**: 정통 기독교의 이름을 빙자하여 존재하는 '단체'나 '사람' 또는 '주장'을 의미한다. 이런 경우는 종교의 이름으로 거짓, 속임, 위장, 과장, 사기 등으로 인류의 도리를 파괴하고, 사회적 위협 요소를 가진다.

그렇다면, 과연 기독교에서의 '정통'은 무엇일까요? 자세히 설명하자면, 다소 어려울 수 있고 복잡할 수 있습니다. 그렇다고 무작정 쉽게만 설명하는 것도 한계가 있으니, 핵심을 정리하자면 다음과 같습니다.

기독교의 정통(Othodox)은 '성경'과 '신조'라고 할 수 있습니다. 라틴어로 '노르마 노르만스(*Norma normans*)'는 '반듯한 사각형 기준'을 뜻하는데, 여기서 '노르만스(*normans*)'는 '현재 분사'입니다. 무슨 말이냐면, '언제나 **변함없이 적용되는** 절대 진리로서의 규범이자 기준'이라는 의미입니다. 다시 말해 66권 성경만이 모든 시대의 교회와 모든 시대의 성도들의 모든 신앙 행위에 있어서 최종적 기준이 된다는 것입니다. 그래서 '노르마 노르만스(*Norma normans*)'를 '규범하는 규범'이라고도 표현합니다. 이러한 이유 때문에 모든 신학 논쟁은 오직 '규범하는 규범'인 66권 성경에 의해 비롯되어야 합니다.

그러므로 기독교의 정통(Othodox)을 '노르마 노르만스(*Norma normans*)'인 '66권 성경'에 근거를 두는 모든 교회는 아무리 세월이 흐를지라도 성경 사본 연구와 원어 연구를 가볍게 여길 수 없습니다. 그러나 오늘날 그 성경에 대한 연구를 곧바로 들어가는 것은 어려운 일입니다. 아니, 그 이상으로 위험한 일입니다. 그래서 모든 그리스도인, 특히 목사들은 사도들의 가르침을 따라 계승되면서 정리되어 온 '신조'를 토대로 성경을 이해해야 합니다. 기독교의 정통(Othodox) 중 하나인 '신조'를 라틴어로는 '노르마 노르마타(*Norma normata*)'라고 하는데, 여기서 '노르마타(*normata*)'는 '과거 분사'입니다. 무슨 말이냐면, '절대 진리인 66권 성경에 근거하여 **정립된** 믿음의 내용들'이라는 것입니다.

그러므로 '특정 시대와 특정 지역에 따라, 또는 시대의 대중적 요구와 편리에 따라 수시로 수정하고 바꾸고 변경할 수 없는 규범'이라는 의미이며, 이러한 의미를 함축하여 '노르마 노르마타(*Norma normata*)'를 '규범된 규범'이라고 설명합니다. 물론 '노르마 노르마타(*Norma normata*)'인 '신조'가 '규범된 규범'이라고 해서 그것 자체를 우상시해서는 안 됩니다. 그것 자체가 성경은 아니기 때문입니다. 그러나 성경을 바르게 이해하고 읽기 위해서는 반드시 참고하고 반영해야 할 '규범된 규범'입니다.

이처럼 '규범된 규범'인 그 신조들을 디딤돌 삼을 때, 비로소 우리는 66권 성경의 본의(本意)를 제대로 해석하고 적용할 수 있습니다. 물론 '규범된 규범'인 '신조'를 제대로 이해하는 데 있어서도 도움이 필요합니다. 그래서 '여러 신앙 고백서들'과 '교리 문답' 및 사도들의 가르침을 잘 계승한 '신학 서적들'과 '주석들'을 겸허히 참고하여 읽고 공부해야 합니다. 이것을 좀 더 학문적으로 잘 정립해서 가르치고 있는 곳이 바로 신학교죠. 그런데도 신학교를 나오지 않는 것을 마치 자랑인 것처럼 앞세우거나, 자신은 어떤 신학도 공부하지 않고 어떠한 신학 주석도 참고하지 않은 채 오직 하나님의 계시와 개인적인 성령의 다양한 체험들만을 고집하려는 자들의 성경 해석을 한국 교회가 기독교 정통의 입장으로 받아들일 수 있겠습니까? 당연히 그럴 수는 없습니다. 대단히 교만한 것이고, 대단히 무지한 것입니다. 이러한 기독교의 정통(Othodox)을 인정하고 고백하는 여러 교단이 한국 교회에 존재합니다. 그러한 교단들이 서로 연합하여, 이단 규정을 합법적인 절차 과정을 통해 대단히 신중하게 살펴서 결의하는 것이기에 한국 교회는 그러한 교단 총회 차원의 이단 관련 조사 보고 및 결의의 내용을 겸허히 존중하고 받아들이는 것입니다.

Q 2: 이단 규정의 근거는 무엇인가요?

"Q. 1"에서도 언급했듯이, 교회는 기독교의 정통(Othodox)이라고 할 수 있는 '성경'과 '신조'에 근거하여 이단을 규정합니다. 구체적인 분야는 크게 일곱 개로 나뉩니다.

먼저는 '성경(계시)론'입니다. 이외에도 '신론', '인간론', '기독론', '구원론', '교회론', '종말론'으로 나누어서 심도 있게 살피는 과정을 거칩니다. 아마 앞으로는 더 많은 교단들이 서로 협의해 이단 규정 과정들을 논의하면서 진행해

갈 것이라 기대할 수 있겠습니다.

Q 3 : '명상'과 같은 '마음 수련'도 위험한 건가요?

'건강 증진'과 '질병 치료'를 목적으로 하는 '명상'이나 '호흡 수련' 등을 무작정 이단 · 사이비 종교 단체로 매도할 수는 없습니다. 대단히 신중해야 합니다. 하지만 '파룬궁(파룬따파)', '단월드'와 같이 '기 수련', '뇌 운동', '학습 효과', '건강' 등을 가장하는 사이비 종교 단체들은 분명 위험합니다. 지금 대한민국에는 '생태 마을'로 알려진 사이비 종교 집단이 있습니다. 이곳의 피해자들은 단지 '명상'만 했을 뿐인데, 어느새 사람들이 모이기 시작하면서 종교 집단으로서의 세력을 형성했습니다. 이로 인해 100억 원이 넘는 물질적 피해를 당했습니다. 마음의 안정을 위해 명상을 수련했으나, 결국에는 공포심에 의해 세뇌되면서 그 사이비 집단에서 나오지를 못하는 것입니다. 그렇게 귀한 인생의 시간을 허비하다가 나중에 무엇인가 잘못됨을 깨닫고 탈퇴하게 되면, 그야말로 빈털터리가 되는 것입니다.

이러한 현상은 오늘날에만 나타나는 것이 아닙니다. 과거 초대 교회 때도 사회적 환경인 헬라 및 로마 문화의 영향에 의해서 영지주의 사상이 출현했었습니다. 특히 영지주의 사상 중에 '신인합일'을 향한 구원론 사상은 '신천지'나 '구원파'와 같은 이단 · 사이비 단체뿐만 아니라 '명상', '호흡 수련', '요가' 등을 통한 혼합주의 사이비 집단에서도 나타나고 있습니다. 이런 차원에서 한국 교회는 성도들을 너무 안일하고 나태한 신앙이 되지 않도록 권면하고, 다양한 신앙의 훈련과 교육을 지도해야겠지만, 동시에 행사를 우선시함으로써 성도들이 분주하고 정신없이 시간을 보내지 않도록 시간적 여유를 배려해 줄 필요도 있습니다.

교육 전문가들이 이야기하는 것 중의 하나가 있는데, 부모는 어린 시절 아이들에게 공부만을 강요하기보다는 진짜 제대로 놀 수 있는 시간을 주어야 한다는 것입니다. 왜냐하면 아이들에게 그 놀이 시간은 '숨구멍'과 같은 것이기 때문입니다. 저는 성도들을 위해 교회가 배려해야 할 것 중의 하나가 바로 '시간적 숨구멍'이라고 생각합니다. 물론 성도들 개인의 형편만을 주장하고 고집하며 자신들의 시간만을 챙기려고 하는 개인주의적이고 이기적인 사람들은 예외로 두어야 한다고 생각합니다. 그런데 진실하게 신앙생활 하며, 교회를 늘 생각하고 섬기고자 하는 성도분들을 보면 그분들에게 '시간적 숨구멍'이 필요함을 느낍니다. 그분들은 주일뿐만 아니라 평일에도 이미 바쁜 일상을 보냅니다. 그럼에도 새벽 기도, 수요 기도회, 금요 기도회, 주중 성경 공부나 구역 모임 또는 팀별 모임, 주일 예배 참석 및 봉사 등등에 있어서 누구보다 헌신적입니다.

교회가 이분들부터 가족과의 시간에 더 집중하도록 배려하고 점검해 주지 않는다면, 이분들은 나중에 누적된 피로도로 인해 지쳐 버릴 수밖에 없습니다. 교회 안에 섬길 수 있는 사람들이 많다면야 얼마든지 어떤 업무에 있어서 분담이 가능합니다. 그러나 그렇지 못한 교회의 경우라면, 예배 모임의 횟수뿐만 아니라 사역이나 행사 프로그램들조차 줄여 가야 합니다. 그렇지 아니하고 목사의 일방적인 어떤 철학과 이념과 목표만을 주장하며, 계속 앞으로 밀어붙이기만 한다면, 결국 '헌신적이고 진실한 소수의 성도들'만이 몇 가지의 일들을 겹겹이 맡아서 하게 됩니다. 나중에는 그 진실한 소수의 성도들조차 지쳐 쓰러져야 모든 것이 끝납니다.

이러한 상황은 목사 개인에게도, 교회 차원에서도 심각한 영적 침체와 좌절이 될 수밖에 없습니다. 그런 상태에서 만일 '기 수련', '뇌 운동', '학습 효과', '건강', '명상', '묵상', '침묵 기도', '깨달음', '관상 기도' 등을 앞세우는 사이비 종교 단체들의 미혹을 받는다면, 어떻게 될까요? 아마도 쉽게 뿌리치기는 어렵지 않을까 싶습니다.

그러므로 교회는 교회를 최우선으로 생각하며 헌신적으로 섬기는 성도들을 위해 '시간적 숨구멍'을 마련해 줘야 한다. 교회의 공식적인 일정을 통해서라도 최소한의 '시간적 숨구멍'을 마련해 줘야 합니다. 아이들만 놀이 시간이 필요한 게 아닙니다. 청년들이나 어른들도 놀이 시간이 필요합니다. 구체적인 실천 방안은 각 교회의 상황에 맞게 얼마든지 융통성 있게 실천할 수 있습니다.

목표와 계획은 분명 중요합니다. 부단한 노력과 최선을 다하는 땀 흘림은 너무도 귀합니다. 하지만 때로는 아무런 계획도 분주함도 없이 멍때리며 불을 쳐다보는, '불멍'의 시간도 필요합니다. 이러한 '시간적 숨구멍'이 교회 사역에 분주한 사역자들과 헌신적인 성도들에게 먼저 주어져야 합니다. 더 멀리 바라보고, 더 오래 지속하며, 더 깊이 성숙하기 위해서!

나눔을 위한 질문

바쁘고 분주한 일상을 보내야 하는 현대 그리스도인들과 교회 사역자들에게 교회 공동체는 과연 어떻게 '시간적 숨구멍'을 마련할 수 있을까요? 성도의 일상에 파고들 수 있는 이단·사이비의 위장 교육이나 위장 기업 및 사업에 대해서 교회는 어떻게 지도해야 할까요?

17
신천지여, 더 이상 피하지 말고 공개 토론하자

| 생 활 속 사 례 |

　같은 노회에 속한 강도사님 한 분이 내게 연락을 해 오셨다. 자신이 카센터 한 곳에 가끔 들리는데, 그곳의 사장님이 자신을 신천지 구역장이라고 밝혔다는 것이다. 자신은 현재 아는 게 전혀 없어서 어떻게 대응해야 할지를 모르겠기에, 일정을 정해서 나와 같이 가기로 했다. 솔직히 당시 나는 매월 일정이 이미 빡빡했다. 이 상황에서 또 다른 이단 상담을 추가하기가 쉽지 않았다. 게다가 강도사님의 요청은 이단 상담도 아니었다. 그냥 신천지 구역장을 만나는 것이었다. 하지만 강도사님을 위해서라도 내가 시간을 내는 게 좋겠다 싶었다. 그리고 일정을 정해서 수원에 있던 그 카센터로 갔다. 강도사님은 이미 도착해 있었다. 나 또한 너무 늦지 않은 시간에 도착해서 사무실에서 대기했다.

　신천지 구역장이라고 하는 카센터 사장님은 고객을 응대하느라 분주하셨다. 업무가 끝나기를 기다렸다. 생각보다 오랜 시간 마냥 기다려야만 했다. 나로서는 이후에 있을 일정들이 있는데, 이렇게 계속 기다리기만

하는 상황이 조금 짜증 났다. 첫 만남에 거의 한 시간가량을 사무실에서 기다렸다. 그리고 실제로 신천지 관련한 대화는 50분 정도에 불과했다. 사실 이런 식으로 대화를 하면서 소모전이 될 가능성이 높았다. 그런데도 몇 번 이분을 더 만나야겠다고 생각했다. 이유는 크게 두 가지다. 하나는, 한국 교회는 결코 신천지를 피하지 않는다는 것을 알려 주고 싶어서였다. 다른 하나는, 그 강도사님에게 좋은 추억과 배움이 되기를 바라는 마음에서였다.

그런데 강도사님도 교회 파트 사역을 하고 있기에 도저히 시간이 없어서 나중에는 나 혼자 카센터 사장님을 주중에 한 번씩 찾아왔다. 여러 차례 요한계시록에 관해 이야기를 나누면서 어느 순간 그분이 다음을 제안하셨다. 자신은 성경 실력이 별로 없으니 자신이 속한 '요한 지파'의 P 교회 신천지 강사분들을 소개해 주겠다는 것이었다. 나로서는 너무 좋았다. 계속 뜸을 들이는 바람에 나는 재촉을 했다. 그 이후 그분은 나에게 국내 선교부장 연락처를 알려 줬다. 그분을 만나기 위해 안성까지 갔다.

그런데 그분은 사전에 아무런 이야기도 없이 여성 한 분을 함께 데리고 나왔다. 그분은 자신을 HWPL(하늘문화세계평화광복) 관계자라고 소개했다. 그곳도 사실 신천지다. 내가 모르는 줄 알았을까? 처음에는 뭔가 서로 다른 단체인 것처럼 표현했다. 하지만 내가 먼저 아는 척했더니 그 여성은 당황해하면서 결국 아무 소리도 하지 못하는 게 아닌가. 이런 내용으로까지 나에게 거짓말하려고 한 것 자체가 조금 우스웠고 한심스러웠다. 어쨌든 미리 얘기하지 않고 나온 것에 대해 그 여성은 죄송하다고 했다. 나는 괜찮다고 했다. 이런 경우를 한두 번 겪는 게 아니었기에 나는 별 대수롭지 않게 생각했다. 나는 실제 신천지 사람들을 만날 때면, 되도록 내가 커피도 사고 밥도 산다. 시간만 계속 내준다면 내가 밥도 사고 커피도 사주겠다고 한다. 그러니 도망치거나 못 만나겠다는 식으로 피하지만 말라고 한다. 다들 처음에는 당당하게 얘기한다. 오히려 나보고 "그만 만나자고나 하지 말고, 연락이나 끊지 마세요"라고 한다. 사실 좀 웃긴다. 나는 당연히 그럴 것이다.

안성 스타필드 스타벅스에서 증거를 위해 내가 먼저 사진 찍자고 제안해서 남긴 사진

지금껏 신천지 사람들을 만나면서 단 한 번도 내가 먼저 그만 만나자고 한 적이 없다. 먼저 연락을 끊은 적도 없다. 어떻게든 한 번이라도 만나서 신천지의 실상을 알려 주고자 했다. 복음의 진리를 들려주려고 애썼다. 그래서 늘 만남에 있어서는 적극적이었다. 만나서 성경 토론을 할 때는 항상 녹음을 했다. 왜냐하면 그들이 늘 딴소리를 하기 때문이다.

한번은 신천지 청년을 만나 교리를 반증하여 이 친구를 회심하게 하려고 했다. 물론 녹음도 했다. 그런데 자기들 교리를 열심히 논하더니 어느 순간 막혔나 보다. 갑자기 자기가 속한 지파의 교회 담임 강사님을 소개해 주겠다는 것이 아닌가! 만날 의향이 있냐고 물어보길래, 흔쾌히 만나겠다고 했다. 그런데 나보고 그 교회 사무실로 올 수 있냐고 물었다. 솔직히 순간 멈칫했다. 내가 왜 굳이 그 안으로 들어가야 하나 싶었다. 그러나 여기서 내가 주저하면, 내가 겁먹은 것이라 오해할까 봐 그 제안을 기꺼이 승낙했다. 그리고 나 혼자서 가겠다고 했다. 어차피 같이 갈 사람도 없었으니 말이다.

해당하는 날짜에 나는 전철을 타고 서울에 있는 시몬 지파 S교회를 찾아갔다. 건물 안쪽으로 들어가려고 할 때, 그 신천지 청년이 1층 밖으로 나왔다. '마중을 나온 것일까?' 그 청년과 4층까지 엘리베이터를 타고서 올라갔다. 그리고 4층 내부로 들어갔다. 신천지 내부의 모습을 내 눈으로는 처음 봤다. 살짝 긴장되기도 했고, 뭔가 이상한 느낌이 들었다. 그 공간 안에는 여러 명의 신천지 사람들이 있었다. 여성도 있었고, 청년들도 있었고, 연세 드신 분도 있었다. 그중에 조금 젊어 보이는 분이 중년의 사람과 같이 어떤 사무실 안에서 밖으로 나왔다. 웃으면서 나를 반겨 주었다. 처음에는 그 중년의 사람이 담임 강사인 줄 알았으나 옆에 있는 젊은 사람이 담임 강사였다. 쾌활한 목소리로 나를 반기고는 회의실로 나를 안내했다.

담임 강사는 '이' 씨였다. 그리고 그곳의 비서 역할을 하는 듯한 신천지 여성이 미리 준비한 간단한 다과를 세팅했다. 나는 일부러 많이 먹지 않았다. 쓸데없는 걱정 때문이었다. 혹시라도 정말 그 먹을 것에 뭔 짓을 했을까 싶은 유치한 생각도 들었다. 그리고 사람들을 등쳐 먹어서 모은 돈으로 이런 식의 다과를 대접했다고 생각하니 별로 먹고 싶은 마음이 들지 않았다. 대신 억지로였지만 최선을 다해 웃으면서 여유를 가지고서 대화했다. 그 공간에는 담임 강사와 집필 위원, 그리고 나를 여기에 소개해 준 신천지 청년 총 세 사람이 있었고, 내가 있었다. 이렇게 총 네 명 중에 세 명이 신천지였다. 솔직히 편한 감정은 아니었다. 그럼에도 이런저런 이야기를 나누었다.

신천지 청년이 시몬 지파 S교회 담임 강사를 소개해 준다고 해서 만나 곧바로 찍은 기념사진

신천지에는 '정통부'라는 곳이 있다. 다시 말해, 신천지 자체 안에 있는 '정보통신부'를 가리키는 약칭이다. 이곳은 신천지에 위협이 되는 사람들이나 교단 및 기관에 대해 마치 국정원처럼 검사하고 살펴보는 역할을 한다. 나를 만나기 전에 '이' 담임 강사는 그 신천지 청년을 통해 들었던 나에

관한 정보를 가지고서 이미 신천지 '정통부'를 통해 찾아본 것 같았다. 내가 예장 합신 교단이라는 것도 알고 있었다. '이' 담임 강사는 의외로 농담도 잘했다. 자기네들 신천지가 제일 까다롭게 여기는 교단이 '장로교'라고 했다. 특히 '예장 합신' 같은 장로교는 너무 까칠하고 아는 게 많은 교단이라고 하면서, 아는 건 많은데 사람 지식이 많아서 성경으로 대화하기 힘든 상대라고 했다. 이 말에 웃어 줘야 할지, 말아야 할지 순간 고민이 되었지만, 그냥 허허실실 대응해 줬다. 그리고 그 담임 강사 '이' 씨는 아이패드 같은 걸 꺼내 무언가를 보면서, 내가 과거에 합신 언론 신문인 『기독교개혁신보』에 신천지 관련 글을 쓴 게 있음을 말했다.

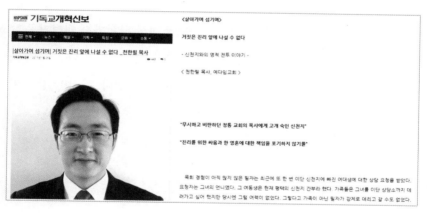

필자가 2017년 『기독교개혁신보』에 기고한 글, "거짓은 진리 앞에 나설 수 없다"

나는 이 글을 쓰면서 평범한 목사가 신천지와 어떻게 만나고 어떻게 대응했는지를 이야기했다. 요약하면 다음과 같다. 평택에 거주하는 청년 자매 '김' 씨는 자신이 평소 출석하던 교회에 여동생이 신천지에 빠졌으니 도와달라고 했다. 그리고 그 목사님은 신천지에 빠진 여동생을 만나기긴 했으나 성경적 토론에 있어서 아무것도 제대로 답변하지 못했다. 그리고 그 목사님도 그 이후로는 아무런 대응도 하지 않았다. 어느 정도 사람들이 모이는 교회를 목회하시는 목사님이라 기대를 했지만 그 청년 자매는 목사님이 자기 여동생과 성경을 토론하는 데 있어서 아무것도 답변하지 못하고 그 이후에도 아무런 대응을 하지 않는 것을 보면서 크게 실망했었다고 한다. 당시 나는 선교 단체에서 진행하는 캠퍼스에 가서 성경 강의를 일주일에 한 번씩 섬겼었는데, 이 과정에서 그 간사님을 통해 제보를 받았다. 그 제보의 장본인이 바로 평택에 거주하는 청년 자매 '김' 씨였다.

이후 나는 교회 목회로 바빴지만, 시간을 쪼개서 평택까지 내려가곤 했다. 그 청년 자매 '김' 씨의 여동생을 만나기 위해서였다. 이후 나는 요한 지파 평택 교회의 신천지 강사와 공개 토론을 하고자 했다. 하지만 결국 아

많은 교회들이 신천지를 반대하고 환영하지 않는다는 대외적 경계 표현은 하고 있다. 그러나 좀 더 적극적으로 신천지와 공개적 성경 해석 논쟁도 불사해야하지 않을까 싶다. 이단에 빠진 교인들이나 그들의 가족을 그저 방관하거나 이단 상담소에만 맡기는 자세만으로는 한계가 있다. 좀 더 강하게 적극적으로 대처해야 한다. 주님과 함께라면 겁낼 것이 없다. 한국 교회의 평범한 목사의 성경 실력이 얼마나 대단한지 신천지가 확실히 알도록 해야 한다.

거짓은 진리 앞에 나설 수가 없다. 이것이 이번 전투에서 필자가 분명히 느낀 점이다. 한국 교회의 목사들이 진리를 위한 치열한 싸움과 한 영혼에 대한 책임을 끝까지 포기하지 않기를 바란다. <u>그러면 신천지 같은 사이비는 스스로 두려움을 가지고 자멸해갈 것이다.</u>

필자가 2017년 『기독교개혁신보』에 기고한 글, "거짓은 진리 앞에 나설 수 없다" 중에서

무런 반응이 없었다. 이런 과정들을 『기독교개혁신보』 신문에 기사로 쓰게 되었던 것이다. 담임 강사 '이' 씨는 마지막 단락에 나오는 문장을 언급했다.

그러고는 나를 향해 웃으면서 "목사님, 신천지 킬러였나 보네요?"라고 하는 것이 아닌가! 순간 움찔했다. 이러다가 여기서 못 나가는 것 아닌가 싶기도 했다. 만일 그런 상황이 발생하면, 이 세 사람 중 누구부터 빨리 제압하고 문밖으로 재빨리 달려갈 것인지를 생각할 정도였다. 물론 겉으로는 태연한 척했다. 나 또한 웃으면서 "나는 신천지에 대해 그렇게 감정이 나쁘지 않아요"라고 이야기했다. 특히 '내 결혼 스토리'를 들려줬더니, 그들도 신기했는지 나름 재미있게 듣는 모습이었다. 그러면서 다행히 긴장감은 누그러졌다.

이어서 나는 그들과 대화하면서 '그들이 원하는 무대에 나를 불러들여, 하나의 그림을 만들어 보겠다'라는 낌새를 직감적으로 알아챘다. 그래서 그들에게 '차라리 깔끔하게 서로 유튜브 준비해서 공개 촬영과 실시간 송출하에 성경 토론을 하자'라고 제안했다. 이번에도 의도는 동일했다. 한국 교회는 단 한 번도 신천지의 공개 토론 제안에 피한 적이 없었다는 점을 강조하고자 했다.

그러나 그들은 그것은 좀 어렵다고 했다. 특히 담임 강사 '이' 씨는 우선 나와 인간적으로 먼저 만나 본 다음에 유튜브 촬영을 할지 말지를 결정하자고 했다. 나 또한 흔쾌히 좋다고 했다. 그렇게 해서 나는 신천지 시몬 지파 S교회 담임 강사인 '이' 씨와 2023년 6월부터 6개월가량을 매주 한 번씩 만났다. 과거에 여러 강사나 전도사, 구역장들을 만나 보긴 했지만, 담임 강사와 만난 것은 이번이 처음이었다. 솔직히 나름 기대했었다. 담임 강사가 탈퇴하면 시몬 지파 S교회가 큰 타격을 받을 것이고, 청년들도 많이 나올 수 있겠다 싶었다. 그러나 역시 그는 능구렁이 같았다. 요리조리 잘 피해 갔다. 분명 큰 충격을 받았는데, 그럴 때는 몇 주간 바쁘다는 핑계로 만나지 않았다. 그 시간을 통해 충분히 재충전하려 했음이 뻔했다. 그리고 몇 주 뒤에 다시 만나면, 그 전에 나누었던 내용들을 반박할 것만 생각해서 왔다. 물론 제대로 된 반박도 아니었지만 말이다. 이럴 때면 주위에 가족들이 있었으면 좋았겠다 싶은 아쉬운 마음이 든다.

그런데 시몬 지파 S교회 담임 강사인 '이' 씨는 군 제대 후에 자신의 어머니에 의해서 신천지에 들어갔다고 했다. 만일 이것이 사실이라면, 탈퇴하더라도 그리 좋지 않은 상황이다. 그러나 나는 이후에도 계속 그를 만나면서 신천지에서 주장하는 것들이 무엇인지 하나씩 짚어 주고, 가장 핵심적인 내용들도 파헤쳐 주었다. 나중에 '이' 씨가 하는 말이 "목사님을 만나서 대화하고 나면, 머리가 너무 아파요"라고 했는데, 내가 너무 세고 강하다는 뜻이 아니었을까. 그러나 단지 내가 고집이 세기 때문은 아니다. 신천지의 교리 자체가 허구이기 때문이다. 억지로 만든 궤변을 아무리 멋지게 포장해도 거짓은 거짓이다. 사실 나는 신천지 강사들을 만나는 게 더 편하고 재미있다. 어느 정도 신천지 내부의 상황을 알고 있기에 신천지가 주장하는 것들을 언급하면 다 알아듣는다. 그런데 신천지에 들어간 지 얼마 안 된 사람들은 일단 무작정 우기고 본다. 조금만 짚어 보면 금세 탄로 나는 것인데도 일단 거짓말로 우기고 본다. 그래도 어쩌겠는가? 기다려 주고, 인내하며, 계속 하나씩 묻고, 보여 주고, 확인하게끔 해야 한다.

그런데 강사들은 참으로 하나같이 나름 멋지게 피한다. 몇 년 전, 요한 지파 신학 강사 '장' 씨는 내 생일쯤에 케이크 쿠폰까지 선물로 보냈다.

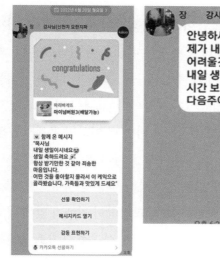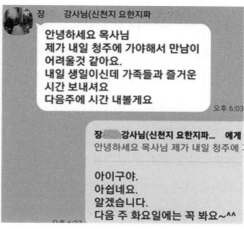

신천지 요한 지파 신학 강사 장 씨와의 카카오톡 대화

카톡 내용으로 보자면, 마치 다음 주에는 별 문제없이 볼 것 같다. 하지만 그 이후로 아무런 연락이 되지를 않았다. 전화도 받지 않았고, 내가 보낸 카톡을 확인했음에도 아무런 반응이 없었다. 문자 메시지도 보냈으나 아무런 응답이 없었다. 나는 이런 상황들을 예상했기에 만날 때마다 녹음을 해 두었다. 솔직히 이 녹음들을 아직까지는 한 번도 세상에 오픈한 적이 없다. 어떻게든 그들이 돌아오길 바라는 심정에서였다. 그러나 이후 이단 상담 교육을 위해서 필요하다면 사용하려고 한다.

신천지 사람들을 만날 때마다, 특히 신천지 강사들을 만날 때 내가 꼭

한 가지 질문하는 것이 있다. 그것은 "이만희 총회장이 죽으면 어떻게 할 건가요?"였다. 이 질문에 대해 하나같이 하는 말이 있었다. "죽으면 당연히 나와야죠."

과연 그럴 수 있을까? 만일 앞으로 이만희 총회장이 죽고 나면, 신천지에 있는 모든 사람은 더 이상의 교리를 변개하지 말고 다 나와야 한다. 왜냐? 이만희 총회장이 그토록 강력하게 주장했듯이, 요한계시록의 계시를 본 사람은 오직 사도 요한 한 사람뿐이기 때문이다. 그러니 사도 요한 격한 사람인 약속의 목자 이만희 총회장이 죽고 나면 더 이상의 후계자는 없는 것이다. 만일 교리를 변개하면, 그 자체가 또 하나의 거짓이다.

요리조리 계속 변명하며 피하고 있는 신천지는 제발 좀 유튜브로 실시간 송출하는 공개 토론에 응하길 바란다. 그리고 당당히 카메라 앞에 나와서 이만희 총회장은 절대 죽지 않는다고 자신 있게 성경을 근거로 육하원칙에 따라 설명해 보라.

목궁Time

이단 연구와 상담, 그리고 이단 전도

Q 1 : "신천지 OUT", 최선의 방법인가요?

어떤 결정을 할 때는 항상 긍정과 부정의 경우를 생각할 수밖에 없습니다. 각자 나름의 정황이 있고, 이유가 있기 때문입니다. 그럼에도 불구하고 우리는 그 두 경우 가운데 어느 쪽이 좀 더 주님의 몸 된 교회를 위해 덕을 세우고, 유익이 되며, 다음 세대에게 좋은 신앙의 내용을 계승할 수 있는지를 고민하지 않을 수 없습니다. 이런 차원에서 한국 교회가 결정한 "신천지 OUT"의 방식은 신천지가 한창 왕성하게 활동하던 시기에는 분명히 필요한 방식이었다고 생각합니다. 그러나 현재 시점에서 '신천지'는 점점 몰락해 가고 있습니다. 그들 중 단 몇 사람이라도 하루속히 탈퇴할 수 있도록 도와야 할 상황입니다. 이런 상황에서 이만희 교주가 죽고 나면, 신천지에 속한 사람들은 더욱 음지로 숨어 버릴 수 있기 때문입니다.

그러므로 지금과 같은 시기에 "신천지 OUT"의 방식은 무의미하지 않을까 싶습니다. 오히려 그들이 예배를 방해하지 않는다면, 얼마든지 예배 시간에 들어와서 설교를 들어 보도록 열어 두는 게 좋지 않을까 싶습니다. 물론 기본 전제 조건이 있습니다. 신천지에 대해 충분히 이해하고, 교리를 논할 수 있는 최소한의 준비는 해야 한다는 것입니다.

목사님들 중에는 가끔 "이단 전문가들만 이단 사역하면 되지, 교회가 뭘 그리 관심을 가져야 합니까?"라고 말씀하시는 분들이 계십니다. 또한 교회나 노회가 계속 이단 문제만 다룰 수는 없으니 웬만한 것은 그냥 좀 넘어가기를 바라는 분들도 계시고, 이단 문제를 단지 예방 차원으로만 생각하시는 분들도 계시며, 몇 번의 이단 특강을 했으니 더 이상 반복하거나 강조하는 것은 무리라고 생각하시는 분들도 계십니다. 물론 각각의 입장에서 생각해 보면, 어느 정도는 일리가 있습니다.

그러나 저는 오래전부터 신천지 같은 종교 사기 집단을 향해 정통 교회들이 '우리 교회 들어오면, 법적으로 대응할 거야' 하는 방식이 과연 이단 피해를 줄이기 위한 최선의 방식일까를 생각했습니다. 물론 신천지만을 언급하는 것이 아닙니다. 시대적 현상 속에 다만 신천지가 유독 종교 사기 행태를 심하게 고집해 왔기에 한국 교회가 "신천지 OUT"이라는 카드를 꺼내 들었을 뿐입니다. 저는 신천지뿐만 아니라 어떤 이단이라도, 한국 교회가 열어 두고 그들과 대화하여 그들을 복음의 진리로 이끌어 가야 한다고 생각합니다. 그러기 위해서는 한국 교회가 평소 기독교 교리를 다양한 방식으로 설명하고 교육하는 과정들을 지속해 가야 할 필요가 있습니다. 이러한 철저한 교육 과정이 준비되어 있다면, 오히려 일부 교회들이 불신자들을 대상으로 초청 전도 집회하듯이 이번에는 신천지 어느 지파를 대상으로, 다른 날에는 신천지의 또 다른 지파를 대상으로 초청해서 온라인 송출도 하고 '성경 공개 토론'도 진행할 수 있습니다. 어디 신천지뿐이겠는가?

다음에는 구원파, 그다음에는 안식교, 그다음에는 몰몬교, 그다음에는 하나님의 교회 등등으로, 진리를 증거할 수 있는 기회를 한국 교회가 먼저 선점하는 것이 필요하다고 봅니다. 어느 지역의 한 교회가 이를 감당하기 어려우면, 여러 지역 교회가 연대해서 진행할 수도 있습니다. 아까도 언급했듯이, 그러기 위해서는 5주 정도 또는 10주 정도 먼저 이단 교리 반증에 대한 철저한 교육이 전제되어야 합니다.

과거에는 '부흥 집회'나 '사경회'를 하면, 이웃 교회가 같이 와서 참여하곤 했습니다. 마찬가지로 이단들과 공개 토론을 하는 광경을 이웃 교회들도 같이 와서 보도록 오픈하는 것이 필요합니다. 직접 예배당까지 오기 어렵다면, 온라인으로 얼마든지 실시간 중계할 수 있습니다. 문제는 그런 방식을 신천지 같은 이단들이 싫어하기보다 정작 정통 교회의 목사님들이나 성도들이 더 긴장하거나 두려워하거나 번거롭게 여긴다는 것입니다.

신학생들이나 선교사님들, 선교 단체 간사님들, 전도사님들, 목사님들, 장로님들이나 일반 성도님들조차 교회가 어떻게 성장하고, 어떻게 규모가 커지며, 어떻게 효율적으로 운영해야 할지에 대해서는 다양한 세미나에도 참석하고, 여러 가지 강의도 듣습니다. 성도님들이 많이 모일 것 같고, 즐거워할 것 같은 프로그램이라면 유명한 연예인 크리스천이든, 말 잘하는 유명 설교자든 비싼 비용을 지불해서라도 초청합니다. 하지만 신학 강좌나 이단 교육 및 특강에 대해서는 참으로 무관심한 것 같습니다. 물론 지금 이 글을 읽으면서 일부 교회들이나 어떤 목사님들과 성도님들은 우리는 아니라고 말할 수도 있겠죠. 그런데 상당수의 교회는 지금 제가 언급한 이 내용에 해당될 것이라고 생각합니다.

그러면서도 정작 그 교회 안에 어떤 성도님이 이단에 빠졌다고 하면, 그제야 뒷북을 칩니다. 저는 그런 부분이 너무 안타깝다고 말하고 싶습니다. '이단 특강 몇 번 했으면 그만이지'라는 안일한 생각을 해서는 안 됩니다. 무작정 이단을 예배당에 들어오지 못하게 하는 것만으로는 한계가 있습니다. 이 얼마나 자존심 상하는 일인가요? '우리 교회는 어떤 이단들도 설교를 들을 수 없게 하겠다'라는 것이 과연 진리를 증거하는 교회로서 지향해야 할 자세일까요? 교회당에 성도들이 많이 모이는 현상은 분명 목회자를 비롯해 성도들에게도 고무적일 것입니다. 그러나 목회 현장 속에, 성도들의 생활 속에 '이단'은 아무런 관련이 없을 것이라고 하는 그 안일한 생각은 도대체 어디에서부터 비롯된 것일지 돌아보아야 합니다.

제가 속한 교단은 대한예수교장로회 합신입니다. 장로교회는 '노회'가 참으로 중요합니다. 장로회 정치 원리를 제대로 이해하지 못하면, 단지 실무적인 행정만으로 장로 정치의 의미를 축소하거나 왜곡할 수도 있습니다. 그래서 장로교회 목사라면, 장로 정치 원리를 잘 배우고 이해해야 합니다. 하지만 장로교회에서도 매우 중요하게 여겨야 할 '노회'에서조차 이단 문제에 관해 별 대수롭지 않게 여긴다거나, 굳이 크게 일을 벌리지 않는 쪽으로만 생각하는 경우들이 있습니다. 물론 노회나 총회가 여러 가지 법적 소송들 및 이단 집단의 거센 저항들 때문에 복잡하고 힘든 상황을 겪을 수도 있겠죠. 그래서 어떤 분들은 이런 골치 아픈 일들을 자꾸 총회에 올리지 않도록 노회에서 자체 해결하든, 다음 회기로 넘기든 하면 좋겠다고 호소하기도 합니다. 충분히 이해합니다. 그러나 지지할 수는 없습니다.

단기적으로 보자면, 이단 문제는 당장 목회 성장과 무관할 수 있습니다. 그리고 머리 복잡하고 긴장되는 주제일 수 있습니다. 하지만 목회란 무엇입니까? 결국 사람과 관련된 것 아닐까요? 그러면 이단 문제는 무엇입니까? 결국 사람과 관련된 것 아닌가요? 그런데 어떻게 한 영혼을 천하보다 귀하게 여겨야 한다고 주장하는 많은 목사님들이 이단 문제와 이단 피해에 관해서는 강 건너 불구경하는 자세를 취할 수 있을까요? 지금 당장 내가 속한 교회에는 이단 문제가 없으니 괜찮을 거라고 생각하십니까? 대단히 안일한 생각입니다. 다른 교회에서 이단 문제로 불이 나서 훨훨 타오르면, 그 불길은 머지않아 더 큰 화력(火力)으로 내가 속한 교회를 향해 거칠고 강력하게 번져 올 수 있습니다. 결국에는 내가 속한 교회까지 순식간에 집어삼킬 수 있음을 명심해야 합니다. 이런데도 이단 문제가 과연 우리 교회, 우리 노회, 우리 총회와 무관한 것이니 너무 각을 세우지 말고, 너무 일을 크게 벌리지 않아야만 하는 것일까요?

이단·사이비 문제에 관해서는 신학교, 교회, 노회에서부터 철저히 대비해야 합니다. 부흥 사경회를 한다면, '성경 본문'에 대한 바른 해석에 있어서 집중하도록 도와야 합니다. 교리 교육을 한다면, 조직신학적 관점에서만 강의하기보다는 실제 이단들은 무엇을 주장하고 있는지에 관해서도 잘 연구 분석하여 그 거짓 교리들과 비교하여 교리 반증 교육을 하는 것이 훨씬 더 유익합니다. 아울러 교회사적으로는 어떤 역사적 사건들과 교훈이 필요한지를 오늘의 시점에서 돌아보도록 할 필요가 있습니다.

그리하여 노회 차원에서나 지역 연합회 차원에서도 정기적으로 매년 여러 이단을 순차적으로 선택하여 '공개 초청 성경 토론회'를 시도할 필요가 있습니다. 이렇게 각 시와 각 도에서, 그리고 여러 지역에서 다양한 교단들이 연합해 간다면, 신천지와 같은 이단·사이비 단체는 자연스럽게 한국 교회를 함부로 우습게 볼 수도 없으며, 다양한 이단·사이비 집단이 한국 사회에서 뿌리를 틀 수 없지 않을 거라 믿고 기대합니다.

Q 2 : 이단 전도, 굳이 해야 하나요?

가끔 이 질문을 받습니다. 그것도 목사님들에게서 이런 질문을 받습니다. 저는 이 질문에 복잡하게 답변할 필요가 있을까 싶습니다. 목사는 교회 성도들에게 끊임없이 성경을 잘 가르치고 설교해야 합니다. 그것을 위해서는 교리 교육 과정뿐만 아니라 다양한 방식의 것들이 준비되어야 합니다. 동시에 교회 밖으로는 전도를 하도록 지도해야 합니다. 그 대상은 분명 불신자들을 전제합니다. 그러면 일단 이단에 빠진 피해자들은 누구인가부터 고민해 보아야 합니다.

그 당시 시점에서 그들은 복음이 필요한 자들인가? 아니면 그냥 그대로 방치해도 되는 자들인가? 이 질문에 우리 스스로 답변해 보았으면 합니다. 후자라면, 더 이상 이야기할 게 없습니다. 그러나 전자라고 한다면, 결론은 나왔습니다. 이단에 빠진 자들은 당시의 시점에서 분명 복음이 필요한 자들입니다. 그러면 그들을 단지 이단 전문가들에게만 맡기면 끝날까요? 그렇지 않습니다. 한국에 여러 이단 상담소가 있기는 하지만, 그곳까지 오는 경우가 일단 쉽지 않습니다. 물론 상담소에 와서 제대로 상담을 받으면, 그 이단의 실체를 보다 정확히 알게 되고, 탈퇴할 가능성도 대단히 높아집니다. 그러나 우리는 단지 이단 피해자들이 그 이단·사이비 집단에서 탈퇴하는 것에만 집중하면 안 됩니다. 그들이 다시금 복음의 진리를 바르게 알고, 건강하고 올바른 교회 공동체에서 신앙생활 하도록 도와야 합니다. 보통 이단·사이비 집단에서 생활했던 피해자들은 탈퇴 이후, 기존 교회로 돌아가기가 대단히 어렵습니다. 여러 가지 이유가 있습니다. 결국 그들이 다시금 재정착하도록 적합한 교회를 소개받아야 합니다.

과연 우리의 교회 공동체는 이단·사이비 피해자들이 탈퇴하여 교회 생활을 하고자 할 때, 맞이할 수 있는 준비가 되어 있습니까? 신앙생활의 본이 되는 측면에서나 올바른 성경 해석과 교리 교육의 지속성 면에서 과연 우리 교회 공동체는 어느 정도로 준비되어 있을까요? 이단·사이비 피해자들의 입장을 전혀 고려해 보지 않은 교회는 아무리 그 교회가 사람들이 많이 모이고 목사님의 설교가 탁월할지라도, 그들을 제대로 품고 지도하는 데 어려움이 있을 수밖에 없습니다. 이렇게 되면 그들은 또 다른 교회를 찾아 여기저기 돌아다닐 것입니다. 그러다가 엉뚱하고 잘못된 교회에 출석하게 되면, 더 큰 어려움을 겪을 수밖에 없습니다.

그렇기 때문에 우리 교회 공동체부터 이단 피해자들이 들어와서 지속적이고 체계적인 교리 교육과 신앙생활의 지도를 받을 수 있도록 차분히 준비되어야 합니다. 그리고 우리 교회가 그 이단·사이비 피해자들을 직접 상담하고 탈퇴하도록 돕고, 다시금 바른 복음의 진리를 알도록 함으로써 정상적인 가정 생활과 교회 생활을 하게 하는 과정에서 오히려 그의 가족들까지 제대로 신앙생활을 하도록 연결되는 경우들도 있습니다. 더 나아가 또 다른 피해자들이 소식을 듣고 그 교회로 찾아와서 신앙적 지도와 보호를 받고자 요청하는 경우도 있습니다. 그렇다면, 기존의 교회를 목회하는 목사님들의 생각은 앞으로 어떻게 바뀌어야 할까요?

우선, 이단 전도는 반드시 필요하고, 또한 가능하다는 생각을 가져야 합니다. 그러한 생각을 가지고서 평소 이단에 관한 다양한 공부와 연구를 해야 하고, 기회가 있으면 이단 상담에 관한 교육을 받는 것도 좋습니다. 이러한 과정을 통해 가장 일차적인 유익을 받는 대상은 '목사 본인 자신'과 '교회 성도들'이 될 것입니다. 설사 이단 피해자들이 오지 않을지라도, 그들을 직접 상담해 보지 못했을지라도 교회가 더욱 탄탄하게 세워져 가는 경험을 하게 될 것입니다. 게다가 목사 자신이 계속해서 신학적으로 정립되어 가고 성장해 가는 신비로운 경험을 하게 될 것입니다. 그러니 목사님들은 이단 전도에 관해 늘 생각하고 있는 것이 좋고, 실제로 설교를 준비하거나 성경 공부를 지도할 때도 항상 이단 문제를 염두에 두고서 임하는 것이 유익합니다. 그래야 교회 직분자들의 생각도 바뀌고, 교회 전체 분위기도 바뀔 수 있습니다. 한 영혼을 귀하게 여기는 마음으로, 또한 복음의 진리를 바르게 알고 증거하는 것이 얼마나 소중한지를 생각하는 분위기로 말입니다.

나눔을 위한 질문

신천지를 비롯한 여러 이단이 우리 교회에 들어와서 성경적으로 공개 토론할 수 있는 환경이 마련되기 위해서는 무엇을 체계적으로 준비하면 좋을까요? 이단 피해자들이 우리 교회에 출석했을 때, 과연 우리 교회는 그들을 맞이할 수 있는 환경이 마련되어 있는지 돌아봅시다.

PART 5

광명한 천사와 같이 포장된 이단·사이비, 안방까지 위협한다

18

인권과 평등으로 포장된 퀴어 신학, 다음 세대가 위험하다

| 생 활 속 사 례 |

고등학교 2학년 때, 즐겨 보던 TV 프로그램들이 있는데, 그중의 하나가 SBS의 "그것이 알고 싶다"였다. 지금도 생생하게 기억나는 장면이 하나 있다. 방송에 나온 사람은 분명히 '여성'이었다. 그런데 본인이 과거에는 '남성'이었다고 말하고 있었다. 얼굴이 정말 예뻤다. 누가 봐도 여자로 보일 모습이었다. 목소리도 여성스러웠다. 그런데 그 여성이 과거에는 남성이었다고 말하고 있으니, 완전 충격이었다. 그때 처음으로 들었던 표현이 '게이(gay)'였다. 오늘날 '게이'라는 용어는 일반적으로 남성 생식기가 제거되지 않은 상태의 남자 동성애자를 가리킨다.

과거 아내와 함께 태국으로 여행 갔던 적이 있다. 패키지여행이어서 우리 부부가 선택할 수 있는 게 거의 없었고 여행사에서 안내해 주는 곳으로 다닐 뿐이었다. 도착해서 안 가고 싶으면, 안 갈 수는 있었다. 그러나 우리 부부는 어쨌든 우리 돈 내고 패키지여행을 온 것이니 예정된 코스는 일단다 가보고자 했다. 막상 들어가니, 이건 그냥 뭐랄까 무대에서 벌어지는 '나체 쇼'였다. 더 충격적인 것은, 여성의 상체를 가진 사람이 공연 막바지에는 갑자기 남성의 성기를 보여 준 것이었다. 분명 아무것도 없어 보였는데, 갑자기 생겨났다. 아내와 그 공연을 보면서 현타가 왔다. 굳이 이걸 코스로 집어넣어야 하는 건가 싶었다. 아무리 성인들을 위한 공연이라지만 왠지 좀 불편했다. 나중에 관광 가이드에게 들었는데, 공연 무대에 있었던 그 사람은 '게이'라고 했다. 상체는 여성의 몸이었고, 하체는 남성의 생식기가 그대로 있는 '게이'.

바로 그러한 '게이'를, 고등학교 2학년 시절 TV를 통해 처음 보고서 굉장히 혼란스러웠던 기억이 있다. 내가 그 방송을 보면서 가장 궁금했던 것은 '남성이 유전적 문제로 나중에 갑자기 여성으로 변할 수 있는가?'였다. 물론 지금 생각하면 참으로 유치한 질문이다. 그러나 당시 10대 사춘기 시절이었던 나로서는 너무나도 궁금했다. 당시 나는 내 몸에 대해 몇 가지 불만스러운 게 있었다. 일단 어린 시절 부터 하얀 피부가 불만이었다. 초등학교 시절 내 또래 친구 중에는 남자아이뿐만 아니라 여자아이 중에서도 피부색이 누렇거나 까무잡잡한 애들이 있었다. 그에 반해 나는 어머니의 피부를 닮아 누가 봐도 서울 도시에서 온 사람처럼 보였다. 게다가 90kg 몸무게에 달하는 현재 내 모습과 달리 그때는 꽤나 말랐었다. 야구도 못하고, 축구도 못하고, 달리기도 잘 못했다. 그런 내 모습을 가지고 주위 남자아이들 몇몇은 나를 우습게 여기며 놀리기도 했다. 나로서는 너무 화나고 답답했지만, 아무것도 대응할 상황이 못 되었다. 그래서 그러한 분노를 집에 와서 어머니에게 쏟아 내기도 했다. 나는 어머니에게 '엄마 때문에 나는 피부가 너무 하얘서 싫어. 내가 지금 친구들에게 놀림받는 건 다 엄마 때문이야라는 소리를 수도 없이 했었다. 이후 나는 성격이 점점 더 거칠어져 갔다. 자꾸 싸움이 하고 싶어졌다. 부모님은 내가 운동하는 것을 원하지 않으셨고, 공부만 잘하길 원하셨다. 그래서 나도 초등학교 시절에는 나름 가만히 앉아서 책도 많이 읽었지만, 내 피부를 가지고 놀려대는 놈들을 만나면서 그들을 가만히 두고 싶지 않았다. 결국 나는 부모님 몰래 어떻게든 싸움의 기술을 배우고자 했다. 이런 과정들을 통해 나는 초등학교 시절부터 싸움이라는 것을 하게 되었다. 강해 보이고 싶었다. 아니 강해지고 싶었다. 함부로 나를 무시하지 못하게 하고 싶었다. 그렇게 초등학교, 중학교, 고등학교 시절을 지나갔다.

그런데 그런 와중에 나는 여전히 내 하얀 피부가 마음에 들지 않았다. 아니, 싫었다. 그냥 나 스스로 창피하게 생각했다. 그래서 여름에도 반바지 입기를 싫어했다. 지금도 반바지 입고 어디 다니는 것을 그리 좋아하지 않는다. 10대 시절의 나는 내 다리 피부색을 어떻게든 자꾸 태우고 싶었다. 얼굴과 팔의 피부 색도 태닝하고 싶었다. 하지만 조금만 햇빛에 그을리면 피부색이 빨개졌다. 군 제대 이후에는 햇빛 알레르기가 있어서 목과 팔에 햇빛을 심하게 받으면, 두드러기가 났다. 참으로 어이없다. 게다가 나는 허벅지나 종아리에 털이 거의 없다. 이 부분도 나는 너무 불만이었다. 나보다 다리도 얇은 놈들은 털이라도 있어서 뭔가 남자다움을 보여 주는 것 같았는데 하얀 피부 색의 다리에, 털도 없고, 다리까지 얇으니 너무 짜증이 났다. 마른 게 싫었다. 그래서 더 잘 먹으려고 했다. 운동도 열심히 했다. 10대 시절에는 나보다 키도 크고, 살찐 친구 중에 건방지게 보이는 인상을 가진 놈들과는 어떻게든 싸워서 이기고 싶었다. 참으로 많이도 싸웠다. 어떻게 하면, 나보다 키도 크고, 체중도 많이 나가는 놈들을 이길 수 있을지 늘 고민하면서 열심히 운동했다. 그만큼 나 자신에 대해, 특히 내 신체에 대해 불만이 많았다. 아니, 열등의식이 강했다. 그러면서도 외부적으로 강렬한 눈빛과 사나운 말투로 내 열등의식을 덮으려고 애썼다.

그러던 중에 고등학교 2학년 시절, SBS의 "그것이 알고 싶다"에서 '게이'를 처음 목격한 것이다. 그래서 갑자기 궁금증이 생겼다. '내가 피부가 너무 하얀 게, 내가 다리에 털이 많이 나지 않는 게 혹시 나에게 여성의 유전자가 있어서 그런 걸까?' '만일 내가 여성의 유전자가 있어서 다리에 털이 별로 없고 피부가 하얀 거라면, 나중에 20대가 되어서 혹시 여성들처럼 가슴이 커지는 걸까?' 하는 생각에 한참을 걱정했다. 나는 남자로 살고 싶었고, 더욱 강한 남자가 되고 싶은데, 혹여라도 나에게 여성 유전자가 있어서 다리에 털이 나지 않고 피부가 하얀 것이라면, 나로서는 너무나 큰 충격일 수밖에 없었다. 아마 이 글을 읽고 있는 독자들은 나의 이러한 걱정이 우스울 수도 있다. 그러나 당시 내 상황에서는 분명히 심각한 고민이었다. 그래서 나는 그런 걱정을 하면서도 어떻게 하면 더욱 남성스러워질 수 있을 것인지를 계속 생각했었다.

고등학교 2학년 시절, 같은 반 학생 중 두 명의 친구가 기억난다. 한 명은 조금 촐싹거리면서 여성스러운 녀석이었고, 한 명은 말이 좀 없으면서 여성스러운 녀석이었다. 그런데 말이 좀 없으면서 여성스러운 학생은 얼굴도 좀 예쁘장하게 생겼는데 행동까지 여성스러운 행동을 하니, 이 친구가 나중에 여성으로 바뀌게 될 '게이'인 건가 싶은 생각도 들었다. 물론 그 시절 잠깐이었지만 TV를 보면서 받은 그 충격은 나에게 꽤나 컸다. 과연 이런 충격과 혼란이 나에게만 있었을까? 나는 아니라고 본다.

요즘 청소년들을 보면 확실하게 알 수 있다. 10대 시절 아직 성 정체성이 제대로 정립되지 않은 시기에 잘못된 가치관이 들어가면, 누구든 혼란에 빠질 가능성이 높다. 그런데 요즘 상황은 참으로 심각한 우려를 숨기기 어려운 듯하다.

'학생 인권 조례'나 '교과 과정'에서도 그렇고, '간행물 윤리위원회'에서조차 성적인 책들을 아무런 문제가 없다고 하는 상황이다. 어디 그뿐인가? TV나 영화에서도 동성애가 자주 나온다. 심지어 10대들이 쉽게 볼 수 있는 만화에서도 나온다. 과연 이것을 어떻게 바라봐야 할까? 요즘 'BL'이라는 부류의 웹툰을 보면, 여성처럼 임신이 가능한 남성의 '형'과 일반 남성이지만 동성애자인 '동생'이 동거하면서 성관계하는 내용을 그리고 있는 웹툰도 있다(ex.「미스터 블루」).

이런 웹툰이 우리가 자주 사용하는 SNS에서 버젓이 광고로 나오고 있다. 아마도 많은 청소년들과 청년들이 보고 있을 것이다. 너무 적나라하여 참으로 민망한 장면이 많다. 만일 이러한 웹툰을 아직 성 정체성이 제대로 정립되지 않은 10대 시절의 청소년들이 보면 어떨까? 마치 이 웹툰에서 나오는 그림들이 실제 상황에서도 가능한 것처럼 오해하지 않을까? 호기심이 극도로 높아진 청소년들은 실제로 그 그림들처럼 행동해 보려고 하지 않을까? 어쩌면 남자 중에서도 유전자적으로 여성의 유전자를 가진 남자가 있다고 진짜로 생각할 수도 있다. 희망할 수도 있다. 믿을 수도 있다. 남자 청소년 중 혹시 자신이 여성 유전자를 가진 것은 아닌지 의심해 보려고 하는 아이들도 있고, 주위 남자 청소년들을 바라보면서 어떤 애가 여성 유전자를 가진 남자인지를 괜히 더 살펴보려고 할 수도 있다.

10대 시절부터 이런 생각에 깊이 영향을 받으면, 20대나 30대가 되어도 이것으로부터 자유롭지 못할 가능성이 높다. 그냥 방치하면, 성 중독으로까지 빠질 수 있음을 간과하지 않아야 한다. 특히 남성은 20대 시절 보통 군대에 입대한다. 내가 군 생활했을 때도 부대 안에 한두 명 정도는 약간 여성적으로 보이는 후임들이 있었다. 그렇게 되면, 짓궂은 고참 중에서는 괜히 자기 옆에 와서 잠을 자라고 하기도 한다. 그걸 보고 있으면서 참으로 기가 찼다. 군대까지 와서 도대체 뭐 하는 짓인가 싶어, 성질 같아서는 그 고참을 한 대 치고 싶을 때도 있었다.

결혼 후, 아내와 이태원으로 드라이브를 간 적이 있다. 처가댁이 서울 중구 쪽이어서 처가댁에 들리면 용인 집으로 가는 길에 아내는 가끔 이태원 쪽으로 가서 바람쐬자고 할 때가 있다. 보통 토요일 밤이나 주일 밤 또는 어쩌다 평일 저녁에 움직이다 보니 이태원으로 차를 가지고 가면, 도시는 이미 네온사인들로 가득하다. 차를 주차하고서 어느 한쪽의 언덕으로 올라가다 보니, 화장을 짙게 하고 노출이 심한 의상으로 몸을 치장한 여성들이 가게 문 앞에 서성이고 있었다. 아내가 말하기를 그 사람들은 '게이'라고 했다. 이런 곳에서 일하는 '게이'들은 성전환 수술을 하려고 돈을 번다고 했다.

그러나 앞으로는 남성이 굳이 성전환 수술을 하지 않아도 그냥 자신의 성 정체성을 여성이라고 주장하면, 법적으로 여성이라고 인정해 줄 수 있도록 하는 법을 추진하려는 움직임이 있다고 한다. 만일 현행 대법원 가족

관계 등록 예규 제550호 '성전환자의 성별 정정 허가 신청사건 등 사무처리 지침'을 법원 행정처에서 개정하면 어떻게 될까? 성별 정정을 신청하는 사람에게 '성전환 수술을 포함한 의료적 조치'를 전혀 요구하지 않아도 된다. 이렇게 되면 이 사회는 헌법이 명시하는 '성별 제도'에 혼란을 초래할 수밖에 없다. '남자인 엄마'와 '여자인 아빠'가 출현하게 될지도 모른다. 우리 아이들은 성 정체성에 있어서 엄청난 혼란을 겪게 될 것이다. 궁극적으로는 '동성 결합'과 '동성혼'의 합법화까지 이어지게 될 것이다. 어디 그뿐이겠는가?

성전환 수술 없는 성별 정정이 쉽게 이뤄지면, 이것을 악용하는 범죄 또한 빈번해지게 된다는 것을 결코 간과해서는 안 된다. 무엇보다 여성들이 더 많은 피해를 보게 될 것이다. 남성의 성기를 그대로 유지한 남성이 자신이 이제 여성이라고 주장하며, 성전환 수술 없이 법원에 신청해서 허락을 받는다면, 그는 이제 여성 전용 시설을 아무런 제한 없이 사용할 수 있게 된다. 이게 무슨 말인지 모르겠는가? 남성 성기를 가진 이가 법적으로 여성이라고 인정받기만 하면, 여성 탈의실, 여성 사우나, 여성 목욕탕에 들어갈 수 있게 된다는 것이다. 이것을 정말 아무렇지 않게 여길 수 있을까?

이처럼 우리의 생활 속으로 파고들어 엄청난 피해를 끼칠 수 있는 이단 사상이 바로 '퀴어 신학'이다. 문제는 이러한 퀴어 신학 사상이 문화와 법률과 교육 등 다양한 분야 속에서 스며들고 있다는 것이다. 이러한 이단 사상은 우리 믿음의 후손들에게까지 위협적으로 다가오고 있다. 어쩌면 지금 우리가 속한 교회 공동체 안에도 이미 퀴어 신학 사상에 조금씩 물들어 가고 있는 청년들과 청소년들이 있을 수 있다. 더 나아가 그러한 퀴어 신학을 마치 성경적 가르침인 양 가르치는 사람들이 숨어 있을 수도 있다.

　그러므로 지금부터라도 교회에서 정기적으로 '퀴어 신학의 실체와 위험성'에 대해 알려야 한다. 특별히 자녀가 있는 부모들이 잘 이해할 수 있도록 도와야 한다. 교회에서 먼저 이러한 강연을 준비하고, 주변의 불신자 가정들의 부모들까지라도 초청해서 알려야 한다. 지금 당장 우리 교회에 출석하여 등록하게 하는 차원, 전도 초청 차원의 문제가 아니다. 그런 것은 자연스럽게 연결될 수 있다. 정말 중요한 것은 대한민국 사회를 위협하는 이단 사상인 '퀴어 신학'과 그 배후에 깔려 있는 '자유주의 신학의 실체'에 대해서 지속적으로 가르치고 알려야 한다는 것이다. 믿음의 후손들을 위해서라도, 우리의 가정과 학교와 교회를 잘 지켜 내기 위해서라도 교회 안에서부터 '성 중독과 동성애'의 위험성 및 '퀴어 이단 사상'의 실체에 대해 잘 교육하여, 성도들 스스로 잘 분별하고 반증하며 상담할 수 있는 수준으로까지 세워 가야 한다. 지금도 매일 밤 어딘가에서 헤매고 있을 우리의 20대 청년들과 10대 청소년들의 삶을 다시금 회복하기 위해서라도, 교회가 먼저 용기를 내고 바르게 알아 가도록 애써야 한다. 그리스도의 마음을 가지고서!

목궁 Time

퀴어 신학과 차별금지법

퀴어 신학은 '백석대신', '합동', '합신' 교단으로부터 '이단'으로 결의된 사상이며, 임보라 씨는 '고신', '합동', '백석대신', '통합', '합신' 교단으로부터 '이단성 및 참여 금지' 혹은 '이단'으로 규정되었다.

Q. 1 : 퀴어 신학(Queer Theology)이란 무엇인가요?

아주 간단하게 핵심만을 요약해서 말하자면, '하나님마저도 동성애자'라는 사상이 바로 퀴어 신학입니다. 미국 성공회 사제이자 게이 신학자이기도 한 '패트릭 챙(Patrick S. Cheng)'에 의하면, 퀴어 신학(Queer Theology)은 전적으로 '급진적인 사랑'에 관한 것입니다.[59] 그래서 총신대 조직신학 교수를 역임했던 이상원 교수님은 역사상 등장했던 여러 이단과 달리 '퀴어 신학'은 하나님 자체를 성적으로 음란한 본성을 지니고 음란한 행동을 일삼는 외설적 하나님으로 대담하게 묘사함으로써 "신성 모독의 이단 사상"이라고 아주 신랄하게 비판했습니다.[60]

하지만 퀴어 신학자들은 퀴어 성서 주석을 통해 '퀴어(queer)'는 우리 모두의 '특별한 소명'이라고 밝히고 있습니다.[61] 뿐만 아니라 국가인권위원회가 공개

---

59 패트릭 챙, 『급진적인 사랑: 퀴어신학 개론』 (고양: 무지개신학연구소, 2019), 19.

60 이상원, 황선우, 이풍인, 『개혁주의 입장에서 본 퀴어 신학 비판』 (서울: 대한예수교장로회총회, 2020), 117.

61 데린 게스트, 로버트 고스, 모나 웨스트, 토마스 보해치 엮음, 『퀴어 성서 주석 I : 히브리성서』 (고양: 무

한 "국민 인식 조사"(2020) 결과에서는 '차별금지법'을 국민의 88.5%가 찬성하고, 오직 개신교회만 반대하는 것처럼 주장했습니다.[62] 그러나 이것은 아주 잘못된 주장입니다. 왜 그럴까요?

우선, '차별금지법'은 '개별적' 차별금지법과 '포괄적' 차별금지법으로 나뉩니다. 현재 대한민국에는 이미 「장애인 차별금지 및 권리구제 등에 관한 법률」(2007년), 「양성평등기본법」(1999년, 2014년), 「남녀고용평등과 일·가정 양립 지원에 관한 법률」(1987년, 2007년), 「고용상 연령 차별금지 및 고령자 고용촉진에 관한 법률」(1991년, 2008년), 「기간제 및 단시간 근로자 보호 등에 관한 법률」(2006년), 「외국인 근로자의 고용 등에 관한 법률」(2003년) 등 20개 이상의 '개별적' 차별금지법이 제정되어 있습니다. 이 내용들은 아무런 이유 없이 성별, 종교 또는 사회적 신분 등을 이유로 차별하지 않아야 한다는 규정입니다.

그런데 이런 법안들에 대해 한국 교회가 정말 반대할까요? 아닙니다. 전혀 그렇지 않습니다. 차별을 반대해야 할 이유가 없습니다. 한국 교회가 반대하는 것은 '개별적' 차별금지법이 아니라, '포괄적' 차별금지법입니다. 한국 교회는 포괄적 차별금지법을 제정하지 말라는 것입니다. 왜냐하면 심각한 이단 사상인 '퀴어 신학'의 내용들이 포함되어 있기 때문입니다.

그렇다면, 과연 퀴어 신학의 내용은 무엇일까요? 사실 이 내용을 다 열거하기에는 분량이 너무 방대합니다. 여기에서는 '역사적 배경'과 '퀴어 신학이 주장하는 핵심 사상들'을 간략하게 살핀 후, 어떤 면에서 심각한 이단 사상이 있는지 소개하겠습니다.

우선, '퀴어 신학'이라고 처음으로 표현한 사람은 누구일까요? 합동신학대학원대학교 조직신학 석좌교수인 이승구 교수님에 의하면, '퀴어 신학'이라고

지개신학연구소, 2021), 6.
62 위의 책, 10.

처음 표현한 사람은 1993년에 *Jesus Acted Up: A Gay and Lesbian Manifesto*(예수가 행동했다: 게이와 레즈비언 성명서)라는 책을 썼던 로버트 고스(Robert E. Goss)라고 볼 수 있습니다.[63] 참고로, 그는 현재 캘리포니아 북 할리우드의 밸리에 있는 MCC(Metropolitan Community Church) 교회의 목사이자 『퀴어 성서 주석』의 공동 저자이기도 합니다.

한편, 『퀴어 성서 주석』의 또 다른 공동 저자이기도 한 엘리자베스 스튜어

트(Elizabeth Stuart)는 퀴어 신학이 처음 발생하게 된 역사적 상황을 '스톤월 폭동(Stonewall riots) 사건'으로 설명합니다.[64]

이 사건은 1969년 6월 28일 이른 새벽에 발생했는데, 뉴욕에 있는 동성애자 술집, '스톤월(Stonewall)' 또는 '스톤월 인(Stonewall Inn)'에 갑자기 경찰이 급습하여 4일 동안이나 괴롭혔다는 것입니다. 이에 대해 동성애 집단은 자신들의 안식처 같은 이곳을 지켜 내고자 경찰에 저항했는데, 이 사건을 가리켜 '스톤월 폭동(Stonewall riots) 사건'이라고 합니다.[65]

1969년 당시 스톤월 주점의 모습

이 사건은 오늘날 LGBTI 인권 운동의 시발점이 되었고, 스톤월 인근에 위치한 크리스토퍼 거리(Christopher Street)에서는 최초의 LGBTI 자긍심(Pride) 행진이 이루어졌습니다. 이후, 이곳은 일시적으로 폐쇄되었다가 지금은 다시 재개장되었다고 합니다. 특히 동성애자들에게 역사적 의미가 있는 곳으로 큰 인

---

63 Robert E. Goss, *Jesus Acted Up: A Gay and Lesbian Manifesto* (San Francisco: Harper Collins, 1993).

64 Elizabeth Stuart, *Christianity is a queer thing* (London : Cassell, 1997), 371.

65 위의 책, 371.

기를 얻고 있다고 하는데, 여러 예술인들이나 동성애자 결혼식 피로연을 여는 장소로도 사용되고 있다고 합니다.

그렇다면, 과연 '스톤월 폭동(Stonewall riots) 사건'을 통해 성소수자들과 퀴어 신학자들이 주장하려는 핵심 내용은 무엇일까요? 가장 중요한 핵심은 '동성애는 정상적인 성적 관계'이며, 정신 질환과는 무관하다는 것입니다. 이러한 주장들은 결국 자신들의 동성애적 성적 추구를 합리화하는 것을 넘어서서 성경적이며 보편적인 성(性) 가치관까지 해체하려는 원동력이 되었습니다.[66] 특히 퀴어 신학은 프로이트(Sigmund Freud)의 '성 해방심리학'이나 '성의 유동성'이라는 새로운 시대 사상을 받아들이는 현대인들의 입맛에 맞추기 위해서 기독교 정통 교리의 핵심인 삼위일체의 성부, 성자, 성령에 관한 내용부터 과감히 재해석을 시도하고 있습니다.

그렇다면, 심각한 이단 사상을 담고 있는 퀴어 신학이 주장하는 교리의 내용들은 무엇일까요? '신론'을 비롯해 '기독론', '성령론', '교회론', '종말론' 전반에 걸쳐서 모두 심각한 이단 사상들을 담고 있으므로 내용이 상당히 방대합니다만, 여기에서는 아주 핵심적인 것들만 추려 14가지를 열거해 보고자 합니다.

① 퀴어 신학은 모든 경계를 허무는 일탈적 성행위가 곧 하나님의 급진적 사랑 그 자체라고 주장한다. 이처럼 퀴어 신학은 신론에 있어서 철저히 하나님의 공의적 속성을 부정한다.

② 퀴어 신학은 정통적 삼위일체 교리도 에로틱하게 재해석한다. 무엇보다 이성애와 동성애 사이의 구분을 해체하며, 특히 신성 모독적 표현을 서슴지 않고, 삼위일체의 세 위를 서로 영원하고 황홀하고 절대적인 즐거움이 동반되어 난교적으로 사랑하는 '난교의 하나님(God the orgy)'이라고 묘사한다.

66 위의 책, 373.

③ 퀴어 신학은 기독론에 있어서도 에로틱한 사랑의 회복이 성육신의 목적이라고 말한다. 게다가 역사적 예수의 실제성과 역사성을 부정한다.

④ 퀴어 신학은 정통적으로 하나님의 속성과 성품을 반영한 율법에 어긋난 것을 죄로 규정하는 '정통적 죄 교리'를 '율법주의'라고 규정한다.

⑤ 퀴어 신학은 예수의 삶과 공생애를 '이성애'와 '동성애' 사이의 견고한 선을 녹이는 것으로 해석하며, 성육신 하신 예수 그리스도가 남성과 여성 모두에게 성적으로 끌리는 '양성애자'라고 주장한다.

⑥ 퀴어 신학은 복음의 은혜가 남자와 여자의 구별 없이 주어진다는 갈라디아서의 말씀이 젠더의 구분을 해체하는 방식이라고 재해석한다.

⑦ 퀴어 신학은 '성적인 편견을 버리게 하는 것'을 예수님의 속죄로 해석한다.

⑧ 퀴어 신학은 교회인 그리스도의 몸 자체가 다수의 성별과 젠더로 이루어진 것처럼, 예수 그리스도 또한 이렇게 대속을 통해 여러 성별과 여러 젠더를 가진 몸이 되셨다고 주장한다.

⑨ 퀴어 신학은 성령을 급진적인 사랑으로 되돌아가는 길이라고 주장한다. 즉, 성령을 가리켜 인간을 급진적인 사랑으로 되돌아가도록 돕는 분이라고 정의한다.

⑩ 퀴어 신학은 영적 체험과 성적 체험을 동일시한다.

⑪ 퀴어 신학은 교회를 모든 경계, 특히 성적 경계를 허무는 데로 부름받은 공동체라고 재정의한다.

⑫ 퀴어 신학은 성례를 전희(前戱, foreplay)에 비교한다. 즉, 종말의 부활을 남성과 여성의 성성이 사라지는 것으로 이해하기 때문에, 성례에 참여하는 것은 곧 성별이나 젠더의 구별이 완전히 해체되는 종말론적 실재를 앞당겨 맛보는 것이라고 이해한다.

⑬ 퀴어 신학은 종말을 사탄의 존재까지 경계선이 허물어지는 것이라고 이해한다. 이것은 곧 보편 구원론으로 변질될 수밖에 없다.

⑭ 퀴어 신학은 모든 경계선을 녹이고 해체하는 것이 곧 하나님의 속성이요, 그리

스도께서 이루신 것이라고 주장하며, 성령의 역사라는 전제하에 상과 벌도 경계선이라고 여기고, 그것이 종말에 해체될 것이라고 믿는다. 그들에게 있어 종말은 하나님의 형벌이나 심판이 존재하지 않는다. 왜냐하면 상과 심판, 죄와 악, 천사와 악마와 같은 경계선마저 녹아내릴 거라고 믿기 때문이다.

이러한 내용들에 여러분은 그리스도인으로서 동의할 수 있습니까? 그럴 수 없다면, 여러분은 지금 저와 동일 선상에 서 있는 믿음의 동역자입니다. 만일 위의 내용 중 일부라도 동의하는 분이 있다면, 정말 진지하게 차 한 잔 같이 마시며 진솔한 신앙의 대화를 나눌 수 있으면 좋겠습니다. 물론 퀴어 신학이 어떤 면에서 심각한 이단 사상인지 좀 더 알기 원하는 교회들이 있다면, 언제든 연락 주기를 바랍니다. 퀴어 신학의 실체들을 기독교 정통 신학에 근거해 다방면으로 들을 수 있고, 교리 반증까지 정리할 수 있는 유익이 있을 것입니다.

Q 2 : 창세기 19장에 나오는 '소돔과 고모라 성'이 멸망한 원인은 무엇인가요?

『퀴어 성서 주석』 저자 중 하나인 로널드 에드윈 롱(Ronald Edwin Long)은 창세기 19장에 나오는 소돔과 고모라 사건이 '학대'의 문제라고 말합니다. 또한 소돔의 죄를 동성애 성관계로 간주하기 시작한 것은 헬레니즘 시대 이후부터라고 설명합니다. 그는 창세기에 나오는 소돔 사람들을 환대하지 않는 사람들이라 보았습니다. 그 사람들은 외부에서 온 손님들에게 수치를 주는 것이 재미난 장난이라 생각했다는 것입니다. 그래서 창세기 19장의 주제는 성관계를 통해 낯선 사람에게 수치를 주는 것이며, 그 내용을 사사기 19장 22절 이하의 내용과 연결했습니다.[67]

---

67 데런 게스트, 로버트 고스, 모나 웨스트, 토마스 보해치 엮음, 『퀴어 성서 주석 I : 히브리성서』, 20–21.

또한 롱(Long)은 성관계를 '힘에 관한 것'이라고 설명합니다. 성적인 관통(penetration, 삽입)은 사랑이나 즐거움에 관한 것이라기보다 우월성을 보여 준다는 것입니다. 두 성 중에서 '위'에서 관통하는 사람은 아래에서 관통되는 사람에 대해 사회적 우월성을 행사한다는 것이죠. 이와 더불어 남자와 남자 사이의 성교가 히브리 전통에서 그토록 곤란한 일이었는지를 이해할 수 있다고 밝혔습니다.[68]

그리고 그는 '성적인 관통이 무엇보다도 사회적 우월성의 행동이라고 생각하는 것은 전시 문화(Warrior culture)에서 비롯된 것'이라고 설명합니다. 전쟁이라는 것은 적의 몸과 전선을 관통하는 문제이므로 발기한 음경을 무기로 본다는 것이죠. 그래서 무기나 음경에 의한 관통은 관통된 자를 죽이지는 않을지라도 비참하고 수동적으로 만들며, 적의 여자들을 강간하는 것이나 적에게서 남성성을 빼앗아 비굴한 존재로 만드는 행동인 남성 강간은 오랫동안 전쟁에서 승리를 나타내는 절정의 행위였다고 말합니다.[69]

음경과 무기에 대해서도 그 두 가지를 동일시하는 관점에서 보면, '남자와 남자 사이의 항문 성교'에 대한 히브리인의 공포를 이해할 수 있다고 밝혔습니다.[70] 또 다른 그의 정의에 의하면, 무엇보다 전투 부대의 한 세포가(개인)가 관통된 채 전투에 나가면, 그 부대는 이미 부상을 입은 채 전투에 나가는 것입니다. 관통된 남자는 결함이 있는 병사이고, 그의 존재는 전체 사회 구성체의 불관통성(impenetrability)을 위협하고, 적의 전쟁 도구에 의한 관통에 취약해진다는 것이죠. 그래서 불결을 피할 종교적 의무는 고대의 성전 종교라는 맥락 밖에서는 의미가 통하지 않는다는 것입니다. 고대인은 불결이 세계 질서에 실제 위협이 된다고 이해했기 때문입니다. 동시에 성서에서 성적인 금지들은

---

68 위의 책. 21.
69 위의 책. 21.
70 위의 책. 21.

272 이단 침투, 누구도 예외일 수 없다

'성관계와 전쟁의 관계'에 대한 고대의 이해를 전제한다고 언급합니다. 다만 현대에 와서는 그러한 연관성이 점점 설득력을 잃었다는군요.[71]

한편, 호주의 퀸스랜드 대학교(The University of Queensland, UQ)의 성서학과 비교종교학을 가르치고 있는 마이클 카든(Michael Carden) 교수는, 창세기는 젠더와 섹슈얼리티가 위계질서적으로 구성된 세계를 보여 주고 있으며, 위계질서는 관통에 기초한다고 말합니다.[72] 그러나 기독교 정통 신학의 입장에서는 이러한 퀴어 신학에 근거한 창세기 19장의 해석을 도저히 받아들이기 어렵습니다. 왜 그런지 다음의 내용을 통해 소개하겠습니다.

창세기 19장은 하나님께서 하나님의 공의로우심으로 소돔과 고모라를 멸망시키신 사건과 하나님의 은혜로 롯의 가정이 구출된 내용을 다루고 있습니다. 다시 말해 창세기 19장은 하나님의 공의로우신 심판과 구원을 다루고 있습니다. 먼저 창세기 19장 1-11절은 하나님께서 두 천사를 통해서 소돔 땅에 이르게 된 상황을 설명하고 있습니다. 이 과정에서 롯은 소돔 땅에 도착한 '두 천사(מַלְאָךְ, 말아크)'를 알아보고 그들을 극진하게 대접합니다(창 19:1-3).

그런데 문제가 한 가지 발생했습니다. 롯이 살던 소돔 땅의 사람들이 롯의 집으로 모여들어 롯이 대접하고 있는 그 두 천사와 음란한 행위를 하려고 했던 것입니다(창 19:4-5). 여기서 우리가 한 가지 주목해야 할 것은 롯의 집을 에워싸고 있는 소돔 땅의 사람들입니다. 창세기 19장 4절을 보면, "소돔 백성들이 노소를 막론하고 원근에서 다 모여"라고 나옵니다. 여기서 "노소를 막론하고"는 '젊은 청년(נַעַר, 나아르)부터 늙은 남성(זָקֵן, 자켄)에 이르기까지 어느 누구도 예외 없이'라는 의미입니다. 즉, 소돔 성 지역에 사는 남성들은 소돔 땅의 가장 끝에서부터 시작해서 가까운 곳에 거주하는 자들까지 전부 모였다는

71 위의 책, 21.
72 위의 책, 29.

것입니다. 그렇게 모인 자들은 젊은 청년들부터 늙은 남성들이었다는 것이죠. 특히, 4절의 "그 성 사람 곧 소돔 백성들" 중에서 "사람"과 "백성들"로 번역된 히브리어 원형 명사는 모두 남성 명사 '이쉬(אִישׁ)'입니다. 풀어 설명하자면, '그 소돔 성의 남자 곧 소돔의 남자들'은 소돔 땅 가장 바깥에 거주하는 자들부터 가장 가까운 곳에 거주하는 자들까지 다 모였고, 그렇게 모여든 자들은 젊은 남자 청년들부터 남자 노인들까지 다양하게 구성되어 있었다는 것입니다. 그리고 그들은 롯의 집 주위를 빙 둘러싸고 있었고요.

여기서 4절의 "에워싸고"라고 번역된 히브리어 원형 동사(סָבַב, 사바브)는 '돌다(go around)', '에워싸다(surround)'라는 뜻을 가집니다. 70인경(LXX)에서는 'περιεκύκλωσαν(페리에쿠클로산)'이라고 번역했습니다. 원형 동사인 'περικυκλόω(페리쿠클로오)'는 신약 성경에서는 딱 한 곳에만 나오는 희귀 동사입니다. 누가복음 19장 43절을 읽어 봅시다.

날이 이를지라 네 원수들이 토둔을 쌓고 너를 **둘러** 사면으로 가두고(눅 19:43)

여기서 "둘러"가 바로 'περικυκλόω(페리쿠클로오)'를 번역한 것입니다. 다시 말해, 이 말씀은 '원수들이 나를 못 빠져나가도록 내 주위에 장애물들을 사방으로 빙빙 둘러쌓아서 가둬 두려 한다'를 의미합니다. 라틴어 성경에서는 창세기 19장 4절이나 누가복음 19장 43절이나 모두 원형 동사 'vallo(발로)'를 동일하게 사용하고 있는데, 'vallo(발로)'의 기본적인 뜻은 '성벽이나 울타리로 둘러싸는 것'을 의미합니다. 종합하자면, 창세기 19장 4절의 "에워싸고"라는 히브리어 원형 동사(סָבַב, 사바브)의 의미는 소돔 성 안에 거주하는 모든 남성, 즉 '젊은 남자들부터 노인 남자들'이 소돔의 전 지역에서 모여 롯의 집을 사방으로 빙빙 둘러싸고 있다는 의미입니다. 그런데 이때가 아침도 아니고, 오전도 아니고, 오후도 아니고, 잠을 자야 할 시기인 '밤'이었습니다(창 19:4).

결국 그들이 롯의 집을 에워싸고 있다는 것은 마치 사냥감을 발견한 짐승들이 거친 숨소리를 내고 침을 질질 흘리면서도, 그 사냥감의 감정은 전혀 아랑곳하지 않고 거칠게 몰아붙이며 한 곳에 가둬 두고 도망치지 못하게 한 뒤에, 최종적으로는 사정없이 할퀴고 찢어서 삼켜 버리는 것과 같은 강렬한 욕망을 반영하는 것과 다를 바 없음을 함의하고 있습니다. 이러한 육체적 쾌락을 향한 변태적이고 강렬한 욕망이 소돔 땅의 한두 남자들만이 아니라 소돔 땅 전체로 확산될 정도로 심각했다는 것이죠.

더 주목할 것은, 지금 그들이 자신들의 육체적이고 성적인 욕망을 위해 수단으로 삼고자 하는 대상이 '하나님'이라는 것입니다. 물론 '두 천사'라고 나오지만, 이들은 하나님의 심판을 대행하는 자들이었습니다. 그런데도 소돔의 남자들은 '두 천사'가 어떤 존재인지에는 관심이 없었습니다. 평소에도 영적으로 무관심했고 무지했습니다. 오로지 자신들의 육체적 욕망에만 집중했습니다. 그러니 소돔 땅을 심판하러 온 두 천사를 향해서조차 두려워 떠는 것이 아니라 자신들의 육체적 쾌락의 대상으로만 삼고자 했던 것입니다. 이처럼 당시 소돔 땅은 참으로 타락한 곳이었습니다(창 19:4-5).

그렇다면, 이런 상황에서 '롯'은 어떤 반응을 보였을까요? 두 천사를 보호하고자 이미 결혼한(창 19:14) 자신의 두 딸을 소돔 땅 사람들의 색욕거리로 내주고자 했습니다(창 19:8). 아무리 인간적으로 납득해 보려고 해도 당시 '롯'의 이러한 행동은 너무나 어처구니가 없습니다. 어쩌면 소돔 땅의 문화에 길들여질 대로 길들여진 것이 아닌가 하는 생각도 듭니다. 그러니까 그런 긴박한 상황에서 평소의 생각이 툭 튀어나온 것이지 않을까 싶기도 하고요. 그러나 롯의 이러한 제안에도 불구하고 소돔 사람들은 끝까지 그 두 천사를 대상으로 자신들의 육체적 욕망을 채우고자 했습니다. 그래서 그들은 롯을 향해서 아주 난폭하게 행동했습니다(창 19:9).

상황이 긴박하게 돌아가자 그 두 천사는 재빨리 롯의 집 안으로 롯을 끌어들이고, 문을 닫아 버렸습니다(창 19:10). 그러고는 문밖에서 난동을 부리는 소돔 사람들의 눈을 어둡게 만들었습니다(창 19:11). 그리고 나서 두 천사는 롯에게 자신들이 소돔 땅을 방문한 목적이 '심판 때문임(창 19:13)'을 알려 주면서 빨리 소돔 성을 빠져나가라고 말해 줍니다(창 19:12). 그러자 롯은 눈이 어두워져 문을 찾느라 정신없는 소돔 땅의 폭도들(창 19:10-11)을 피해서 자신의 두 사위에게도 이 소식(창 19:13)을 알려 주었습니다(창 19:14). 그런데 그 사위들은 롯의 말을 농담으로 여겼습니다(창 19:14). 장인어른 되는 롯이 지금 심판과 구원의 메시지를 아주 긴박하고도 진지하게 전하고 있는데도 불구하고, 진지하게 귀 기울이지 않은 채 건성으로 들었습니다. 한마디로 롯을 비웃었다는 것이죠.

물론 이들이 그렇게 반응하는 이유는 마치 이사야 선지자의 표현(사 6:9)처럼 지금 심판과 구원의 메시지를 들을 수 있는 영적인 귀가 없었기 때문일 것입니다. 그러나 또 다른 측면에서 보면, 롯이 평상시 그 사위들에게 어떠한 모습을 보여 줬는지를 짐작할 수도 있겠습니다. 이처럼 롯의 영적 권위는 너무나도 형편없이 초라했었습니다. 설사 그렇다 하더라도, 그 두 사위가 하나님의 은혜를 입은 자였다면, 분명 장인어른 되는 롯의 메시지를 들었겠죠.

이처럼 당시 '소돔과 고모라 성'은 이미 총체적으로 타락하고 변질된 상태였습니다. '성에 관한 가치관'이나 하나님의 창조 질서는 그 땅에서 이미 관심 밖의 주제였습니다. 그만큼 당시 소돔 안에 있는 남자들의 '변태적이고 중독적인 성적 욕망'은 하나님의 진노와 저주 가운데서 멸망의 심판을 받기에 충분할 만큼 죄악이 관영했음을 확인할 수 있습니다.

Q 3 : 차별금지법은 차별하지 말라는 법 아닌가요? 이렇게 좋은 법안을 왜 반대하죠?

아마도 기독교인 중에서도 차별금지법이 정확히 무엇인지 설명할 수 있는 분들이 많지 않을 것입니다. 심지어 목사님들 중에서도 차별금지법을 단순히 사람 차별하지 말라는 좋은 법안 정도로 생각하시는 분들이 계십니다. 그런 분들의 시각에서는 차별금지법을 반대하는 저와 같은 사람들이 이상하다는 듯 오해하실 수 있습니다. 어쩌면 단순한 꼰대나 과격한 보수 우파 정도로 무시하고 계실 수도 있습니다. 그러나 차별금지법은 그렇게 간단한 내용이 아닙니다. "Q. 1"에서 설명했듯이, 차별금지법은 크게 두 가지 부류로 나누어서 생각해야 합니다.

그중에 하나는 '개별적 차별금지법'이고, 다른 하나는 '포괄적 차별금지법'입니다. 이미 반복해서 언급했듯이 개신교가 반대하려는 것은 '개별적 차별금지법'이 아닙니다. 이단 사상인 '퀴어 신학'을 함축하고 있는 '포괄적 차별금지법'을 반대하는 것입니다.

어떤 분들은 도대체 왜 동성애만 문제 삼냐고 하십니다. 횡령죄나 살인죄, 불륜, 강간, 도둑질, 표절 등 수많은 죄악이 있는데 어째서 보수 세력의 목사님들이나 성도들은 자꾸만 동성애만 유독 문제 삼으며 차별금지법을 반대하려는 것인지 답답하다고 보시는 분들도 계십니다. 차별금지법의 내용이 무엇인지 모르면, 충분히 그렇게 답답하게 생각하실 수 있습니다. 그러나 이제부터 소개하는 차별금지법의 내용을 조금이라도 제대로 이해하신다면, 절대로 '포괄적 차별금지법'을 찬성할 수 없습니다.

우선 여러 가지 법률 가운데 '포괄적 차별금지법'만이 유독 '동성애를 반대하는 사람들의 비판이나 호소를 혐오와 차별로 여겨서 법적으로 책임지게 하겠다'라는 내용을 포함하고 있습니다. 다른 그 어떤 죄악에 대해서도 법률적으로 보장받게끔 하지는 않습니다. 그런데 굳이 동성애에 대해서만 법률적으로 합법화하여 이에 반대하는 목소리를 불법이라고 하며 제재하려고 합니다. 그렇기 때문에 수많은 사람이 이토록 시간을 할애하고 헌신하여 '포괄적 차별금지법' 제정에 대해 반대하고 규탄하는 것입니다.

그렇다면, 과연 '포괄적 차별금지법'에는 어떤 내용들이 들어 있길래 이렇게 심각한 문제가 되고 있는 것일까요? 그 내용을 모르면, 기독교인들이라고 하더라도 이를 긍정적으로 생각하며 찬성할 수밖에 없습니다. 그러나 제대로 알면 반대할 수밖에 없습니다.

『퀴어 성서 주석 1: 히브리성서』 서문을 보면, 각주의 편집자 주에 태어날 때의 생물학적 성별을 전통적으로 남성 또는 여성으로 구분한 이분법 이외에도 "제3의 성", 즉 성별을 구별하기 힘든 간성(intersex)이라는 스펙트럼이 존재한다고 밝혔습니다.[73] 바로 이러한 이단 사상인 퀴어 신학의 위험한 독소가 포괄적 차별금지법에도 들어가 있습니다.

우선 우리가 분명히 짚고 넘어가야 할 것이 있습니다. 성경에서는 사람에 대한 차별을 분명히 금지하고 있다는 것입니다(롬 3:22; 골 3:11-12). 그러므로 모든 기독교인은 여성이 남성보다 모든 면에서 열등한 것처럼 표현하거나 무시하지 않아야 합니다. 장애인을 혐오하거나 조롱하거나 차별하지 않아야 합니다. 학력이 좋지 않은 사람들이라고 해서 우습게 보거나 무시하지 않아야 합니다. 교회의 인원이 많지 않고 예배당 규모가 크지 않다고 해서 목사를 우습게 여기거나 무시해서는 안 됩니다. 신학생이고 전도사라고 해서 그들에게 함부로 반말하거나 우습게 여겨서는 안 됩니다. 가난한 사람이라고 해서 무조건 차별해서는 안 됩니다. 어린이라고 해서 함부로 대해서는 안 됩니다. 노인이라고 해서 무시해서는 안 됩니다. 여성과 남성 서로의 상황들을 고려하여 배려해야 하거나 존중해야 합니다. 이것은 어른과 아이들에게도 적용되고, 장애인들이나 노인들에게도 적용됩니다. 학벌이 좋은 자나 학력이 좋지 않은 자에게도 적용됩니다. 경제 형편이 어느 정도 넉넉한 집이나 가난한 형편의 가정에도 동등한 기회가 주어져야 하며, 동등하게 배려하고 존중해야 할 것이

---

73 위의 책, 13쪽.

있습니다. 그렇다고 해서 항상 동등하게 모든 면에서 똑같은 상황과 혜택이 주어지기는 어려울 수 있습니다. 그럼에도 최대한 서로의 입장들을 고려하고, 존중해 주려는 노력은 필요합니다. 그러나 사람이 행위에 있어서 문제가 있거나 잘못이 있다면, 분명 차별해야 하고 지적해야 합니다. 비난도 해야 하고 심지어 처벌할 수도 있어야 합니다. 그러나 포괄적 차별금지법은 사람이 행했던 '그 잘못된 행위에 대해 비판하고 차별하는 것'을 '그 사람 존재 자체를 차별하고 혐오하는 것'이라고 몰아가는 내용이 담겨 있습니다.

우리는 알코올 중독자나 성 중독자나 게임 중독자를 향해 그 사람 존재 자체를 차별하거나 혐오하거나 비난하지 않습니다. 키가 크든 작든, 피부색이 백인이든 흑인이든, 남성이든 여성이든, 어린이든 어른이든 노인이든 그 사람 존재 자체는 인간으로서 배려받고 존중받아야 합니다. 서로의 다름을 이해해 주고, 무시하지 않도록 해야 합니다. 하지만 어떤 행위에 있어서 심각한 잘못과 범법 행위가 드러났다면, 분명히 사회적으로나 법률적으로 문제 삼아야 하고, 지적도 해야 하며, 비판도 하고, 차별도 해야만 합니다. 더 나아가 처벌도 해야 합니다. 그렇다고 해서 사람을 아무 이유 없이 차별하거나 혐오한 것으로 오해해서는 안 됩니다.

동성애를 행하는 그 사람의 존재는 기독교에서도 멸시하거나 무시하거나 조롱하지 않습니다. 다만 동성끼리의 성적 행위는 의학적으로나 문화적으로나 종교적으로나 윤리 도덕적으로 심각한 문제가 있음을 지적하고 말할 수 있어야 하는 것입니다. 그리고 종교적 신념이나 어떤 사상의 가치관에 근거하여 동성애자들의 그 주장들과 행동들을 반대하거나 거부할 수 있어야 합니다. 그런데 포괄적 차별금지법은 그러한 반대와 거부 자체를 차별과 혐오라고 여기게끔 주장합니다. 그래서 그러한 차별과 혐오의 표현 자체를 법적으로 제한하겠다는 것입니다. 왜냐하면 동성애적 행위를 하는 사람들 입장에서는 그러한 반대와 거부 자체가 무시받는 것이고, 혐오받는 것이며, 차별받는 것이라고 느끼기 때문입니다.

그러나 이 부분을 성경에서는 죄악이라고 명시하고 있고, 의학적으로도 위험하다고 말하고 있습니다. 그런데도 이런 부분에 대해서 말할 수 있는 자유 자체를 법적으로 제한한 채, 손해 배상 책임까지 지도록 하겠다는 것은 일부 소수의 자유와 인권만을 법적으로 보호하는 것과 다를 바 없습니다. 그 결과 오히려 대다수 사람의 자유와 인권과 표현은 강압적으로 제한받는 것이 됩니다.

그렇다면, 포괄적 차별금지법에서 구체적으로 어떤 내용이 심각한 문제가 되는 것일까요? 헌법 제11조 제1항에는 분명 "모든 국민이 법 앞에 평등하며, 성별·종교 또는 사회적 신분에 의하여 정치적·사회적·문화적 생활의 모든 영역에 있어서 차별을 받지 아니한다"라고 규정하고 있습니다. 그런데 포괄적 차별금지법에는 "이 법에서 차별이란 합리적인 이유 없이 성별, 장애, 병력(病歷), 나이, 출신 국가, 출신 민족, 인종, 피부색, 출신 지역, 용모·유전정보 등 신체 조건, 혼인 여부, 임신 또는 출산, 가족 형태 및 가족 상황, 종교, 사상 또는 정치적 의견, 전과, 성적 지향, 성별 정체성, 학력(學歷), 고용 형태, 사회적 신분 등(이하 "성별 등"이라 한다)을 이유로 고용 등의 영역에서 개인이나 집단을 분리·구별·제한·배제하거나 불리하게 대우하는 행위를 말함"이라는 조항을 넣었습니다(안 제3조 제1항).

성별에 대한 차별을 받지 않아야 한다는 것은 당연합니다. 헌법 제11조 제1항에서는 "모든 국민이 법 앞에 평등하며"라고 나오는데, 주요 내용 나 항을 보면, "성적 지향, 성별 정체성"에 대한 이유로도 고용 등의 영역에서 분리·구별·제한·배제하거나 불리하게 대우하지 않아야 한다고 합니다. 무엇보다 정말 심각한 것은 평등에 관한 법률안 제1장 총칙 제2조(용어의 정의) 1항에는 "성별"에 대해 '여성'과 '남성'만이 아니라 "그 외에 분류하기 어려운 성"으로도 정의하고 있습니다. 그 밖에도 다양한 문제가 있는 조항들이 많습니다. 한 가지만 군이 더 언급하자면, 제3조(차별의 개념) ①항에는 '차별'에 대해 "합리적인 이유 없이 … 성적 지향, 성별 정체성"이 포함되어 있고, 이후에 나오는 여러 조항들 속에서는 "성별 등"이라고 총칭해서 표현하고 있습니다.

대한민국 헌법 제2장 제11조에 의하면, "성별·종교 또는 사회적 신분" 때문에 정치적으로나 경제적으로나 사회적으로나 문화적 생활의 모든 영역에 있어서 차별받지 아니한다고 명시하고 있습니다. 그렇다면, 과연 여기에서 말하는 "성별"이 '남성'과 '여성' 외에 '또 다른 제3의 성'까지를 포함하는 것일까요? 만일 그랬다면, 군이 '포괄적 차별금지법'을 만들려고 하지는 않았겠죠. 그러나 일부 세력에서는 대한민국 헌법이 명시하고 있는 "성별"의 개념을 바꾸려고 하고 있습니다. 대한민국의 모든 법은 헌법의 가치 아래에 있어야 합니다. 이것을 강제적으로 바꾸려고 할 때는 강력한 시민들의 저항이 있었음을 우리는 역사를 통해 확인할 수 있습니다. 지금 '포괄적 차별금지법'을 제정하려는 것은 대한민국 헌법의 가치를 정면으로 반대하는 내용을 추진하려는 것임을 간과하지 않아야 합니다.

물론 그리스도인은 단지 국가 헌법의 내용만을 근거로 포괄적 차별금지법을 반대하려는 것이 아닙니다. 신앙적 원리에 의해서도 포괄적 차별금지법은 개별적 차별금지법과 구별되어야 할 내용으로써 반대하는 것입니다. 많은 사람이 '차별'과 '분별'을 혼동합니다. 그리스도인은 사람을 차별하지 않도록 주의하고 노력해야 하지만, 분별은 해야 합니다. 누가 거짓된 가르침을 전하는 사람인지 분별력을 키우고, 분별할 수 있어야 합니다. 히브리서 5장 14절을 읽어 봅시다.

> **단단한 음식은 장성한 자의 것**이니 그들은 지각을 사용함으로 연단을 받아 **선악을 분별하는 자들**이니라.

여기에서 히브리서 기자는 단단한 음식을 먹는 장성한 자들이 누구인지를 설명하고 있습니다. 그들은 바로 "지각을 사용함으로 연단을 받아 선악을 분별하는 자들"입니다. 여기서 "분별하는 자들"로 번역된 헬라어 원형 명사 '디아크리시스(διάκρισις)'는 27권 신약 성경에서 총 세 번만 나오고 있는데(롬 14:1; 고전 12:10; 히 5:14), 무엇보다 히브리서 5장 14절에서 사용된 이 '디아크리시스(διάκρισις)'는 '무엇이 아름답고 선한 것이며, 무엇이 악한 것이고 나쁜 것인지를 판단하고 평가하는 능력'을 의미합니다. 이런 차원에서 그리스도인은 무엇이 아름답고 선한 것인지, 무엇이 악한 것이고 나쁜 것인지를 하나님의 말씀에 근거하여 판단하고 평가할 수 있는 분별력을 키워야 합니다. 그리스도인이 하나님의 말씀인 성경 66권에 근거하여 분별력을 가지고 있다면, '성별'에 있어서 '남성'과 '여성' 외에 '또 다른 제3의 성'이 있다는 가르침과 주장은 용납할 수가 없습니다.

　　어디 그뿐일까요? 영적 분별력을 가진 성숙한 그리스도인이라면, '동성애'가 유전이라는 가르침과 주장을 '거짓'이라고 분별할 수 있어야 합니다. 또한 예수님의 성염색체가 단성생식으로서 XX라고 주장하는 거짓 가르침에 대해, 예수님은 성령으로 잉태하시고, 동정녀 마리아를 통해 완전한 인간으로 태어나신 남성으로서 XY 염색체를 가지셨다고 분명하게 고백할 수 있어야 합니다. 그리스도인이라면, 생물학적 남성이나 여성이 성장하면서 자신의 성별을 스스로 결정할 수 있다는 주장과 가르침에 대해 당연히 동의할 수 없고, 받아들일 수도 없습니다. 게다가 남성 생식기를 그대로 가지고 있는데도 호르몬 치료만 받고 있다고 해서 그 남성을 여성이라고 법원이 인정해 주면 어떻게 될까요? 그 남성은 앞으로 자신을 여성이라고 주장할 것이고, 생물학적 여성들이 사용하는 모든 전용 공간을 다 들어가게 될 것입니다. 이는 상식적인 차원에서도 분명 잘못된 것이고, 신앙적인 원리에서도 도저히 받아들일 수 없는 거짓된 사상들입니다. 그리스도인이라면, 이러한 내용들을 추진하는 법안에 대해 용납하거나 지지할 수 없습니다.

그리스도인은 '차별'과 '분별'을 혼동하지 않아야 합니다. '자유'와 '인권'은 존중되어야 하나, 그것의 남용을 그대로 방치해서는 안 됩니다. 행위자의 존재 자체를 혐오하고 멸시하는 것은 분명 금지되어야 하지만, 그 행위자의 행위에 있어서 잘못된 점을 지적하고 비판하는 것까지 금지되어서는 안 됩니다. 심각할 경우에는 그 잘못된 행위에 대해 문화적 차별도 있어야 하고, 법적인 처벌도 받게 해야 합니다. 그런데 오늘날의 많은 사람들이 '포괄적 차별금지법'의 위험성을 전혀 모르고 있습니다. 심지어 기독교인들조차, 더 나아가 목사들조차 이 법안 속에 숨겨져 있는 독소 조항들이 무엇인지 잘 모릅니다. 모르면 찬성할 수밖에 없습니다. 그러나 알면 절대 찬성할 수 없는 것이 바로 '포괄적 차별금지법'입니다.

상당히 늦은 감이 있지만, 지금부터라도 한국 교회는 퀴어 신학을 비롯한 포괄적 차별금지법(흔히 평등법)에 관해 심도 있는 토론과 다양한 세미나 및 논의를 활발하게 이뤄 가야 할 필요가 있습니다. 하나님 나라를 위해, 그리고 우리의 다음 세대를 위해!

나눔을 위한 질문

교회 안에 '퀴어 신학'을 지지하거나 동성애를 커밍아웃하는 사람이 있다면, 교회는 그들을 어떻게 지도해야 할까요? 성경적인 성교육 및 성 중독, 퀴어 신학의 위험성에 관해 교회는 어떤 식으로 지속적인 교육을 이어 가면 좋을까요?

19

'가정'과 '교회'까지 깊숙이 파고든
신사도 운동의 위험성

| 생활 속 사례 |

    나는 군대를 조금 늦게 입대했다. 94학번이었던 나는 일반적으로 또래들이 군에서 제대할 때, 입대를 했다. 흔히 97군번이라고 부른다. 그리고 99년도에 제대했다. 제대하고서 집에 와 보니 내 여동생은 내가 전도하고 인도했던 장로교회에 출석하고 있지 않았다. 이전까지는 나를 통해 전도를 받고 내가 출석하던 동네 장로교회에 다녔었는데, 군대 제대 후에 와 보니 서울의 어느 한 교회에 다닌다고 했다. 제대하고 와서 여동생을 다시 장로교회로 돌아오라고 강요하는 건 말이 안 되는 거였다. 그래서 그냥 그 이후로는 주일에 각자 따로 교회를 다녔었다.

    그런데 가끔 집에서 대화할 때, 여동생의 이야기가 조금 이상했다. 여동생은 그 당시 나로서는 처음 들어 보는 이름과 책 제목을 이야기했다. 그 사람은 바로 '데이비드 차'였고, 책 제목은 『마지막 신호』였다. 물론 나중에 알고 보니, 이 책도 본인이 쓴 게 아니라 영어로 된 책을 번역한 것에 불과했다. 그러면서도 자신이 쓴 것처럼 사람들을 속였다.

이 사람이 쓴 책 제목과 그 저자에 대해 나는 전혀 들어 본 적이 없었다. 그래서 여동생에게 어떻게 이 책을 알게 되었는지 물어보았다. 여동생은 자신이 현재 출석하고 있는 교회의 여자 목사님을 통해 소개받았다고 했다. 가끔 나에게 그 교회에 대해서 자랑도 많이 했다. 실제로 내 여동생은 당시 항상 웃는 얼굴이었다. 그 교회 사람들도 모두 좋은 사람이라고 칭찬을 아끼지 않았다. 여동생을 통해 수차례 그런 이야기를 들으니, 그 교회가 갑자기 궁금해지고 한번 가 보고 싶었다. 군 제대 이후 복학까지 조금 시간도 있었고, 다양한 교회들을 탐방하고 싶은 마음도 있었다. 그런데 마침 여동생이 옮긴 그 서울의 교회가 조금 궁금했고, 약간의 기대도 있었다.

그래서 평소 출석하던 동네 집 앞 장로교회를 빠지고, 여동생과 같이 지하철 2호선을 타고서 찾아갔다. 생각보다 그리 멀지 않았다. 당시 우리 집은 성남시 산성역 쪽에 위치했다. (지금은 그곳이 재건축 때문에 철거되었다.) 그곳에서 8호선을 타고, 잠실역에서 2호선으로 갈아타서 선릉역에서 내린 후 걸어가니, 생각보다 멀지 않았다. 예배당은 2층과 3층으로 되어 있었는데, 2층은 식당이었고 3층이 본당이었다. 여자 목사님은 나를 보고 반갑게 맞이해 주셨다. 주위 청년 자매들도 아주 밝게 웃으며 나를 반겨 주었다. 그들은 내 여동생과 이미 잘 알고 지내던 사이였다. 나중에 알게 되었지만, 그 교회의 여자 목사님을 비롯해 그 교회 성도들은 나도 여동생을 따라 이 교회로 옮기기를 기대했다고 한다. 물론 내 여동생은 나에게 대놓고 그런 말을 하지는 않았고, 다만 뉘앙스가 그렇게 느껴졌을 뿐이다.

드디어 주일 공예배 시간이 되었다. 예배 전 찬양 시간이 되었다. 나는 깜짝 놀랐다. 평소 내가 출석했던 장로교회의 예배 분위기와는 너무 달랐다. 갑자기 다들 일어섰다. 그러더니 오른발로 쿵쿵 바닥을 치고, 오른손은 주먹을 쥐고서 위에서 아래서 내렸다 올렸다 하면서 찬양을 했다. 다소 곳해 보이던 자매들이 찬양을 부를 때는 마치 군인들같이 힘차게 찬양했다. 한편으로는 대단하다는 생각도 들었다. 워낙 찬양 시간 때 임팩트가 있어서 그다음 내용들은 잘 기억나지 않을 정도였다.

예배 후, 점심 식사 시간이었다. 나름 메뉴가 푸짐했고, 배불리 먹었다. 그리고 여러 사람과 이야기도 나누었다. 식사 후에 3층으로 올라가 그 여자 목사님께 인사하려고 했는데, 그곳 입구에서 몇 분들이 서서 대기하고 계셨다. 나는 왜 그런지 궁금해서 조심스레 물어보았다. 지금 본당 안에 목사님을 비롯한 외국 목사님들이 오셔서 기도 중이라고 하셨다. 그런데 다들 크게 웃고 계신 목소리가 들렸다. 3층 본당 문이 열려 있어서 나도 서서 대기하는 분들 뒤쪽으로 가서 본당 안쪽을 들여다보았다. 어떤 분은 앉아 계셨고, 어떤 분들은 누워 계셨으며, 어떤 분들은 이리저리 뒹구는 게 아닌가! 그런데 하나같이 모두 웃고 계셨다. 눈을 감고 계시기도 했고, 눈을 뜨고서도 웃고 계셨다. 다들 어찌할 줄 모른 채 웃고 계신 듯했다. 정말 난생 처음 보는 광경이었다. 인사하고 집에 가려고 2층으로 내려가서 기다렸다. 거의 30분 이상을 기다렸던 거 같다. 그러고 나서 다시 3층을 올라갔는데, 여전히 일부 몇 사람은 비슷한 상태로 계셨다. 그나마 그 여자 목사님은 비틀거리며 웃고 계셨지만 나를 알아보고 이야기를 할 수 있으셨다.

여동생과 함께 3층으로 올라가 인사를 하고서 나는 먼저 집으로 가겠다고 했다. 그러자 그 여자 목사님은 잘 가라고 하시면서도, "한필 형제, 형제는 다 좋은데 능력을 받아야 해요. 그래야 하나님의 일을 할 수가 있어"라고 하셨다. 일단은 나도 웃으면서 알겠다고 하고서 인사를 드리고 집으로 돌아왔다. 지하철을 타고 집으로 오면서도 참 다양한 생각이 들었다. 그리고 집에 와서도 저 광경들이 뭔가 싶었다. 시간이 흘러 나중에 신학을 하면서 이단 관련한 공부를 해 보니, 그런 광경이 바로 '빈야드(Vineyard)'의 일종이었으며 '신사도 운동'과 깊은 관련이 있다는 것을 알게 되었다.

내 여동생을 그 교회로 인도한 선배 언니는 이빨이 금이빨로 바뀌었다고 했다. 그 이야기를 내 여동생이 나에게 해준 적도 있었다. 당시에는 신학적으로 제대로 분별할 수 있는 상황은 아니었다. 그런데도 뭔가 좀 이상했다. 하지만 쉽게 판단할 수는 없었다. 왜냐하면 그곳에 모인 사람들이 사회적으로 보면 나름대로 잘난 사람들이었고, 학벌도 꽤 괜찮은 분들이 많았고, 직업적으로도 나름 존경받을 만한 위치에 있던 분들이 많았기 때문이다. 그런데도 이처럼 영적인 어떤 경험과 능력에 마음이 열려 있는 것 같아 나로서는 매우 혼란스러웠다. 이분들이 더 겸손한 건가 싶기도 했고, 장로교회는 뭔가 딱딱한 예배만 고집하는 것 아닌가 하는 생각도 들었다. 여러 가지가 복합적으로 다가왔다.

나는 이단 문제를 다루는 다양한 책들을 찾아서 읽었다. 신학을 하고 싶어서 준비 중이었기에 여러 가지 조직신학 관련 책들도 읽었다. 그러면서 내 여동생이 다니던 그 교회가 아무래도 조금 이상한 곳일지도 모르겠다는 생각이 들었다. 하지만 정확하지 않아서 말은 못 하고 있었고, 그렇게 시간이 흘렀다.

그러고 나서 나는 신학교에 입학했다. 3년 동안 신학을 공부하면서, 사실 수업 내용들을 다 소화하는 것도 벅찬 상황이었다. 그런 가운데서도 헬라어와 히브리어 및 라틴어까지 공부하다 보니 정말 머리가 혼미해지는 것 같았다. 그런데도 신기하게 뭔가 하나씩 신학의 기준들을 정립할 수 있었고, 이런 과정들을 거치면서 자연스럽게 이단 문제에 관해서도 하나씩 체계적으로 정립해 갔다. 그러면서 내 여동생이 몇 년째 출석하고 있는 그 서울의 교회가 신사도 운동의 이단 사상을 가르치는 곳임을 정확히 알게 되었다.

그때부터 나는 내 여동생을 향해 다양한 차원의 교리 반증을 시도하며, 결국 그곳에서 나오도록 인도했다. 그리고 추천할 교회가 마땅치 않아 고민하다가 '남포교회'를 소개했다. 당시 나는 교회 개척을 한 것도 아니었고 전도사였기에, 내가 속한 합신 교단의 여러 교회 중 하나인 남포교회로 소개하여 그곳 청년부에 소속되어 신앙생활을 하도록 안내하는 것이 좋겠다고 판단한 것이다.

이때 이후로 나는 신사도 운동이 생각보다 한국 교회 가운데 꽤 깊숙이 파고들었다는 것을 알게 되었다. 더 재미난 것은 그 서울의 여자 목사가 남포교회를 출석하던 성도였다는 것! 하지만 그 여자 목사는 현재 원로가 되신 박영선 목사님의 지도를 평소에도 잘 따르지 않았었다고 한다. 그러면서 자꾸 다른 곳을 기웃거리면서 만나게 된 곳이 신사도 운동 단체였다는 것이다.

2012년 6월 결혼 이후, 나는 경기도 용인에서 신혼집을 얻어 새로운 삶을 시작했다. 한 번의 유산이 있었다. 그러고는 아이가 잘 생기지 않았다. 우리 부부는 너무 스트레스를 받지 않으면서 우리 두 사람만이라도 즐겁게 지내자는 생각을 하며 종종 여행도 가고, 재미나게 시간을 보냈다. 그러던 중에 생각지 못하게 2015년 1월, 다시 한번 아내가 임신을 했다. 사실, '설마' 했었다. 이때 내 나이가 만 39세였다. (오늘날 정부의 기준으로 보자면, 38세.) 당시 나로서는 너무 늦은 나이에 아이가 생긴 것이 아닌가 생각했다. 너무 좋았지만 한편으로는 걱정이 되어, 늙은 아빠가 되지 않아야겠다는 다짐도 했었다. 물론 평소에도 나름대로 운동을 즐겨 해 왔지만, 건강 관리를 더더욱 잘해야겠다는 계획을 세웠다. 사실 나는 아내와 2세를 위해 평소에도 우리만의 규칙들을 지켜 왔었다. 인스턴트 음식을 최대한 먹지 않는 것부터 시작해서 종이컵에 뜨거운 물이나 커피도 타 먹지 않았고, 전자레인지도 되도록 사용하지 않았다. 노트북을 사용할 때도 최대한 상반신 아래쪽에서부터 거리를 멀게 두었고, 밤늦게 야식은 거의 하지 않았으며, 규칙적으로 잠을 자려고 애썼다. 이외에도 '너무 오버한다'라는 소리를 들을 정도로 여러 가지를 노력해 왔다.

그렇게 해서 세상에서 가장 귀한 보배이며 이쁜 공주를 하나님의 은혜 가운데 선물로 맞이했다. 아내는 2년 넘게 모유 수유를 했다. 요즘에는 유튜브를 너무 일찍부터 보여 주곤 하지만 우리는 3년 가까이 유튜브 자체를 보여 주지 않았다. 1년 동안은 엄마와 늘 가까이 있었고, 트림하는 것은 내가 거의 도왔다. 아이가 잠을 잘 때는 최대한 잠을 자는 데 집중하도록 도왔다. 사실 아내는 임신 기간부터 규칙적으로 밤 11시에서 12시 사이에 잠들었는데, 이것은 나와 아내가 서로 협의한 부분이다. 그렇게 잠이 들도록 매일 마사지를 해주었고, 종아리가 붓지 않도록 매일 다리부터 팔, 머리, 어깨를 주물러 주었다. 마사지를 해주다 보면, 아내는 어느새 편하게 잠들어 있곤 했다. 이것 때문인지는 모르겠지만 딸아이도 밤에 잠을 잘 잤다. 모유 수유를 하고 나면 반드시 트림이 나올 때까지 내가 안고 토닥토닥 등을 두드렸다. 트림 이후에는 쉽게 잠이 들었다. 그러고는 깨지 않았다. 잠자리를 편하게 만들어 두지 않고서 아이가 잠을 잘 자기를 기대하는 것은 부모의 욕심이라고 생각한다.

1년이 지난 이후, 자연스럽게 이유식으로 넘어갔다. 아이가 이유식을 잘할 수 있도록 단백질과 야채 등 다양한 요소들을 골고루 잘게 잘라서 먹기 좋게 만들었다. 식사 시간에는 반드시 정해진 자리에서만 먹도록 지도했다. 돌아다니면서 먹는 것을 원천 차단했다. 이 부분은 부모의 노력과 결단이 필요하다. 이런 과정들을 정리하여 우리는 아빠와 엄마들을 위한 부모 교육을 교회 공동체 안에서 진행하고 있다. 그만큼 중요한 것들이 많다.

자연스럽게 아이가 3세가 되어 기저귀도 뗄 때가 되었다고 생각했다. 3세부터는 일부러 정해진 곳에서 소변과 대변을 보도록 지도했다. 집에서부터 일부러 기저귀 착용하는 횟수를 점점 줄여 갔다. 조금씩 말도 하고, 자기 앞가림을 했기 때문이다. 그즈음부터는 아내도 다시금 경제 활동을 본격적으로 시작해야만 했다. 그러면서 어린이집을 처음으로 찾아봤다. 아파트 근처에 어린이집이 있어서 상담을 받았는데, 원장님이 기독교인이라고 하셨다. 다행이다 싶어, 드디어 아이를 어린이집에 맡겼다. 처음 맡기는 그날은 나와 아내 모두 마음이 좀 먹먹했다.

어린이집을 다니기 시작하면서 조금 두드러진 행동들이 발견되었다. 어린이집을 보낼 때는 혹시 몰라 기저귀를 착용하고서 보냈는데, 어느 날은 딸아이가 똥이 한참 말라 있는 상태의 기저귀를 착용한 채 집에 왔다. 아내와 나는 이 부분에 대해 대단히 충격을 받았다. 오전부터 오후까지 선생님이 한 번도 아이의 기저귀 상태를 확인해 주지 않았다는 점에서 화가 났다. 본인이 기독교인이라고 밝히며 부모인 우리의 마음을 안심시켜 놓고서는 이렇게 행동하는 모습에 그 원장에 대한 신뢰가 무너졌다. 그뿐이 아니었다. 집에서는 한 번도 보여 주지 않았던 스마트폰을 딸아이가 자연스럽게 가로로 눕혀서 보기 시작했다. 이 자체만으로도 우리는 아이에게 주목할 수밖에 없었다. 어린이집에서 스마트폰을 보여 준다는 것을 확신했다. 요거트도 집에서 아내가 직접 만들어서 먹였었다. 그런데 교회에서 성도 중 누군가가 또래의 아이들도 있으니 요거트를 몇 개 사서 딸아이에게도 주었다. 딸아이는 뚜껑 덮개 부분을 달라고 하더니 그 안쪽 면에 있는 부분을 발라서 먹었다. 아내와 나는 어린이집을 다니니 이런 부분은 어쩔 수 없겠구나 싶은 생각을 하면서도, 조금은 아쉬웠다. 집에서는 전혀 먹어 보지 않았던 케첩도 알게 되었다. 무엇보다 위생적인 면에 있어서 신경 쓰지 않는 것 같다는 점 때문에 상당히 불신이 높아졌다.

그런데 알고 보니, 그 원장님이 당시 출석하던 J교회가 최근에 이단성 문제로 2024년 9월 예장 합신 총회에서까지 다루게 될 신사도 운동을 추구하는 교회였다. 사실 그 당시에도 이미 문제가 있었다는 것을 여러 경로를 통해 듣고 있었기에, 나와 아내는 고민 끝에 그 어린이집에 더 이상 보내지 않기로 했다. 나중에 들은 바, 머지않은 시기에 그 어린이집은 없어졌다고 한다. 신사도가 생각보다 심각하다는 것을 나는 벌써 두 번의 사건을 통해 알게 되었다.

그뿐이 아니었다. 내가 결혼하기 전 총각 강도사 시절, CCC 선교 단체 캠퍼스 담당 간사님의 요청을 받아 그곳의 학생들을 신앙적으로 도왔던 적이 있다. 그런데 이 당시 CCC 선교 단체에서 활동하던 한 청년 자매가 자신이 출석하던 교회로 CCC 학생들을 자꾸 데려가는 일로 인해 조금 시끄러웠었다. 그 교회는 수원에 위치한 신사도 운동을 추구하는 H교회였다. 그 H교회의 K 목사는 아까 언급했던 어린이집 원장님이 출석하는 J교회의 J 목사와도 자주 교류하던 사이였음을 확인했다.

H교회 K 목사의 설교 영상을 보니, K 목사는 로마서 6장 23절에 나오는 "죄의 삯은 사망"이라는 부분을 참으로 어이없게 설교했다. 바울이 여기에서 말하는 '죄'가 단순히 자범죄일까? 그렇지 않다. 에덴동산 범죄 이후의 모든 인간이 하나님의 진노와 저주 가운데 있으며, 사망의 상태를 벗어날 수 없는 것은 그 죄는 하나님께서 도저히 용납할 수 없는 '원죄', 즉 '피조물인 인간이 하나님과 동등할 수 있기를 원하는 그 탐욕의 죄'이기 때문이다. 그런데 H교회의 K 목사는 로마서 6장 23절에 나오는 "죄"를 저지르면, 두 가지 저주를 받는다고 말했다. 그중에 하나가 '사망의 저주'이다. 그런데 비록 사망의 저주에 이르지 않을지라도 '죄책감, 정죄감, 불안함, 두려움'과 같은 또 다른 저주를 받을 수 있다고 설명하는 것이 아닌가! 이것이 과연 복음인가? 아니다. 거짓 복음이요 궤변에 불과하다. 로마서 6장 23절에 나오는 "죄"는 성도들이 저지르는 자범죄를 말하는 것이 아니다. 전혀 다르다. 그저 일반 사람들이 저지르는 보편적인 윤리 도덕적 행위의

죄가 아니다. 로마서 6장 23절에 나오는 "죄"는 '원죄'를 의미하는 것이다.

이 죄를 위해 예수님께서는 십자가에 못 박혀 돌아가셨다. 그런데 H교회의 K 목사는 예수님의 십자가 사건을 통해 죄의 대가를 치러 주심으로써, 이제는 누구든지 대가를 치르지 않고 하나님께로 나아갈 수 있는 길을 열어 놓으셨다고 말했다. 그리고 예수님의 십자가 사건은 누구를 위해 대신 죽어 주신 것인지를 물었다. 그리고 그 질문에 대해 K 목사는 '모든 인류의 죄를 위해 예수님이 돌아가신 것'이라고 설명했다. 다시 말해 '예수님은 십자가 사건을 통해 모든 인류의 죄를 다 사하셨다'라고 주장하는 것이었다. 그러면서 그는 "이다음에 우리가 죽고 나서 하나님의 심판대 앞에 가면, 천국·지옥 이 말씀 하실 때, 예수를 믿었냐, 안 믿었냐? 그거 하나 보고 구원하신다"라고 가르쳤다. 다시 말해 그는 '예수님의 십자가 사건을 통해 모든 인류의 죄가 사해지고 죄의 저주가 사라졌지만, 두 번째 저주가 남아 있는데, 그 저주는 관계가 깨어지는 저주이다'라고 궤변을 늘어놓은 것이다. 더 나아가 '이 관계가 계속 깨어지는 저주를 해결하는 방법은 자기 스스로 해결하는 수밖에 없다. 누가 대신해 줄 수 없다. 왜냐하면 나와 하나님 사이의 관계이기 때문이다. 따라서 누가 나 대신 그 깨진 관계의 저주를 해결해 줄 수 없다'라고 왜곡하고 있다. 그러면서 그 깨진 관계의 저주를 나 스스로 해결하는 방법이 바로 '회개'라고 설명했다. 그리고 그는 더 나아가 "이 회개를 통해 하나님과 깨어졌던 관계를 회복하고 다시 하나님께 실제로 나아갈 수 있어야 한다"라고 설교했다.

기독교 정통 교리의 내용을 제대로 정립하지 않은 채 H교회의 K 목사 설교를 들으면, 정말 뒤죽박죽되어 얽혀 버린 이상한 내용의 복음을 받아들일 수밖에 없다. K 목사 본인부터가 복음을 정말 제대로 알지 못한 채 설교하고 있기 때문이다. 그런데도 사람들은 그 목사의 설교를 들으러 여기저기서 모여든다. '원죄'의 의미와 '성화'의 의미와 '단회적 회개의 회심'과 '반복적 회개', '구원' 등등이 제대로 정립되지 않은 채, 그냥 쏟아 내기만 하는 K 목사의 설교에 익숙해지면, 결국 또 다른 신사도 피해자들이 양산될 것이 눈에 뻔히 보인다. 실제로 이러한 피해를 겪은 사람들이 주위에 얼마나 많은지 모른다.

나는 작년 가을쯤에 신사도 운동의 단체로부터 피해를 겪은 탈퇴자 한 사람을 만났다. 당시 그분은 '손 전도사님'으로 알려진 분이었다. 나는 카페에서 그분을 처음 만났다. 우리는 서로를 바라보며 외형적으로 너무 비슷하다는 것을 직감적으로 느낄 수 있었다. 이단 관련 문제로 만나는 거였는데도 처음 만나서 30분가량을 운동 관련한 주제로 시간을 보냈다. 그러고 나서 이런저런 이야기를 하며 그분이 나에게 이런 말을 했다.

"목사님이 우리 집에서 자동차로 15분 정도 거리에 계셨는데, 저는 5년 가까이 빙빙 돌고 돌았었네요. 왜 이렇게 조용히 계셨나요? 이렇게 가까운 곳에 있는 줄 알았으면, 진작 찾아뵙고 도움을 요청했을 텐데요. 이제부터라도 좀 알려지셨으면 좋겠어요. 그래서 많은 이단 피해자분들이 도움을 좀 얻었으면 좋겠어요."

나도 나름대로 활동하고 있었으나 손 전도사님과 같은 이단 피해자들 입장에서는 내가 너무 숨어 있던 게 되었다. 그래서 나도 조금 더 적극적으로 움직이고자 했고, 그런 과정에서 이렇게 부족한 사람이 책을 쓸 수 있는 기회도 생겼다.

지금 신사도 운동 진영의 목사들과 교회들은 우리의 가정과 우리의 소중한 지역 교회들 속으로 깊이 파고들어 오고 있다. 심지어 우리의 자녀들까지도 미혹하고 있다. 실제로 이러한 피해를 겪은 탈퇴자들의 증언을 들어 보면, 그 피해는 매우 심각하다. 장래가 촉망되었던 20대 후반의 청년 자매가 가수의 직업을 그만두고 부모님의 허락도 없이 일방적으로 결혼을 하여 목사 부부의 말만 들으면서 교회 찬양팀 활동만 하는 경우도 있다. 그 어머니의 가슴은 타들어 가는 듯한 아픔과 절규 속에서 하루하루를 보내야만 했다. 이러다 앞으로는 그 딸과 다시는 보지 못할 것 같은 염려를 가지며 애타는 심정으로 지금도 울부짖고 있다.

자식을 키우는 부모라면, 누구나 그 어머니의 심정을 공감할 것이다. 자기 자녀가 부모의 허락도 없이 일방적으로 결혼하고 부모에게는 인사조차도 오지 않는다면, 어떤 부모가 과연 그런 상황을 납득할 수 있을까? 아무리 신앙적으로 서로의 입장이 다르다고 해도 부모와 자식의 관계가 끊어질 수 있는 관계인가? 그런데, 교회의 목사라고 하면서 자기 교회에 속한 청년들이 부모님의 강한 반대 때문에 자기들 마음대로 결혼하겠다고 하는 걸 그냥 허락해 줄 수 있는 것인가? 가족의 화목을 위한 지도를 해야 하는 것 아닌가?

아담을 첫째 사도라고 하고, 예수님을 둘째 사도라고, 하고 셋째 사도는 성령과 성령에 100% 다스림을 받는 사람이라고 주장하는 가르침이 과연 올바른 교회의 목사로서 할 수 있는 말인가? 목사의 꿈이 성경보다 더 우위에 있는가? 출애굽기 32장 32-33절을 근거로 한 번 받은 구원이 취소

될 수 있다고 주장하는 것이 과연 정상적인 목사의 설교라고 할 수 있는가? 영적 전쟁에서 지면 심판을 받아 영원한 불 못에 떨어져 지옥에 간다고 하는 설교가 과연 성경적인 설교인가? 제대로 구원받고 100배 상을 받으려면 한국을 떠나 북한에 가서 순교해야 한다고 하는 설교를 과연 성경적인 설교라고 인정할 수 있겠는가? 한 교회의 성도들을 성령에 닫힌 사람과 성령에 열린 사람으로 나눌 수 있는가? 성령을 받았어도, 죄를 지으면 성령이 떠나갔다가 회개하면 다시 성령이 온다고 말하는 것이 과연 성경적인 가르침인가? 이러한 심각한 이단 사상을 가진 신사도 운동에 대해 예장 합신 2009년 총회(제94회)에서는 피터 와그너로부터 시작된 신사도 운동에 대해 '이단성이 있어 교류 및 참여를 금지한다'라고 결의했다.

그런데 이러한 신사도 운동 진영의 교회들을 연달아 두 곳이나 거치며 그곳의 잘못을 깨닫고 탈퇴하여 지금은 신학까지 하고, 이단 상담 연구소까지 운영하시는 분이 계신다. 그분은 자신이 겪었던 그 두 교회의 심각한 신사도 운동의 사상으로 인해 재정적으로는 엄청난 빚에 허덕이고 있고, 아내분은 1년 넘게 공황 장애를 겪으며 정신과 치료도 받았다고 한다. 그러면서 자신의 억울함을 하소연해도 누구 하나 제대로 들어 주지 않았던 상황에서, 결국 우리 합신 교단에까지 문을 두드렸던 것이다. 그 과정에서 나를 만나며 자신이 겪었던 피해를 상세하게 알려 줌으로써 그 교회들의 심각한 문제점들을 세상 가운데 드러낼 수 있게 된 것이다.

이외에도 너무나 많은 내용들이 있지만 신사도 운동에 관한 생활 속 사례의 글은 이 정도로 마치려 한다. 신사도 운동 문제는 그리 가벼운 것이 아니다. 오늘날 10대 청소년들과 20대 청년들에게 아주 치밀하게 접근하여 파고들 수 있는 무기들이 있다. 기존 정통 교회의 교단들부터 교리적으로나 예배 차원에서, 그리고 인간관계에 있어서 다양한 대비를 하지 않는다면, 우리 가정의 아이들과 우리 교회의 아이들부터 얼마든지 쉽게 신사도 운동에 빠질 수 있음을 간과하지 말아야 한다.

目궁 Time

신사도 운동

신사도 운동은 '고신', '기장', '기하성 여의도' 등의 교단으로부터 '교류 및 참여 금지' 등으로 규정되었다.

Q 신사도 운동이란 무엇인가요?

앞에서도 언급했지만, 신사도 운동은 2009년 예장 합신 총회(제94회)에서 이단성이 있으므로 교류 및 참여 금지로 결의되었습니다. 그렇다면 과연 신사도 운동 사상이 어떤 내용이길래 이토록 문제가 되는 것일까요? 사실, 다뤄야 할 내용이 너무 방대하기에 여기에서 다 열거하기에는 지면상의 한계가 있습니다. 나중에 기회가 된다면, 신사도 운동에 관한 주제만 따로 다루든지 하고 이곳에서는 합신 총회 이단사이비대책위원회의 연구 보고서 내용을 참고하여 핵심적인 것들만 소개하고자 합니다.

우선 '신사도 개혁 운동'(이하 신사도 운동, NARM: New Apostolic Reformation Movement)이란 1990년대 이후 세계 기독교계에 일어나고 있는 성령 은사 운동을 가리켜 1997년에 교회 성장학 교수 피터 와그너(Peter Wagner)가 정의한 용어로서, 일종의 교회 성장 이론이었습니다.[74] 무엇보다 신사도 운동은 예수

---

74 피터 와그너, 『21세기 교회 성장의 지각 변동』 (서울: 이레서원, 2020); 『신사도적 교회로의 변화』 (서울: 쉐키나, 2006). 피터 와그너의 두 권의 책을 참고하면, 신사도 운동에 관한 이론과 실제를 좀 더 자세히 살펴볼 수 있다.

님과 사도들이 초대 교회 시대에 성령의 역사로 행했던 기적들이 현시대에도 동일하게 나타날 수 있다고 주장합니다. 그리하여 피터 와그너 교수는 에베소서 4장 11-12절의 내용을 근거로 1998년에 자신이 대표로 있는 '국제 추수 선교회'(GHM: Global Harvest Ministries)에서 12명의 사도(①체안, ②죠지 바나, ③라이스 브룩스, ④데이빗 캐니스트라치, ⑤잭 디어, ⑥존 엑카트, ⑦테드 헤거드, ⑧신디 제이콥스, ⑨로렌스 콩, ⑩척 피어스 등)를 선발하고 '사도 의회'를 구성했습니다.[75] 그런데 그는 이 본문을 해석함에 있어서 큰 실수를 범했는데, 그것은 '사도'를 하나의 '은사적 직분'으로 왜곡한 것입니다.

무엇보다 신사도 운동의 주창자인 피터 와그너는 "약 1600년 동안 교회의 직분 체제가 비성경적이었다"라고 말하면서, 자신이 주도하는 운동에 대해 "1517년 루터와 칼뱅 등에 의해 일어난 종교개혁보다 더 큰 개혁 운동이 현재 전 세계적으로 일어나고 있다"라고 주장했습니다.[76] 실제로 신사도 운동을 주도하는 사람들은 신사도 운동에 참여하는 교회들을 가리켜, "사도의 기능과 권위가 회복되고 사도가 교회의 주요 리더십을 발휘하여 새로운 형태의 새 부대적 교회를 이루어서 하나님의 나라 확장과 지상명령을 수행하려는 교회"라고 정의하고 있습니다.[77]

특히, 피터 와그너는 교회 성장 운동 공식을 에베소서 4장 16절에서 유추하여 예수님은 머리이시고 교회는 그의 몸이므로 성장 공식은 "연합(상합) + 은사들(각 지체가 분량대로 역사하기 위하여 모든 지체가 그 몫을 나눔) = 성장"이라

---

75 "1990년대 이후 일어나고 있는 성령운동, 신사도운동이란"『아멘넷』, 2007년 9월 6일, https://usaamen.net/bbs/board.php?bo_table=john&wr_id=83&sca=%EC%A0%95%EB%B3%B4&sfl=wr_subject&stx=1990&sop=and.

76 김정수 기자, "신사도운동 교단별 입장: 진보와 보수 교단 모두 문제 지적",『현대종교』, 2021년 7월 9일, http://www.hdjk.co.kr/news/view.html?section=22&category=1004&item=&no=18117

77 전정희 기자, "신사도 교회는 은사 충만한 새 부대: [심층기획] 현대 성령운동 진단⑥",『교회와 신앙』, 2006년 6월 16일, http://m.amennews.com/news/articleView.html?idxno=6900

고 주장합니다.[78]

또한 신사도 운동은 에베소서 4장 11-16절에 근거를 두고 '사도, 선지자(예언자), 복음 전하는 자, 목사, 교사'라는 교회 5대 직분 체제가 오늘날의 교회에서도 올바로 자리 잡아야 비로소 하나님께서 계획하신 하나님의 교회가 된다고 주장하고 있습니다.[79] 다시 말해, 오늘날의 교회 안에도 '사도'와 '예언자'가 있다는 것입니다. 그러니 예언 사역을 가장 중요한 것으로 강조할 수밖에 없는 것이죠. 이것은 무슨 의미일까요?

오늘날에도 하나님께서 사도나 선지자들을 통해 직접 계시를 주신다는 의미입니다. 하나님으로부터 직접 음성을 듣고 메시지를 받아 백성들에게 전달하는 예언자와 선지자와 사도가 있다는 것이죠. 뿐만 아니라 성령의 은사가 전이될 수도 있다고 주장하며, "임파테이션(Impartation/전이)"을 가르칩니다. 신사도 운동가들이 임파테이션 한다는 하나님의 은사에는 약 28가지가 있는데, 피터 와그너가 정의한 은사들 가운데 주목할 만한 것 몇 가지가 있습니다. 그중에는 '예언(Prophecy)의 은사, 지혜(Wisdom)의 은사, 영 분별(Discerning of Spirits)의 은사, 구제(Giving)의 은사, 돕는(Help) 은사, 믿음(Faith)의 은사, 이적(Miracles)의 은사, 병 고침(Healing)의 은사, 방언(Tongues)의 은사, 중보기도(Intercession)의 은사, 구출(Deliverance)의 은사' 등이 있다고 합니다.[80]

결국 신사도 운동에 참여하는 사람들은 오늘날에도 성령의 은사를 받아 꿈과 환상을 통해 직접적인 하나님의 계시를 받고, 특별한 음성과 메시지를 전달하는 역할까지 할 수 있을 것을 믿고 기대합니다. 그리고 그러한 근거에 따라 성경까지 해석하고 판단하며 적용하려고 합니다. 오늘날 한국 교회에 퍼져

---

78 피터 와그너, 『신 사도 교회들을 배우라』, 홍용표 옮김 (서울: 서로사랑, 2000), 17-18; 박형택, 『합신 이단사이비대책위원회 연구보고서: 한국의 신사도운동 어떻게 볼 것인가?』, 2.

79 "1990년대 이후 일어나고 있는 성령운동, 신사도운동이란", 『아멘넷』, 2007년 9월 6일.

80 전정희 기자, "밀려드는 '新사도적 개혁 운동' 파도: [심층기획] 현대 성령운동 진단③", 『교회와 신앙』, 2006년 6월 5일, http://m.amennews.com/news/articleView.html?idxno=6865

있는 신사도 운동의 현상을 보면, 성도들이 이 운동에 적극적으로 참여하고 있습니다. 신사도 운동을 추구하는 교회들은 성도들의 은사를 개발시켜 준다는 목표를 제시합니다. 그러니 성도들도 그러한 목표를 향해 기대감을 갖고서 적극적으로 헌신하며 참여하게 되는 것이라 여겨집니다. 뿐만 아니라 신사도 운동이 추구하는 예배 현장은 현대적인 도구들로 채워집니다. 전자 기기를 동원한 좋은 음향 시설이나 영상 시설 등 현대 기술들을 적용함으로써 사람들을 압도하는 분위기를 연출합니다. 이러한 현대 기술을 활용한 문화 사역에 적극적이다 보니 불신자들이나 젊은 청년들을 불러 모으는 데 대단히 효과적이라 할 수 있습니다.

하지만 신사도 운동의 심각한 문제점들을 간과할 수는 없습니다. 신사도 운동가들이 가지고 있는 교회 개혁 운동의 핵심이 뭘까요? 의외로 간단합니다. 새로워야 한다는 것입니다. 21세기에는 21세기에 맞는 새로운 물결의 변화가 와야 하는데, 그 방법에 있어서는 나름 성경적인 근거에서 비롯되어야 하니 '예수님과 사도들과 초대 교회에서 일어났던 성령의 역사'로 삼은 것입니다. 그렇다면 과연 오늘날에도 사도가 존재할 수 있을까요? 당연히 존재할 수 없습니다. 물론 히브리서 3장 1절에는 "사도이시며 대제사장이신 예수"라는 표현이 나옵니다. 신사도 운동가들은 이 표현을 가지고서 예수님을 최고의 사도라고 해석하는데, 이 말씀은 그런 의미가 아닙니다. 예수님은 하나님 편에서 보내심을 받은 분이고, 인간 편에서는 하나님께 사정을 아뢰는 중보자로서의 역할을 하시는 분이라는 의미입니다. 그렇다고 예수님을 열두 사도와 같은 특별한 직분을 가진 것처럼 오해해서는 안 되겠죠. 하나님께로부터 보냄을 받은 자가 사도이니 예수님도 사도라고 주장하면, 모든 목사와 선교사도 다 사도라는 궤변적 결론에 이를 수밖에 없습니다. 다시 말하지만, '사도'는 일반적인 보통 명사가 아닙니다. 예수님께 직접 선택받아 부름받은 '열두 명의 고유 명사'가 바로 '사도'입니다.

'사도들'을 일반화하여 하나님께로부터 보냄받은 자들은 누구든지 사도라고 말할 수 있다는 근거를 성경에서 본 적 있나요? 성경 말씀 어디에도 열두 사도들 외에 또 다른 일반적 차원의 사도 직분이 존재한다거나 오늘날에도 지속된다고 하는 증거는 없습니다. 더 나아가 피터 와그너는 오늘날에도 자신이 사도 됨을 스스로 알 수 있다고 주장하지만, 성경에서는 스스로 사도 될 수 있음을 말한 적이 없다. 성경에서 말하는 사도는 예수님께로부터 직접 선택받은 자들에게만 주어집니다. 그런데 피터 와그너의 주장대로라면, 오늘날 자칭 사도라고 주장하는 근거를 무엇으로 증명할 수 있습니까? 어떻게 객관적으로 증명할 수 있죠? 불가능합니다. 결국 자기 스스로를 '사도'라고 주장하는 것 외에는 없습니다.

이처럼 신사도 운동을 추구하는 교회와 목사는 자신이 하나님으로부터 직접 계시를 받고 음성을 들어서 하나님께서 말씀하시는 내용들을 전달한다고 주장함으로써 성경의 권위보다 더 우위를 차지할 수밖에 없습니다. 그리고 수많은 사람을 가스라이팅하여 군림하는 구조적 모순에 빠질 수밖에 없습니다. 성경에 근거한 올바른 교회 정치와 질서를 따르기보다는 자칭 사도적 권위 중심에 근거한 교회 정치를 추구함으로써, 반성경적이고 비윤리적인 일들이 더욱 활개 칠 가능성이 높아질 수밖에 없습니다.

우리는 명심해야 합니다. 오늘날 우리 시대에는 66권 성경에 기록된 것만이 사도적 가르침이라는 사실을 말입니다. 왜냐하면 1세기의 그 사도들은 처음 교회의 사도들이기만 한 것이 아니라, 오늘날 우리 시대 교회의 사도들이기도 하기 때문입니다. 따라서 사도 시대의 교회는 하나님의 계시가 주어지던 시대였으나 오늘날 우리 시대에는 주님께서 재림하실 때까지 더 이상 새로운 계시가 없습니다. 바빙크(Herman Bavinck)는 이렇게 말합니다.

그때 성경이 종결되어 … 특별 계시(*revelatio specialis*)의 새로운 구성적인 요소들은 더 이상 첨가될 수 없다. 왜냐하면 그리스도는 살아 계시고 그의 사역은 성취되었으며 그의 말씀은 완성되었기 때문이다.[81]

그러므로 현시대를 살아가는 그리스도인은 시대적 요구들에 따라 자꾸 새로운 변화에만 치우치지 말고, 66권 성경에 기록된 계시가 곧 하나님의 말씀이라는 사실을 겸허히 받아들이고 인정하며 고백할 수 있어야 합니다. 기독교 정통 교회는 요한계시록을 66권 성경의 완성을 이루는 마지막 계시로 믿고 고백하며, 이후로 더 이상의 계시는 존재하지 않는다고 고백합니다. 더 이상의 계시가 존재하지 않으므로, 당연히 하나님의 직접 계시를 받는 사도나 선지자도 있을 필요가 없습니다.

그럼에도 불구하고 어떤 이들은 자신이 하나님으로부터 계시를 받았다고 주장합니다. 정말 그토록 강하게 주장한다면, 교회는 그것이 66권 성경에 위배되는지 위배되지 않는지를 확인할 수 있도록 지도해야 합니다. 한국 교회를 향해, 또는 이 시대를 향해 하나님으로부터 직접 계시를 받았다고 주장하는 자들을 보면, 정작 자신의 생활 속에서는 아무것도 계시를 받은 것이 없습니다. 그러면서도 자신이 받은 계시를 근거로 성경 구절을 함부로 해석하곤 합니다. 그런데 계시를 받았다고 주장하는 사람들마다 성경 구절에 대한 해석이 다를 때가 많습니다. 한 분 하나님에게서 계시를 받았는데도, 성경 구절들을 서로 다르게 해석하는 어이없는 경우들도 비일비재합니다.

신사도 운동가들은 자신들만 하나님으로부터 직접 계시를 받는다고 주장함으로써 지금도 수많은 사람을 미혹하고 있습니다. 그 사람의 주장이 거짓인지 아닌지 확인할 방법이 없는데도 오직 그 사람의 주장만을 믿습니다. 오늘날에

---

81 이승구, "오늘의 혼란은 우리 시대 영적 심각성 보여 주는 것", 『교회와 신앙』, 2012년 11월 29일, http://m.amennews.com/news/articleView.html?idxno=12439; 헤르만 바빙크, 『개혁주의 교의학 I』, 김영규 옮김 (서울: 크리스챤다이제스트, 1996), 444.

는 예수 믿는 모든 사람이 만인 제사장입니다. 하나님 앞에서 각자 기도하면 됩니다. 교회는 특별한 직분을 가진 사람들만의 리그가 아닙니다. 더 이상 직통 계시를 받아야 할 필요가 없습니다. 66권 성경을 올바르게 해석하고 적용하려는 데 집중하는 것이 중요합니다. 그래서 기독교 정통 교리에 근거한 가르침을 건전한 교회를 통해 배워야 하는 것입니다.

신사도 운동은 성경에 근거하여 나온 교회 개혁 운동이 아닙니다. 마치 기독교 무당과 같은 이미지가 상당히 강합니다. 신사도 운동은 오히려 기존의 기독교 정통 교회들을 무너뜨리고 있습니다. 교회 성장에 관한 환상을 갖게 하며, 기독교 무당과 같은 예언 사역에 더 집중하게 할 뿐입니다. 이것은 교회의 분열을 초래할 뿐만 아니라, 반성경적이고 비윤리적인 상황에 이르게 할 수밖에 없습니다. 그렇기 때문에 오늘날 신사도 운동을 이토록 위험한 이단 사상이라 여기는 것입니다.

요컨대, 신사도 운동 사상의 핵심을 아홉 가지로 정리할 수 있습니다. 이 내용들을 살피면서 현재 나의 신앙 상태와 내가 속한 교회 공동체는 어떠한지도 한 번쯤 돌아보길 바랍니다.

첫째, 지금도 사도와 선지자(대언자)가 있다고 주장한다. 에베소서 4장 11-16절 말씀에 근거하여 지금도 '사도, 선지자, 복음 전하는 자, 목사, 교사'의 5중 사역(fivefold ministry)이 있어야 하되, 특히 사도와 선지자(대언자)가 있어야 한다고 주장한다.

둘째, 지금도 66권의 성경 외에도 계시가 있다고 주장한다.

셋째, 교회 성장 사역을 '환상'과 '예언'에 편중한다.

넷째, 66권의 성경보다 개인의 환상이나 체험, 예언을 중시한다.

다섯째, 이단들이 사용하는 직통 계시를 보편화한다.

여섯째, 성령의 은사와 직분에 대한 잘못된 견해를 가지고 있다.

일곱째, 기존 정통 교회들과 교단에 대한 강한 불신을 가지고 있다.

여덟째, 초대 교회 이후 개혁 교회 직분 체제가 비성경적이며 잘못되었다고 주장
하며, 오늘날의 총회나 노회와 같은 집단 지도 체제를 버리고, 초대 교회
처럼 사도가 지도하는 체제로 개혁해야 한다고 주장한다.

아홉째, 성경에 나오는 열두 사도를 일반화시켜 지금도 사도가 있어야 한다고 주
장하고, 여러 사람을 '사도'로 임명하고 있다(피터 와그너가 만든 "12사도
회"에서).

현재 우리 자신이 속한 교회는 어떠한지 한 번씩 점검해 보기 바랍니다. 만
일 지금 우리 자신이 속한 교회가 신사도 운동의 위험한 이단 사상을 추구한
다면, 하루빨리 이단 상담을 받아 봐야 합니다. 또는 내 주위 지인들이나 가
족 중에 한 사람이 신사도 운동 사상에 빠져 있다면, 이단 교리 반증을 통해
기독교 정통 신학과 교리로 돌이킬 뿐만 아니라 건전한 교회 공동체에서 다시
금 신앙생활 하도록 도와야 할 것입니다.

나눔을 위한 질문

세상 정치와 교회 정치는 어떤 점에서 다를까요? 이단에 대한 경계를 위해 굳이 교
인들이 교회 정치를 배워야 할 필요가 있을까요? 어째서 사도적 교회를 실현하면 정
통이고, 신사도 교회를 지향하면 이단인가요?

20
사모인 내 아내에게까지 슬며시 찾아온
다단계 아줌마

| 생 활 속 사 례 |

내 아내는 나와 만나 결혼하기 이전부터 발달 장애 아이들을 가르쳤다. 주된 과목은 '도자기'였다. 나 역시 결혼하고 나서부터 아내가 일하는 직장까지 픽업을 자주 해주면서 그곳의 발달 장애 학생들을 여러 번 볼 일이 있었다. 생전 처음 봐서 그런지 약간은 긴장도 되었다. 혹시라도 어떤 돌발적인 행동을 하면 어찌해야 할지 머릿속에서 다양하게 예상해 보기도 하고, 무엇보다 남자아이일 경우 아내를 향해 지나친 돌발 행동을 하지 않을까 싶어 염려가 되기도 했다.

시간이 조금 지나 아내는 그곳 직장을 그만두고, 분당에서 따로 도자기 입시 공방을 열었다. 정말 하루하루 바쁘게 지냈다. 나까지 같이 묶여서 움직여야만 했다. 당시 아내는 운전을 전혀 하지 못했기 때문에 내가 매일 픽업을 해야 했고, 그러니 설교 준비나 외부 강의 준비 등은 주로 커피숍에서 할 수밖에 없었다.

물론 임신과 출산 이후, 아내는 분위기 전환을 위해 조금은 무리하게 동탄 쪽으로 공방을 한 개 더 확장했다. 3년 동안 육아에만 집중하면서 본인만의 힐링을 찾고 싶다고 했다. 그래서 서로 논의 끝에 동탄에 공방을 하나 열었다. 사실 훨씬 더 많이 바빠졌다. 그래도 아내가 좋아하니 당분간이라도 이런 시간을 가져야 하나 싶었다. 그러던 중에 아내의 공방에 도자기 일일 체험을 배우러 온 중년의 여성이 있었다. 50대 정도 되어 보였고, 나름대로 깔끔하게 단장한 모습이었다.

　이분은 한두 번은 그냥 일일 체험을 하러 오다가, 나중에는 아내의 수업이 좋아서 몇 회씩 정기 회원으로 등록했다. 수업을 하면서 두 사람이 이런저런 이야기를 주고받는 시간이 많을 수밖에 없었다. 아내가 사모인 것을 밝혔더니 그분도 더 좋아하면서 이야기를 나누었다. 그분 역시 기독교인이라고 밝혔고, 자신의 인생 스토리를 쭉 나열하면서 파란만장한 삶을 털어놓았다. 아내도 그렇게 고생한 그분의 이야기에 공감해 주면서, 자신도 사모로서 힘든 과정들을 보내왔노라 조심스럽게 나누었다고 한다. 그러면서 두 사람은 좀 더 가까워졌다.

　사실 개척 교회 사모의 삶은 그리 쉽지 않다. 물론 목사의 사모로서 살아가는 삶은 어떤 사모나 녹록지 않을 것이다. 게다가 교회 인원이라도 많으면 모르겠지만 인원도 많지 않은 개척 교회의 사모라면, 참으로 만만치 않은 혹독한 '시집살이', 아니 '사모살이'를 하게 된다. 당시 우리 교회는 내부적으로 어려운 시간을 보내야 했다. 그 과정들을 거치면서 묵묵히 목사와 사모를 존중하고 교회 질서를 따라 준 믿음의 동역자들이 얼마나 고마운지 모른다.

나는 다른 목사님들을 만나 심적인 고충을 털어놓을 기회라도 있었다. 하지만 아내는 당시 어떤 사모들과도 교류할 수 없었고, 혼자서만 그저 끙끙 앓아야 했다. 그런 상황 속에서 아내가 자신의 속마음을 편하게 털어놓아도 아무런 부담이 없었던 시간이 바로 그 중년 여성분과의 도자기 수업 시간이었던 것이다.

그러면서 그분은 아내에게 자연스럽게 자신이 사용하는 좋은 물건이 있다면서 몇 개씩 나눠 주곤 했다. 나중에는 자신이 공부하는 모임도 소개해 주려고 했고, 좋은 분들을 만나게 해주겠다고도 했다. 그리고 그 물건들이 무엇인지 보게 되었다. 바로 '애터미 물건'이었다. 어느 날 집에 아내가 그 중년 아줌마에게서 받은 거라며 애터미 물건을 가져왔다. 처음에는 아무런 생각이 없었다. 조금 그러다 말겠거니 했다. 그런데 나중에는 아내가 제품이 좋다면서 그분에게 먼저 구매 요청을 하고 몇 가지를 샀다. 물론 나도 이전에 애터미 물건을 몇 번 본 적이 있었고, 제품이 나쁘지 않다는 생각은 했었다.

시간이 조금 지나자, 그 중년 아줌마는 아내와 정기적으로 만남을 요청하면서 먼저 아내의 마음을 얻으려 했다. 심지어 목사 사모인 것을 알면서도 아무렇지 않게 만나면서 아내의 속마음을 털어놓게 할 정도로 노련한 사람이었다. 물론 '애터미 물건' 때문에 내가 신경이 쓰였던 것은 아니다. 앞에서 언급했듯이 물품들은 나쁘지 않았다. 그럼에도 나는 아내에게 그 중년 아줌마와의 만남을 정리하도록 권면했다. 왜냐하면 그분은 아내를 자신의 어떤 모임에 자꾸 데려가려는 시도를 여러 차례 해 왔었기 때문이다.

우리 부부는 잠자리에 들면서 하루일과에 대해 이런저런 다양한 이야기들을 나눈다. 그러니 당연히 동탄 공방에 자주 찾아왔던 그 중년 아줌마에 대해서도 자연스럽게 아내를 통해 듣게 되었다. 그러면서 그분이 애터미쪽 사람이라는 것도 알게 되었다. 만일 내가 그걸 전혀 모르고 있었다면 어떻게 되었을까? 내 아내는 아무런 의심 없이 애터미 모임에 나갔을 것이다. 물론 애터미의 박한길 회장과 애터미 회사는 구원파와 아무런 상관이 없다는 이야기도 있지만, 여전히 사라지지 않는 몇 가지 의혹들이 남아 있을 뿐만 아니라 예장 합신 총회에서도 2014년에 예의 주시할 것을 규정했었다. 그렇다면, 결코 가볍게 여길 일은 아니라고 생각한다. 애터미는 이단인가? 아니다. 애터미 회사를 이단이라고 규정하는 것은 신중해야 한다. 다만 한국 교회와 성도들은 애터미에서 생산하는 제품만 볼 것이 아니라 애터미 안에서 벌어지는 교육 내용이나 자료들에 대해서도 좀 더 세밀한 관심과 연구 및 분석을 할 필요가 있다.

　사실 오늘날 이단·사이비 집단과 관련한 기업이나 기관 및 제품들이 얼마나 많은지 모른다. 실제로 그 제품을 접해 보면, 그리 나쁘지가 않다. 게다가 그들은 사회봉사 활동까지 한다. 이러면 사람들은 헷갈린다. 좋은 기업이고, 좋은 사람이며, 좋은 조직으로 쉽게 생각할 수 있다. 그러나 겉으로 드러나는 몇 가지의 긍정적 현상들만으로 그 속에 감추어져 있는 실체를 파악하는 것은 대단히 어려운 일이다. 신중해야 하고, 오랜 시간이 걸릴 수도 있다. 무턱대고 가볍게 생각했다가는 그 조직이 추구하는 것에 빠져서 시간과 돈과 마음과 육체까지 탈탈 털리는 경우가 우리 주위에 얼마나 많은지 모른다.

애터미(주)가 '이단'이라는 의미가 아니다. 다만 예의 주시하며 면밀하게 살펴봐야 할 것들이 있다는 것이다. 그러므로 현재 교회 안에 애터미 제품을 가지고 사업을 하는 성도들이 있다면, 그들을 무작정 경계의 눈빛으로 바라봐서는 안 된다. 오히려 그들이 무엇 때문에 그 제품을 사용하고 있고, 무엇을 위해 사업까지 하려고 하는지를 조심스럽게 묻고 확인해 봄이 필요하다. 또한 그들이 그곳에서 어떠한 교육을 받고 있는지 알아봐야 한다. 그러고 나서 심각성을 표하거나 주의를 주어도 늦지 않다. 최소한 무관심하거나 넋 놓고 있지는 말아야 한다.

이단·사이비 집단에 빠지는 것은 결코 남의 일이 아니다. 목사 가정일지라도 얼마든지 위험한 상황에 빠질 수 있다. 실제로 목사 가정 중에도 이단 피해를 겪고 있는 분들이 하나둘이 아니다. 오히려 창피하다고 조용히 끙끙 앓는 경우들도 있다. 결국 이단 문제는 평소에 관심을 가지고 교회에서부터 지도하고 알리지 않으면 대안이 없다. 지금도 어딘가 이단·사이비 피해를 당해 어려움을 호소하고 있는 분들의 목소리가 들리지 않는지 귀를 기울여야 한다.

애터미(atom美)

'박한길(애터미)'은 2014년 '합신' 총회(제99회)에서 '예의 주시'로 규정되었다.

Q 애터미는 어떤 곳인가요?

2012년도 12월의 『현대종교』 자료를 참고하면, 말씀사랑선교회의 대표는 손영수 씨이고, (주)애터미(atom美)의 대표는 박한길 씨로 알려져 있습니다. 이들의 공통점은 모두 '기독교복음침례회(권신찬·유병언의 구원파) 출신'이라는 것입니다. 구원파는 세월호 사건(2014년 4월 16일)을 통해 세간에 좀 더 많이 알려진 이단 집단이죠.

(주)애터미(atom美)는 2009년에 설립된 대한민국의 다단계 마케팅 회사입니다. 이곳의 CEO인 박한길 씨는 유병언 씨와 세모 사업을 함께 했었습니다. 그러던 중에 구원파에서 '교육부장'으로까지 활동했던 손영수 씨를 유병언 씨의 아내가 문제를 삼고 쫓아내자 비슷한 시기에 박 씨도 탈퇴했습니다. 이후 손 씨는 말씀사랑선교회를 조직했고, 박 씨는 그 교회에 출석했습니다.[82] 이때가 아마 2006년쯤이었을 겁니다. 그러고 나서 2013년까지 무려 7년 동안을 그곳의 신도로 지냈던 것으로 알려져 있습니다.

그런데 말씀사랑선교회의 손영수 씨가 출간한 책으로 알려져 있는 『주여 내가 믿나이다』의 교리를 보면, 과거 기독교복음침례회에서 주장하던 교리 그

---

82 국제종교문제연구소 편집부, 『현대종교』, no.12 (2012): 49–50.

대로라는 의혹이 제기됩니다. 한 구원파 전문가는 이 책의 내용이 "원조 구원 파에서 죄 사함을 깨닫고 구원을 받는다는 것과 똑같은 주장을 하고 있다"라 며, "다른 구원파와 마찬가지로 죄를 존재론적으로 이해하여 인간을 죄 덩어 리로 보고 있다는 것, 그리고 죄 사함을 깨달아 의인이 된다는 사상은 다른 구 원파와 조금도 다르지 않다"라고 말했습니다. 또 "정통 교회는 죄를 하나님과 의 관계 속에 관계론적으로 이해하기 때문에, 자신의 죄인 됨을 통회하고 회 개하며 예수님을 만남(영접함)으로써 구원을 받지만, 이 책은 죄 사함을 깨달 음으로 구원받는다는 영지주의적 사고를 보여 준다. 이것은 이단적이다"라고 밝혔습니다. 한 구원파 탈퇴자는 이 책의 내용이 기독교복음침례회가 가지고 있는 교리와 다를 게 없다고 말했습니다.[83]

관건은 애터미(주)가 말씀사랑선교회와 어떤 관계이냐는 것입니다. 물론 두 단체가 서로 깊은 관련이 있는지에 대한 판단은 좀 더 시간이 필요할 듯 보입 니다. 그리고 아직은 합신 교단 외에 다른 교단들에서는 애터미(주)에 대해 보 고 및 결의된 사항이 없습니다. 게다가 합신 총회에서도 '예의 주시'로 결의했 지, '이단'으로 규정한 것은 아닙니다. 다만 신중하게 살펴볼 필요가 있다는 것입니다. 즉 애터미(주)의 교육 자료나 그곳의 정체성에 관한 부분을 지적하 는 것이지, 기존 교회 내에서 거기에 참여하여 일을 하고 있거나 사업하시는 성도들까지 이단으로 보거나 경계해야 한다는 의미는 아니니 결코 오해가 없 기를 바랍니다.

그러나 애터미(주)는 사업 운영 방법에 있어서는 기존의 기독교복음침례회 (권신찬·유병언 구원파)와 비슷한 것으로 알려져 있습니다.[84] 게다가 말씀사랑 선교회 신도들 중에는 애터미(주)에서 일하는 사람들도 꽤나 있는 것으로 알 려져 있습니다. 더욱 큰 문제는 애터미(주) 사업에 동참하고 있는 기존 교회

---

83   위의 책, 50-51.
84   위의 책, 52.

성도들이 말씀사랑선교회의 수련회에 참석을 권유받기도 한다는 것인데, 이러한 의혹과 의구심들이 여전히 해결되지 않아 교계 목회자들과 성도들 중에서는 애터미(주)에 대해 불안과 염려를 속시원히 털어놓지를 못하고 있는 실정입니다. 그래서 2014년 예장 합신 총회(제99회)에서는 '박한길(애터미)'에 대해 '예의 주시'로 규정했습니다. 이와 관련해 예장 통합에서는 해제 요청을 청원했으나 형평성의 논란만 야기했을 뿐, 현재로서 예장 합신에서는 어떠한 입장 변화도 없습니다. 아마 앞으로도 계속해서 관찰과 연구 및 분석이 이어질 것으로 보입니다.

이러한 정황들을 고려하여, 한국 교회 목회자들은 자신이 목회하는 교회 성도들이 사업을 할 때 어떤 사업을 하는지 관심을 가질 필요가 있습니다. 굳이 어떤 사업을 하라고 구체적으로 간섭하는 것은 조심스러운 일이지만, 성도가 어떤 사업을 할 때 그 사업이 어떤 목적과 어떤 내용을 가지고 하려는 것인지쯤은 심방을 통해 확인할 수 있어야 하지 않을까 싶습니다. 그리고 무엇보다 교회는 교인들이 이단 · 사이비 단체에서 비롯된 다양한 사업 분야와 혹여라도 연관되었을 때 영적으로 분별할 수 있는 최소한의 수준은 가질 수 있도록 도와야 할 책임이 있습니다. 동시에 성도들도 교회에서 제공하는 지속적인 이단 교리 반증 교육과 이단 관련 특강들에 관심을 가지고 참여하여, 우리의 생활 속에 파고드는 이단 · 사이비들의 손짓에 넘어가지 않도록 부지런히 배워야 할 의무가 있음을 기억해야 합니다.

나눔을 위한 질문

우리 교회에 혹 이단과 관련한 기업의 제품을 사용하는 교인들이 있다면, 교회는 과연 어떻게 지도해 주어야 할까요? 그리고 아직 이단으로 규정되지는 않았으나 뭔가 여러 가지 의혹들이 제기되고 있는 '애터미(주)'에 교인들이 참여하여 사업을 하거나 주위 사람들에게까지 제품들을 사도록 권유하고 있다면 어떻게 해야 할까요?

에필로그

    우리는 이단 피해자를 어떻게 도울 수 있을까? 이단 특강을 듣다 보면, 그저 그 특강을 주최한 교회나 주변의 몇몇 교회들이 이단을 예방할 수 있도록 돕는 차원에서 그치는 경우가 많다. 즉, 기존 교회를 보호하고 예방하는 강의들은 많다. 하지만 이단에서 탈퇴한 자들이 앞으로 어떻게 사회에서 정상적으로 생활해야 하고, 건강한 교회 공동체에 합류되어 신앙생활을 다시금 제대로 이어 갈 수 있을지에 관해서는 별 다른 대안이 없다.

    이단·사이비 집단에 대해 가능한 한 교회들부터 나름대로 관심을 가지고서 미흡하지만 조금씩이라도 대비를 해야 한다. 이단 예방 교육은 물론이고, 정통 교리 교육도 지속적으로 이어 가야 한다. 뿐만 아니라 이단 교리 반증에 대해서도 정기적으로 교육해야 한다. 이단들이 함부로 활개 치지 못하도록 여러 교회가 힘을 모아 연합으로 공동 대응을 해야 한다.

    하지만 이단·사이비 집단에서 탈퇴한 사람들에 대한 사후조치(事後措置)도 필요하다. 여러 교회가 교단적 차원에서 체계적인 공동 대응을 마련해야 한다. 이단에서 탈퇴한 분들은 여전히 지금도 당사자들이 알아서 자기 살길을 찾아가야만 하는 실정이다. 이러다가 또 다른 이단·사이비 교회에 다시 가는 경우들도 적지 않다. 설사 정통 교회라고 하는 곳에 가더라도 잘 적응하지 못하는 경우도 많다. 물론 당사자들의 문제일 수도 있다. 하지만 그 정통 교회가 건전한 공동체임에도 이단 피해자들에 대한 이해가 부족하여 그런 경우도 있다. 그래서 이단 피해자 중 어떤 이들은 자기들끼리 숨어 버리기도 한다. 이러한 상황들 때문에, 우선 이단 피해자들을 통합적으로 맞이할 수 있고 품을 수 있는 교회 공동체들이 곳곳에 많이 필요하다.

교단의 총회 이대위는 이단의 위험성을 면밀히 조사하고 보고하여 이단의 심각성을 잘 인식하도록 본연의 역할에 최선을 다해야 한다. 그 이후 이단 상담 전문가들과 지역 교회들은 이단 피해를 겪은 자들이 다시금 정상적인 신앙생활을 회복할 수 있도록 '전방위적 자립 프로젝트'를 구체적이고 체계적으로 준비하여 제공하고자 애써야 한다.

이단 전문가들은 현재 한국 교회가 이단 피해자 200만 시대에 접어들었다고 입을 모으고 있다. 더 큰 문제는 앞으로 머지않아 300만 시대가 올 수도 있다는 것이다. 그러므로 지금부터라도 한국 교회는 이단·사이비 피해 문제를 목회 사역과 별개로 보지 않도록 인식의 전환을 가져야 한다.

우선 이단 피해 경험이 전혀 없고, 이단 교리 반증 교육이나 이단 상담 경험이 전혀 없는 교회들은 지금부터라도 이단 상담 전문가들을 초청하여 지속적이고 정기적인 이단 교리 반증에 대한 교육을 들어야 한다. 그게 어려우면, 여러 교회가 서로 연합해서 기회를 만들어야 한다. 목사들부터라도 듣고 배워야 한다. 교회별로 이단 상담에 관심을 갖고 있는 사람들을 발굴하여, 마치 전도특공대처럼 이단 상담 전문인들을 양성해야 한다. 교회에 이단 전문 강사분들을 초청하든지, 아니면 이단 상담 전문 교육을 하는 곳으로 직접 가서 배우도록 해야 한다.

뿐만 아니라 교회별로 실제로 이단·사이비 집단에서 오랜 시간 피해를 겪었던 분들의 생생한 증언들을 들을 수 있도록 특강이나 간증 시간을 마련해야 한다. 교회 자체적으로 소화가 가능한 교회들은 그렇게 하고, 그게 버거운 교회들은 몇 교회들끼리라도 연합해서 실제 피해자들의 증언을 들어 보고, 동시에 이단 전문 강사들을 통해 해결책을 제공받아야 한다. 물론 장로교회를 예로 들자면, 총회 차원에서 교직자 수련회나 청소년 및 청년 수련회 때 그런 시간을 정기적으로 마련할 수 있다. 노회 차원에서나 시찰회 차원에서도 얼마든지 가능하다. 한두 번의 이벤트 차원이 아니라 지속적이고 정기적으로 그러한 시간을 가질 필요가 있다.

이러한 시간을 통해 신학생들이나 장로님들 및 목사님들이 이단·사이비 집단의 피해가 얼마나 심각한지를 피부로 느껴 보아야 한다. 그래야만 본인들이 섬기는 교회 공동체부터라도 교리 교육의 중요성을 알고, 이단 교리의 문제점이 무엇인지 정기적으로 공부하고, 이단 피해 상담에 대해서도 장기적으로 인력을 투입하고자 할 것이다. 실제로 그래야만 한다.

이단 피해자들의 고통과 슬픔은 사실 기존 정통 교회에 속한 우리의 무관심이었고, 우리가 무책임했기 때문에 발생했다는 것을 잊지 않아야 한다. 그래야만 '우리 교회부터 그분들을 위해 무엇을 도와야 할까?'라는 자연스러운 반응이 나올 수 있다. 나는 이러한 교회가 많아져야 한다고 생각한다. '이단 피해를 겪었던 그들이 어쩌다 이단·사이비 집단에 빠지게 되었는지, 그곳에서 어떤 어려움을 겪었는지, 어떻게 탈퇴하게 되었는지,

탈퇴 이후 현재 무엇이 가장 힘든지, 어떤 도움을 원하고 있는지' 등등에 대해 가장 기초적인 과정에서부터 교회들이 귀를 기울이고자 해야 한다.

이단 피해는 정말 갑작스럽게 발생한다. 전혀 예상치 못하게 닥친다. 실제로 이단 피해를 겪었다고 해서 곧바로 이단 전문 상담소에 가는 것은 현실적으로 드물다. 오랜 시간 이단·사이비 집단에 머물며 심각한 어려움을 겪은 분들도 있고, 짧은 기간 들어가 있었으나 여러 가지 이유로 스스로 탈퇴한 분들까지, 피해자들의 상황도 가지각색이다. 그러나 기간의 길고 짧음을 떠나 어떤 식으로든 이단의 미혹에 빠졌다면, 스스로 탈퇴하여 나왔든 누군가의 도움을 받아 나왔든 이단 교리 반증 교육은 반드시 받아야 한다. 그래야만 또다시 비슷한 종교 사기를 당하지 않는다. 더 나아가 본인이 또 다른 이단 피해자들을 도울 수 있는 섬김을 감당할 수도 있다. 그래서 이단 교리 반증 교육은 반드시 받아야 하고, 기독교 정통 교리에 대해 더 많이 집중할 필요가 있다.

교회 차원에서도 어떤 분이 교회에 새로운 식구로 들어올지 모른다. 그러니 항상 이단 문제에 관해 관심을 가져야 한다. 그리고 '경제적, 정서적, 사회적, 신앙적' 차원에서 다양한 전문 기관 및 전문가들과 연합하여 체계적으로 돕고자 하는 의지와 계획을 마련해야 한다. 자체적으로 감당하기 어려운 교회들은 얼마든지 여러 교회와 연합해도 되고, 아니면 외부의 전문 기관에 도움을 받아도 된다. 사실 각 교단 총회마다 그러한 역할을 잘 감당해 주면 좋으나 현실적으로는 어렵다. 그렇다고 일부 특정 이단 전문 상담소만 그 책임을 감당하는 것도 현실적으로 한계가 있다. 결국에는 각 지역에 여러 교회들의 연합이 활성화되어야 한다. 여러 전문 선교회나 연구소나 상담소들과도 활발한 교류가 지속되어야 한다. 왜냐하면 이단 피해자들은 교리적인 차원에서만 도움이 필요한 게 아니라 일반 은총 영역에 있어서 다양한 도움을 받아야 하기 때문이다. 심리적인 상담이나 정신과 치료, 자녀 양육에 관한 코치, 일자리 연결, 경제 관리, 건강 관리, 거주할 공간 확보, 지속적으로 신앙생활 가능한 지역 교회 연결 등 도와야 할 부분이 한두 개가 아니다.

지금부터라도 하나씩 세워 가면 된다. 가장 중요한 것은 '관심'이다. '관심'이 있으면, 배우고자 할 것이고, 준비해 갈 수 있다. 그러면서 실제적인 용기와 실천으로 이어져 가는 것이다. 어떤 교회도, 어떠한 사람도 처음부터 잘하는 경우는 없다. 혼자서라도 잘하면 좋지만, 이왕이면 서로 협력하면서 이단 피해자들을 전방위적으로 도울 수 있는 입체적 시스템을 마련해 가면 좋겠다. 그 일환으로 이 책부터 교회별로 구매해서 읽어 보고, 성도들끼리도 서로 고민하며 논의해 보자. 한 영혼의 소중함을 생각하면서 다음 세대 사역을 하는 교사들이나 사역자들부터, 교회 직분자들부터 먼저 사서 읽어 보고 고민해야 한다.

사랑하는 가족 중에 누군가 이단·사이비 집단에 빠져 있다고 생각해 보라. 그것은 가족 전체에게 너무나 큰 시련이고 괴로움이며, 슬픔이자 고통이다. 게다가 이단 상담을 받고 싶어도 제대로 도움받기가 쉽지 않다. 그렇다고 주변의 여러 지역 교회가 적극적으로 나서서 이단 피해자 가족의 어려움과 하소연에 귀를 기울여 주는 것도 쉽지 않다. 물론 성도 중에 어떤 분들은 한 번도 이단·사이비의 경험이 없고, 어떤 피해도 겪어 보지 않았을 수 있다. 자신이 출석하는 교회에서조차 그러한 경험이 전혀 없을 수도 있다. 그런 분들일수록 이 책을 통해 더욱 이단·사이비 피해자들의 아픔을 공감하려고 노력했으면 하고, 이단·사이비들의 거짓된 교리가 무엇인지 하나씩 배워 갈 필요가 있다.

이 책의 내용만으로 이단·사이비에 관련한 모든 정보와 내용들을 다 섭렵했다고 자신할 수는 없을 것이다. 그러나 우리의 생활 속에 참으로 이단·사이비들이 깊게 파고들고 있음을 인지할 수 있으면 좋겠다. 그리하여 이 책을 읽고 난 이후에는 모든 독자들이 나 자신부터, 그리고 우리 가정과 우리 교회부터 비단 어떤 이단 문제가 터져서만이 아니라 평소에 꾸준히 이단 교리 반증 교육이나 이단 관련 특강들을 다양하게 배워야 함을 기억하고 실천해 가기를 소망한다.

부록

1. 결국 성경론(계시론)이다

'신앙'이라는 용어는 우리 기독교만의 전유물이 아니다. 타 종교나 이 단·사이비 집단에서도 사용하고 있다. 그래서 기독교 신앙의 그 독특성과 구체성의 근거를 어디에서 찾을 것인지를 고민해야 한다. 그것은 바로 '노 르마 노르만스(*Norma Normans*)'인 '66권 성경'이다. 하지만 이 성경을 바라 보는 관점이 어떠하냐가 중요한 관건이다. 르네상스 혁명 이후, 합리주의 사상이 가장 결정적 변화를 갖게 된 시기를 보통 18세기로 본다. 물론 그 이전부터도 이러한 합리주의 사상은 있어 왔다. 다만 18세기 때 사상의 흐름에 변화가 있었다는 것이다.

17세기에 영국에서 장로교 표준 문서로 알려진 「웨스트민스터 신앙고 백서(1647)」가 만들어졌다. 여기서 가장 먼저 고백한 것이 무엇이냐면 바 로 '성경론'이다. 당시의 사상은 성경의 신적 계시의 성격을 부정했다. 또 는 계시와 인간의 글을 섞어 버리기도 했다. 다시 말해 성경을 바라보는 관점에 있어서 인간 이성의 비중이 상당히 높아지게 되었다는 것이다. 이런 사상의 흐름은 신학에도 영향을 미치면서 현대 자유주의 신학의 물결이 거세게 밀려들어 왔다. 그렇기 때문에 성경에 대한 정의를 어떻게 갖느냐는 너무나도 중요하다.

성경을 하나님의 완전한 계시를 담은 진리로서 믿고 고백하는 성도라면, 우리 인간이 살아가는 세상의 문화와 성경이 결코 분리적이거나 독립적이지 않다는 것을 인정하게 된다. 물론 얼핏 생각할 때는 문화가 성경보다 훨씬 더 큰 개념이고, 성경은 그 아래에 있는 것처럼 보일 수도 있다. 그러나 인간의 문화가 본질적으로 타락한 죄인의 문화임을 전제한다면, 신자는 '세상 전체가 하나님을 반대하는 문화'일 수밖에 없음을 인지하면서도 '일반 은총의 영역'이기에 서로 단절되는 것으로 오해해서는 안 된다.

그러므로 우리가 살아가는 이 시대의 문화를 제대로 이해하면서도, 이단·사이비 피해를 조금이라도 더 막기 위해서는 오늘날 한국 교회가 '성경이란 무엇인가?'부터 다시금 재정립해야 한다고 말하고 싶다. 성경이란 무엇인가? 하나님의 완전한 계시를 담고 있는 진리이자 하나님의 말씀이다. 하나님은 자신의 뜻을 피조 세계에 나타내셨다. 그것이 바로 '계시'이다. 계시는 감추려는 것이 목적이 아니라 드러내는 것이 목적이다. 그러므로 하나님의 모든 계시는 곧 초자연적 계시이다. 다만 바빙크의 표현처럼 그것을 우리는 일반 계시와 특별 계시로 나누어서 설명할 필요는 있다.

그렇다면 우선 일반 계시란 무엇인가? 하나님께서 창조 질서(즉 자연계)와 섭리 세계(즉 인간의 역사)를 통해 간접적으로 나타내 보이신 뜻(말씀)이 담겨 있는 영역이 바로 일반 계시이다. 그래서 일반 계시를 흔히 '자연의 책'이라고도 불렀다. 일반 계시는 사람이 더듬어 하나님을 찾을 수 있는 영역이다. 다만, 에덴동산에서의 범죄 이후 영적으로 어두워졌다. 이런 상황에서 인간이 일반 계시만을 통해 신의 존재를 더듬어 찾아갈 경우 어떤 문제가 발생할까? 미신과 우상 숭배의 잘못에 빠질 수밖에 없다. 비록 인간에게 종교의 씨앗은 있지만 일반 계시를 통해서는 하나님의 궁극적 뜻을 찾기란 불충분하다. 그래서 특별 계시가 필요할 수밖에 없는 것이다.

이런 차원에서 신자는 일반 계시(일반 은총)의 영역이 어디까지인지를 생각해야 한다. 일반 은총은 중립적이거나 독립적일 수가 없다. 일반 계시(일반 은총)는 교회를 보호하기 위해 존재한다. 일반 계시(일반 은총)의 영역은 특별 계시(특별 은총)의 영역과 분리될 수 없다. 그러므로 일반 계시(일반 은총)만으로는 하나님의 뜻을 알기에 불충분하다는 것을 모든 신자는 인정한다.

그렇다면, 특별 계시란 무엇인가? 하나님께서 자기 백성에게 먼저 찾아오시는 긍휼하심을 담고 있는 '말씀 계시'라고 정의할 수 있다. 특별 계시는 시간과 공간의 지배를 받는 인간에게 적용되는 것으로서 긴 역사와 다양한 방식을 담고 있다(히 1:1-2). 가장 대표적인 사례가 바로 이스라엘의 역사이다. 이스라엘의 역사는 특별 계시의 역사이다. 그렇다면, 특별 계시는 지금도 존재할 수 있는가? 지금은 하나님께서 직접 말씀하시는 특별 계시가 종결되었다. 이제는 기록된 계시인 성경이 남아 있다. 물론 특별 계시의 영역은 66권 성경의 내용보다도 훨씬 크다. 그럼에도 불구하고 하나님께서는 우리에게 말씀 계시인 특별 계시가 아니라 기록된 계시인 66권 성경을 주신 이유가 무엇일까? 그것 안에 우리의 구원을 위한 모든 내용이 다 담겨 있도록 하셨기 때문이다.

물론 성경 기록에 대해 다양한 논쟁들이 교회 역사 속에서 있었지만 구약은 A.D. 90년 얌니야 회의를 통해 39권을 정경으로 수납했고, 신약은 A.D. 397년 카르타고 제3차 회의를 통해 27권만을 정경으로 수납했다. 물론 로마 가톨릭교회는 "교회가 정경을 결정했다"라고 주장하지만 이러한 사고의 방식은 '성경보다 교회가 더 우위에 있다'라는 의식에서 비롯된 오류이다.

그러나 이미 완전한 신약 성경이 초대 교회에서부터 교회에 묶음으로 회람되었다는 가능성이 발견되었다. 그것은 바로 '파피루스(P)46'의 발견이다. 그것을 발견한 사람은 서양 사본학계의 학자가 아니었다. 동양인 학자, 심지어 대한민국의 신학자였다. 그는 바로 '김영규' 교수였다. 이 내용은 총신대 신대원 교수인 신현우 박사에 의해서도 알려졌다. 20세기 최고의 사본학자 메쯔거(Bruce M. Metzger)도 그의 사본학 입문서 3판 부록에 김영규 교수의 논문을 다루고 있을 정도다.

김영규 교수의 논문은 로마에서 발간되는 세계 정상급 성서학 저널인 『비블리카(Biblica)』 69호(1988년)에 실렸다. 그의 주장은 파피루스(P)46을 주후 200년경에 필사된 것으로 믿는 국제학계를 충격의 도가니로 몰아넣었다. 김 교수에 의하면, P46은 필체 상 1세기 파피루스 필체로 쓰였으며, 따라서 주후 1세기(주후 80년경)에 필사되었다는 것이다. 그의 주장은 아직도 독일이나 세계 학계에서 반박하거나 바꾸지 못하고 있는 정설이다.

김영규 교수는 "성경이 계시 문서이며 유일한 구원의 방도를 위한 하나

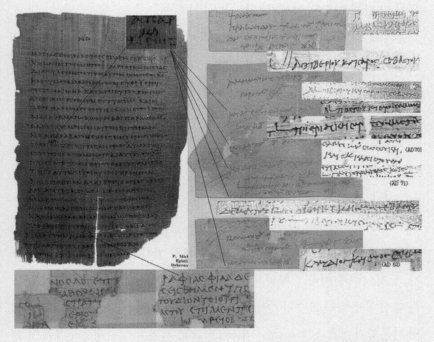

김영규 교수가 『기독교개혁신보』에 게재한 "그리스도의 부활 증언과 파피루스 46번"의 그림.
P46이 A.D. 70년대 이전에만 발견되는 초서체가 남아 있음으로 파피루스 연대를 수정했다.

님의 말씀"임을 밝히 주장하는 학자이다. 사본학이라는 가장 원천 지식을 다루는 학자들의 실수를 폭로해서 사본학을 근거해서도 '성경 비평학'이 아닌 '계시 문서'로서 사본학을 진행할 수 있도록 확립한 것이다. "P46의 초서체"라는 개념은 오늘날 우리에게 너무나도 생소하다. 김 교수는 P46의 파이(Phi) 문자의 필체(모형)는 티베리우스 황제 시절에만 존재하는 것이라고 밝혀, 파피루스 연대를 수정했다.

김진욱 교수가 〈출처: http://quod.lib.umich.edu〉에서 소개한 P46의 41번째 장의 윗부분
(P. Mich.inv. 6238.2)

한편, 웨스트민스터신학대학원 교수인 김진욱 목사는 『기독교개혁신보』를 통해 "깨어지는 파피루스의 위엄"이라는 제목으로 글을 쓰면서 "어떤 파피루스들 속에는 다행스럽게도 많은 부분이 손실되지 않고 남아 있어, 성경 연구의 귀중한 자료로 사용되고 있다. 그 가운데 가장 중요한 사본을 뽑으라면 단연 P45-47까지로 분류된 '체스터 베티 사본'이다. 1931년 11월 19일에 처음 공개된 체스터 베티 사본은 구리광산업으로 모은 재산을 고대 유물을 수집하는 데 바친 체스터 베티 경(Sir Alfred Chester Beatty)의 이름을 붙인 사본이다"라고 설명했다.[85]

이어서 그는 "특별히 P46의 경우는 김영규 교수의 역량 있는 논증으로 그 연대가 1세기 후반까지로 고려되는 사본으로 평가받고 있다"라고도 밝혔다.[86] 실제로 P46은 사본학의 분야뿐만 아니라 바울 서신 연구에서도

---

85 김진욱, "깨어지는 파피루스의 위엄", 『기독교개혁신보』, 2015년 8월 4일, http://repress.kr/2702/.
86 위의 기사. Cf. Young Kyu Kim, "Palaeographical Dating of P46 to the Later First Century", *Biblica* no.69(1988).

매우 중요한 사료로 알려지고 있을 정도다. 그래서 김진옥 목사는 "P46이 보이고 있는 바울 서신의 배열은 로마서-히브리서-고린도전후서-에베소서-갈라디아서의 순이다. 물론 이 배열이 성경 각 권의 분량에 따른 배열이라고 추측해 볼 수는 있으나, 사본의 기록자가 히브리서를 바울의 저작으로 염두에 두고 있다는 인상을 완전히 배제할 수는 없다"라는 내용까지 언급할 정도이다.[87]

독일 및 세계 사본학의 정설을 바꾸었던 김영규 교수의 주장은 1988년에 발생한 것이지만, 현 신학계에서는 여전히 잘 모르는 것 같다. 그래서 총신대 신현우 박사가 우리나라에서만(?) 유명한 '도올 김용옥'만 보지 말고, 세계 학문을 결정하고 전환시킨 기독교 신학계의 연구자도 알아봐 주어야 한다고 호소하기도 했다.

참고로, 김영규 교수는 뉴욕과학아카데미(NYAS), 미국과학 진흥협회(AAAS), 미국화학학회(ACS) 초청 회원 등으로 물리학계에서도 탁월한 학문 능력을 갖고 있는 기독교 신학계의 거장이라고 할 만한 분이다. 김진옥 목사의 표현을 빌리자면, 계시는 오래전에 완료되어 오류 없이 정경으로 우리 손에 주어져 있는 것이다. 김영규 교수도 "'계시' 자체가 모든 기적들 중 가장 대표적 기적이요, 기적의 전부라고 말할 수 있다"라고도 언급했고, 또한 "성경의 항존성과 영원성 및 그 권위는 그런 하나님의 살아 계시고 영원한 품성들을 가진 자가 그 기초이다. 성경은 하나님의 말씀이라고 칭하는 것(히 1:1-2)이 가장 바르다"라고도 밝혔다.[88]

---

87 김진옥, "깨어지는 파피루스의 위엄", 『기독교개혁신보』, 2015년 8월 4일, http://repress.kr/2702/.
88 김영규, "성경의 항존성과 영원성", 『본 헤럴드』, 2017년 12월 9일, https://www.bonhd.net/news/

이처럼 영원한 진리를 담고 있는 66권 성경은 스스로 증거하여 자기를 규명하는 '자증성'을 가지고 있다. 그래서 오늘날 우리 모든 그리스도인은 기록된 말씀인 66권 성경이 하나님의 말씀임을 규명하도록 해야 한다. 다이아몬드는 외부에서부터 투영된 것으로 자신의 가치를 증명하지 않는다. 어떤 것에도 깨지지 않는 '높은 내구성과 강도'를 통해 스스로 자기의 가치와 권위를 증명해 낼 뿐이다. 하나님의 말씀인 66권 성경도 이와 같이 스스로 그 정경의 권위와 가치를 규명하고 있다. 신자는 이 사실을 믿음으로 인정하고 고백하는 자들이다.

철학의 역사를 살펴보면 알겠지만 17세기와 18세기의 차이는 너무나 극명했다. 17세기는 성경이 곧 하나님의 계시를 담은 유일한 기준이요 정경임을 강조했고, 또한 중시했었다. 그 결과 오늘날 장로교회 표문 문서라고 알려진 「웨스트민스터 신앙고백서」 제1장에도 성경론을 먼저 언급할 정도다. 하지만 18세기 계몽주의 시대에는 인간의 합리적 이성의 비중을 강조되면서 기독교 정통 신학이 심각한 도전을 받았다.

인간의 합리주의 사상, 즉 인간의 이성을 강조하게 되었다는 것은 무엇을 의미하는 것일까? 그것은 바로 '성경 비평학'이 발달했다는 의미이다. 다시 말해 '계시의 말씀'인 66권 성경을 '문서'로 보는 관점이 만연해졌다는 것이다. 이런 차원에서 우리는 성경을 읽는 접근 방법들을 소개하는 다양한 소개들에 대해 신중해야 한다. 시편을 읽는 방법, 바울 서신서를 잘 읽을 수 있는 방법 등 이러한 내용들이 일면 도움이 될 수도 있겠지만, 그

articleView.html?idxno=249

러한 내용들이 절대적 기준이라고 단정하면 안 되는 것이다. 이러한 의식이 없기 때문에 신천지와 같이 요한계시록을 잘 알 수 있는 유일한 방법을 소개할 때 거기에 혹하고 빠지는 것이다.

그러므로 교회는 이단·사이비에 빠지지 않기 위해서 가장 먼저 집중적으로 가르쳐야 하고, 강조해야 할 것은 생각보다 단순하다. 단지 성경을 기능적으로 쉽게 접근하는 방법들만을 가르치는 것에 안주하지 않아야 한다. 무엇보다 교회는 66권 성경이 하나님의 계시의 말씀인 정경이라는 것을 반복적으로 알려 주는 것이 필요하다. 특히 다음 세대의 아이들에게, 아이들부터라도 집중적으로 가르치고 되새기게 해야 한다. 66권 성경은 단순히 인간의 문서가 아니다. 인간의 합리적 이성과 논리로 다 판단이 가능한 글이 아니다. 66권 성경은 신비 중의 신비이고, 기적 중의 기적으로써 드러난 하나님의 직접 계시를 담고 있는 정경이다. 인간이 성경을 잘 판단해서 성경이 된 것이 아니라, 성경 자체가 성경임을 증거하고 있음(자증성)을 우리는 겸손히 인정하고 받아들일 뿐이다. 이러한 '성경론', 즉 '계시론'의 기준을 교회에서부터 분명하게 반복적으로 가르쳐야 한다. 여기에서부터 기초를 튼튼하게 쌓아야 그 어떠한 이단 사상들과 거짓 가르침들이 공격해 올지라도 교회에서 충분히 분별하고 대응해 갈 수 있는 것이다.

2. 교회 공동체들끼리 합의될 수 있는 '기준 있는 연합'이 필요하다

신학은 대단히 중요하다. 아무리 강조해도 지나치지 않을 만큼 중요하다. 그러나 신학만을 앞세우면서 상대를 향한 신랄한 정죄만 일삼는다면, 그 올바른 신학의 내용을 제대로 소개할 기회조차 갖기 어렵다. 전체가 함께 집중해야 할 대상이 있으면, 서로의 신학적 입장을 가지고 날을 세우며 대립하기보다는 가장 먼저 시급하게 막아야 하거나 해결해야 할 문제부터 힘을 모아야 한다. 특히 이단 관련 문제일수록 그러하다.

이단·사이비 집단에 의해 직·간접적인 피해를 겪어 본 사람들은 알겠지만, 막상 그 상황을 겪으면 정말 막막해진다. 아무도 도와주는 사람들이 없는 것 같은 심정이다. 평소에는 뭐라도 다 해줄 거 같은 주위 지인들이나 규모 있는 교회들도 자기들 교회 사역 일정이나 내부 행사 계획들로 바빠서 쉽게 움직이지 못하는 경우가 많다. 이단 상담소들도 여러 상담이 몰려들면, 시간과 인력이 모자라 제대로 응대해 주기가 어려울 수도 있다.

만일 캠퍼스에 특정 이단이 활개를 치거나 여러 이단이 움직이면, 더더욱 대응하기가 어렵다. 요즘 캠퍼스의 선교 단체들은 20세기 후반 때처럼 활발하지가 않은 것 같다. 두드러진 한두 군데 정도의 선교 단체가 그나마 존재감을 조금 드러낼 뿐이다. 캠퍼스 안의 기독교 연합 사역은 생각보다 쉽지 않은 게 현실이다. 이런 상황에서 캠퍼스의 기독교 동아리에 속한 학생들이 이단·사이비의 피해를 호소할 경우, 그 어려움을 도와주는 것은 더더욱 어려운 일이다.

도시에서도 이러한 상황은 비슷하다. 어느 지역 교회의 교인이 이단·사이비 피해를 호소할 경우, 그 교회의 목사님이 직접적으로 대응하는 것은 현실적으로 어렵다. 그렇다고 전문 이단 상담소로 찾아가는 것도 생각보다 쉽지 않다. 그럼에도 지역의 많은 교회가 이단 문제에 대해 대처하기 위한 공동 조직조차 갖추지 않았다. 결국 그냥 알아서, 각자도생(各自圖生)하는 게 현실이다. 우리는 사도신경에서 '거룩한 보편 교회의 하나 됨'을 인정하고 고백하는 기독교 정통 교회로서 과연 이러한 허술하고 빈약한 구조를 그냥 방치하는 게 맞는지 심각하게 고민해 보아야 한다.

물론 캠퍼스 안에서 여러 기독교 동아리의 연합이나 지역에서 여러 교회의 연합 및 선교지에서 여러 선교 단체가 연합함에 있어서 그 구심점이 되는 '기준'은 필요하다고 본다. 그 기준점은 당연히 '복음'이어야 할 것이다. 물론 교단마다 신학적 입장이나 정치 형태가 차이가 있을 수 있다. 하지만 그 점에 대해 서로가 자기들의 입장만을 일방적으로 주장하기보다는 큰 틀에서 서로가 조금씩 존중해 주는 인내와 배려가 필요하다.

아주 비근(卑近)한 예를 하나 들어 보겠다. 동아리나 교회가 서로 연합하기 위한 차원에서 함께 모여 기도회를 한다거나 예배를 드리곤 한다. 어떤 교단에서는 기도할 때, 손을 들고 '주여'를 한 번이든 세 번 정도 외치고 하는 데 익숙하며 '중보 기도'라는 용어를 사용한다. 그런데 어떤 교단에서는 '중보 기도'라는 용어 자체를 쓰지 않으려 하고, 일창이든 삼창이든 '주여'를 굳이 외치지 않고서 기도하는 데 익숙하다. 어떤 교회에서는 시편 찬송을 위주로 부른다. 어떤 교회에서는 새로운 찬양이면 어떤 곡이든 다 부른다. 심지어 방방 뛰면서 부른다. 어떤 목사님은 설교할 때 아무런 예화 없이 성경 본문만 설교하는데, 50분 넘게 설교하신다. 어떤 목사님은 설교하실 때마다 '할렐루야'를 수시로 언급하시고 성도들끼리 서로 인사를 시킨다. 게다가 설교 중 예화를 꽤 많이 넣는다. 설교 시간은 30분 조금 넘게 하신다. 교단마다 혹은 교회마다 신학에 따른 적용점들이 다르기 때문이다. 그래서 사실 서로 연합하여 기도회를 하거나 예배를 드린다는 것 자체가 대단히 불편할 수 있고 힘들 수 있다. 하지만 기독교 정통 교리에서 크게 벗어나지 않는다면, 각자의 신학적 입장을 연합 모임에 다 반영하려는 주장과 고집을 조금씩만 내려놓는다면, 자주 모이기는 어려워도 1년에 몇 차례 정도는 충분히 함께 모일 수 있지 않을까?

예를 들어 우선 기도회를 한다고 했을 때, 찬양과 기도와 설교는 있어야할 것이다. 이 점에 있어서는 그 지역의 여러 교회의 목사님들이나 캠퍼스의 기독교 동아리 지도 간사님들도 동의할 것이다. 그러면 찬양 시간에는 찬송가와 CCM을 골고루 넣어 보는 게 어떨까? 손뼉 치고 일어나는 차원의 찬양만 넣지 말고, 차분히 앉아서 부를 수 있는 찬송가도 넣으면 된다. 시편 관련 찬양도 하나씩 넣어 주면 더 좋을 것이다. 기도할 때도 함께 합심하여 "삼위일체 하나님 앞에 기도합시다"라고 하면 어떨까? 그러면 어떤 분들은 소리를 외치며 기도할 것이고, 어떤 분들은 일어나서 손을 들고 기도할 것이고, 어떤 분들은 앉아서 차분히 기도할 것이다. 어느 한쪽만을 강요하지만 않으면 된다. 설교 또한 너무 길지도 너무 짧지도 않게 30분 정도로 진행하면 어떨까 싶다. 너무 본문에만 집중하지 않고, 너무 예화나 간증거리만 나열하지 않도록 최소한 예화는 하나 정도에서 멈추고, 본문 설교도 너무 주석적 설교만 나열하지 않도록 핵심만 줄여서 전달하되 조금은 청중과 호흡하듯이 설교하면 어떨까?

어차피 이 정도의 연합 모임은 매주 할 수가 없다. 오히려 에너지가 방전될 수 있고, 지칠 수가 있다. 정말 딱 이 정도로 최소한 조율을 통한 기준점만 세워도 된다. 왜냐하면 연합 모임은 어떠한 교육이나 은혜와 신앙적 계승을 목적으로 하는 것이 아니라, 거짓된 가르침들과 이단·사이비 집단의 활동을 막아 낼 수 있는 기독교 공동체의 거룩한 보편적 하나 됨을 드러내기 위한 목적으로 하는 것이기 때문이다.

그러기 위해서는 평소에도 지역 교회들의 목사님들끼리, 또는 캠퍼스의 여러 기독교 동아리 리더들끼리 기회가 될 때마다 모여서 서로의 신학적 입장에서 조율할 수 있고 존중해 줄 수 있는 영역까지를 허심탄회하게 나누는 과정이 필요하다. 더 나아가 그러한 과정을 통해 여러 교단이 연합하여 하나의 목소리를 힘 있게 드러내야 한다. '기도회'나 '예배'만 드리는 것으로 그치지 말고, 공적 기관이나 언론에 '항의서한', '성명서', '탄원서', '보고서' 등을 제출하며, 합법적인 '규탄 집회'나 '기자 회견' 및 공개적인 '교리 반증 세미나', '성경 토론'과 같은 시간을 마련함으로써 현재 지역에서 활개 치려고 하는 이단·사이비 집단들의 활동을 위축되게 할 필요가 있다.

지역 교회들이 속해 있는 교단의 교회 정치 형태나 신학적 입장은 얼마든지 앞으로도 다양한 방식으로 교류가 가능하다. 그러나 이단·사이비 집단으로 인해 여러 교회의 교인들이 겪게 되는 피해들부터 최소화하도록 해야 하고, 보호하기 위한 거룩한 보편 교회의 하나 됨의 움직임이 있어야 한다. 우리가 먼저 사랑의 종노릇을 감당해야 하고, 우리가 먼저 십자가의 짐을 지려고 애써야 한다. 그럴 때 비로소 한국 교회의 여러 성도들의 피해를 막을 수 있고, 마음 놓고 활개 치는 이단·사이비 집단들의 활동을 막아 낼 뿐만 아니라 위축시킬 수 있으리라 믿어 의심치 않는다.

형제들아 너희가 자유를 위하여 부르심을 입었으나, 그러나 그 자유로 육체의 기회를 삼지 말고 오직 **사랑으로 서로 종노릇**하라 (갈 5:13)

너희가 **짐을 서로 지라** 그리하여 그리스도의 법을 성취하라 (갈 6:2)